*Merci à Jean-Louis Morelle, Agnès et Pierre Mariot,
Arlette Dyen-Nogués, Robert Krzysków, Gérard Leserre,
Michel Montigné, Ewa Rzeznik, Dominique Dhervillez,
Danièle et Jean-Pierre Rivallain, Paul Morelle…
et à tous les passionnés de l'aquarelle !*

EWA KARPIŃSKA

AQUARELLE

la lumière de l'eau

FLEURUS
www.fleuruseditions.com

Sommaire

Eau des deltas
des fleuves posée,
assagie ; comme dans
le pays de mon père...

Eau riche, gravide
de particules de matière
charriées avec peine.

Eau enfin sage,
qui n'attaque pas
les obstacles avec furie,
mais les contourne,
se faufile, décrit des
méandres – et progresse
quand même.

Eau qui repousse
la matière des pigments,
qui les ravine
par des cataclysmes
microscopiques,
qui se déplace dans
des flaques étendues
comme des mers
aux berges plates,
qui emprunte les
graphismes comme
des canaux.

Eau entêtée qui
n'arrête jamais
un travail commencé.

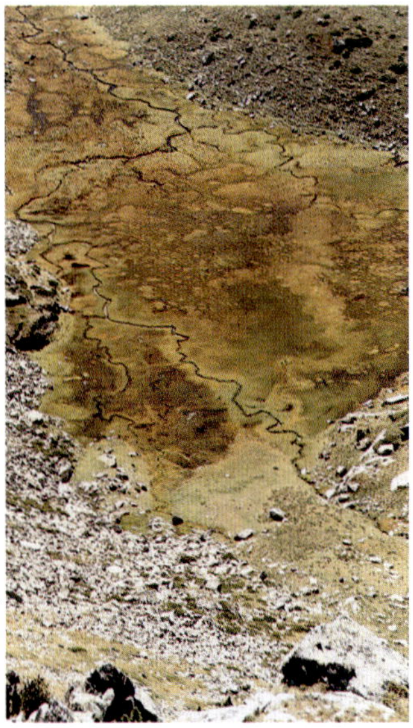

Photo Robert Krzyśków

L'eau s'infiltre, transporte les pigments, les dépose, disparaît. Vive, elle permet de dessiner des branches, des arborescences, des vaisseaux – ou d'étendre des lacs, d'ébrouer des cascades, de creuser des rivières. Chaque feuille de papier semble reverdir à son contact, comme réveillée d'une longue léthargie. Le papier boit, s'épanouit le temps d'une aquarelle. Les pigments ne font que témoigner du souvenir de leur véhicule : fossiles un moment charroyés, ils ont absorbé la lumière de l'eau.

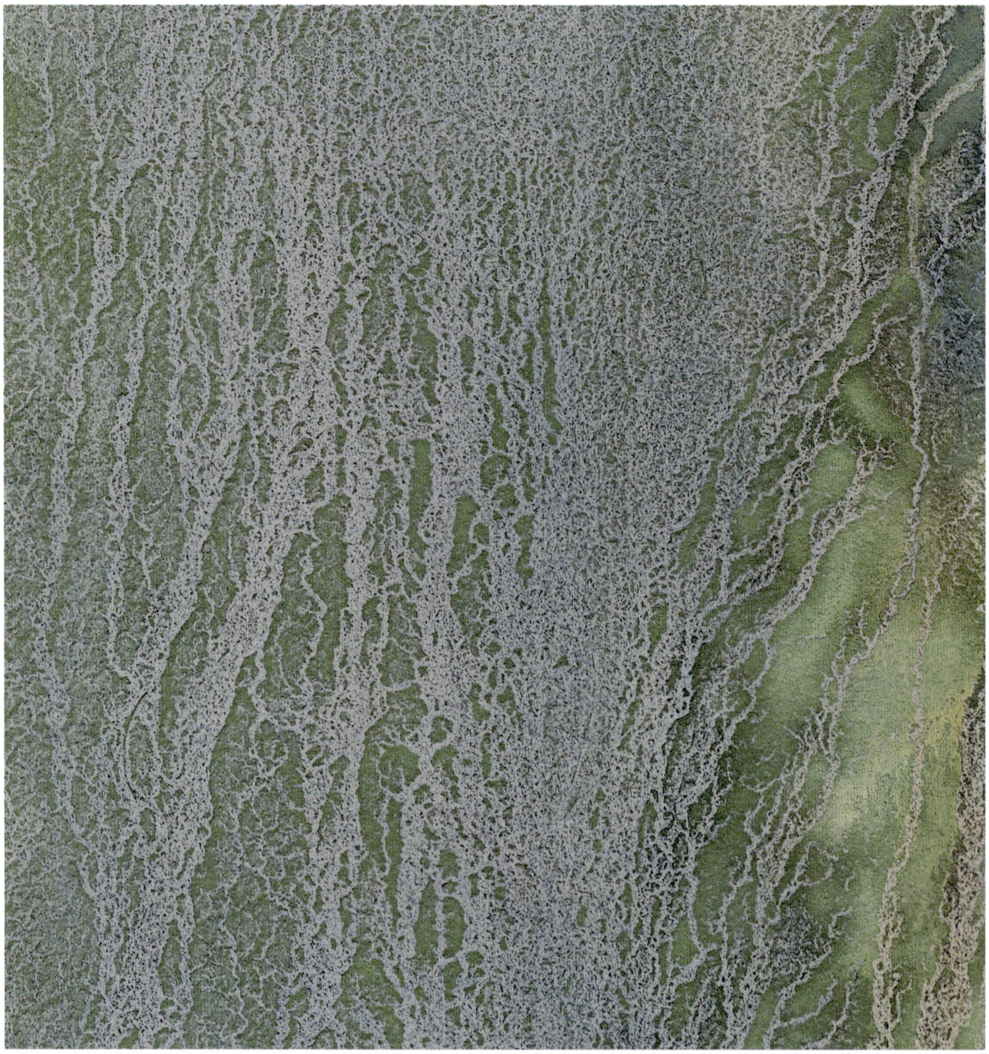

Avec cet élément si fluide, si mouvant, si difficile à saisir, je communique. L'eau me tient en alerte à chaque instant ; elle exige une grande souplesse, une promptitude de réflexes et surtout de la tolérance : les rapports avec l'eau ne reposent pas sur des rapports de force.

Le travail avec l'eau est cyclique : les plaines inondées brillent comme des miroirs ; la pluie s'infiltre dans la terre, s'évapore et laisse libre place au labeur sur un terrain frais. Quand le sol est sec, l'inondation suivante peut de nouveau survenir, totale ou partielle... Dans une aquarelle achevée, l'eau a disparu : seule subsiste aux yeux de ceux qui savent la déceler la trace de sa présence.

L'art de l'aquarelliste n'est pas forgé de certitudes : le peintre prévoit les choses dans leur cheminement et non dans leur forme accomplie. Il ne maîtrise pas totalement le résultat de ses actions, mais passe à un moment le relais à l'eau, qui agit de façon autonome. Toutefois, parler de hasard serait erroné : l'artiste impulse un mouvement, une direction, accompagne l'eau jusqu'au bout de son cycle.

Pour saisir l'essence de l'aquarelle, il faut faire preuve d'une curiosité permanente : agir, observer les réactions qu'entraîne cette action sur le papier et répondre en conséquence – tout cela dans un laps de temps très court, souvent même simultanément. La véritable démarche créatrice, c'est l'adéquation entre la sensation que l'on éprouve et la manière de l'exprimer. Il faut combiner, détourner, assembler, soustraire une multitude de gestes techniques, de matériaux et d'outils – le tout dans un état tour à tour enjoué, curieux, spontané, et même parfois furieux ! Bref, il faut expérimenter. Mais pour expérimenter en toute liberté, mieux vaut parfaitement connaître ce dont on dispose... C'est le sujet de ce livre, qui propose une observation minutieuse des différentes interventions possibles sur le papier.

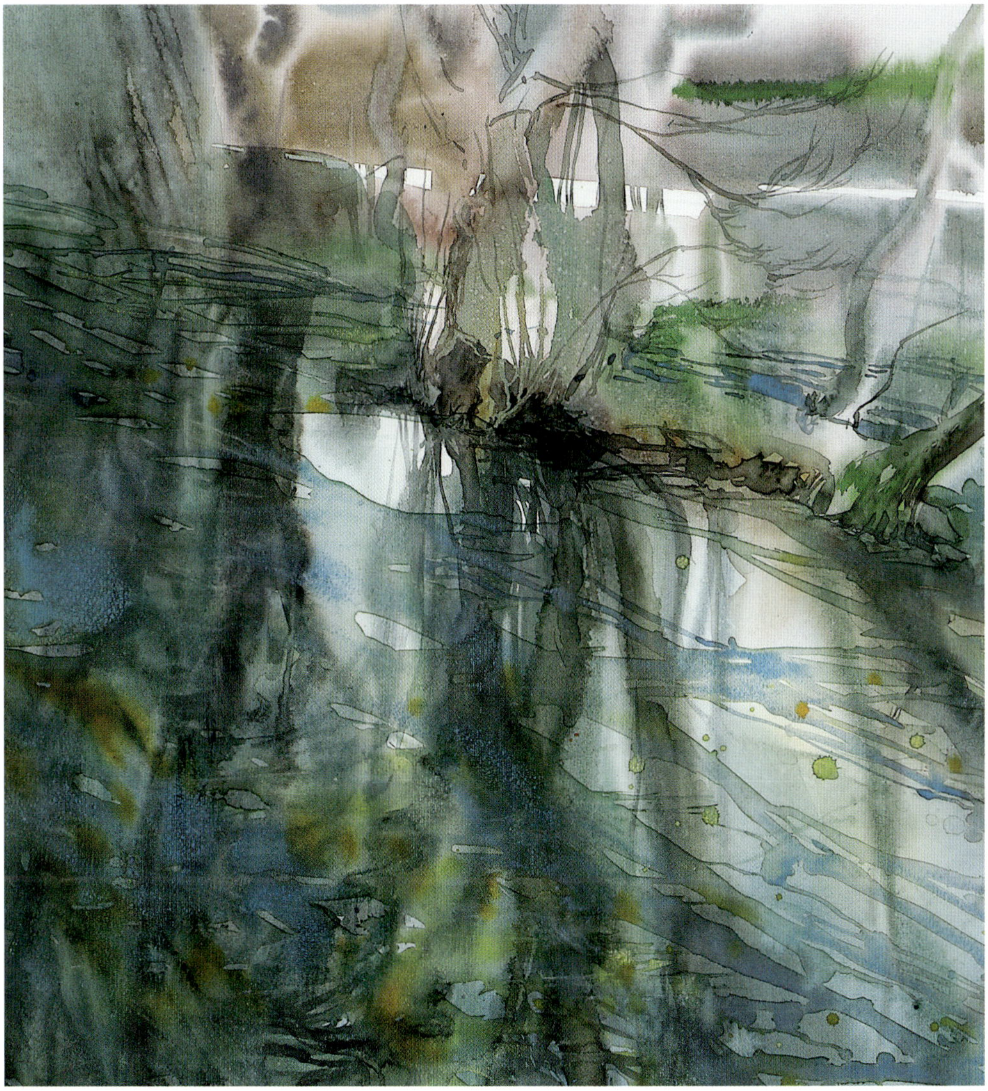

◀ *Sans titre*, 42 x 48 cm

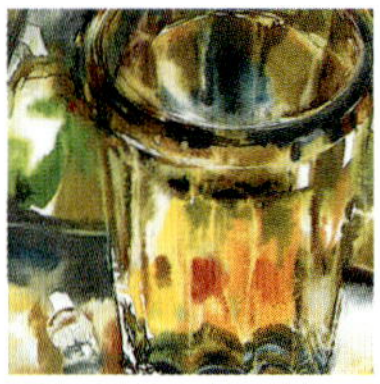

L'aquarelliste qui travaille en humide sur humide entretient un dialogue incessant avec l'eau : il tente de saisir le tempo de l'aquarelle, d'accorder ses gestes et la densité de ses teintes à l'état d'humidité du papier. Pour cela, il lui faut des outils adaptés (pinceaux, couleurs et papier). Mais la compréhension des effets de cette technique passe aussi par une observation minutieuse du cycle de l'eau, c'est-à-dire des phases successives du séchage du papier. Cet apprentissage conditionne la réussite de l'œuvre : il faut connaître les qualités physiques des pigments et leurs réactions sur un support plus ou moins trempé pour agir à bon escient. De cette manière, il est possible d'anticiper les phénomènes, de jouer sur les propriétés de chacun des éléments en présence et, au final, d'accorder le traitement pictural aux sentiments qu'inspire le sujet. Car cette façon de peindre, aussi exigeante soit-elle, repose avant tout sur la recherche de l'harmonie et le rapport intime qui lie chacun à l'aquarelle…

AU FIL DE

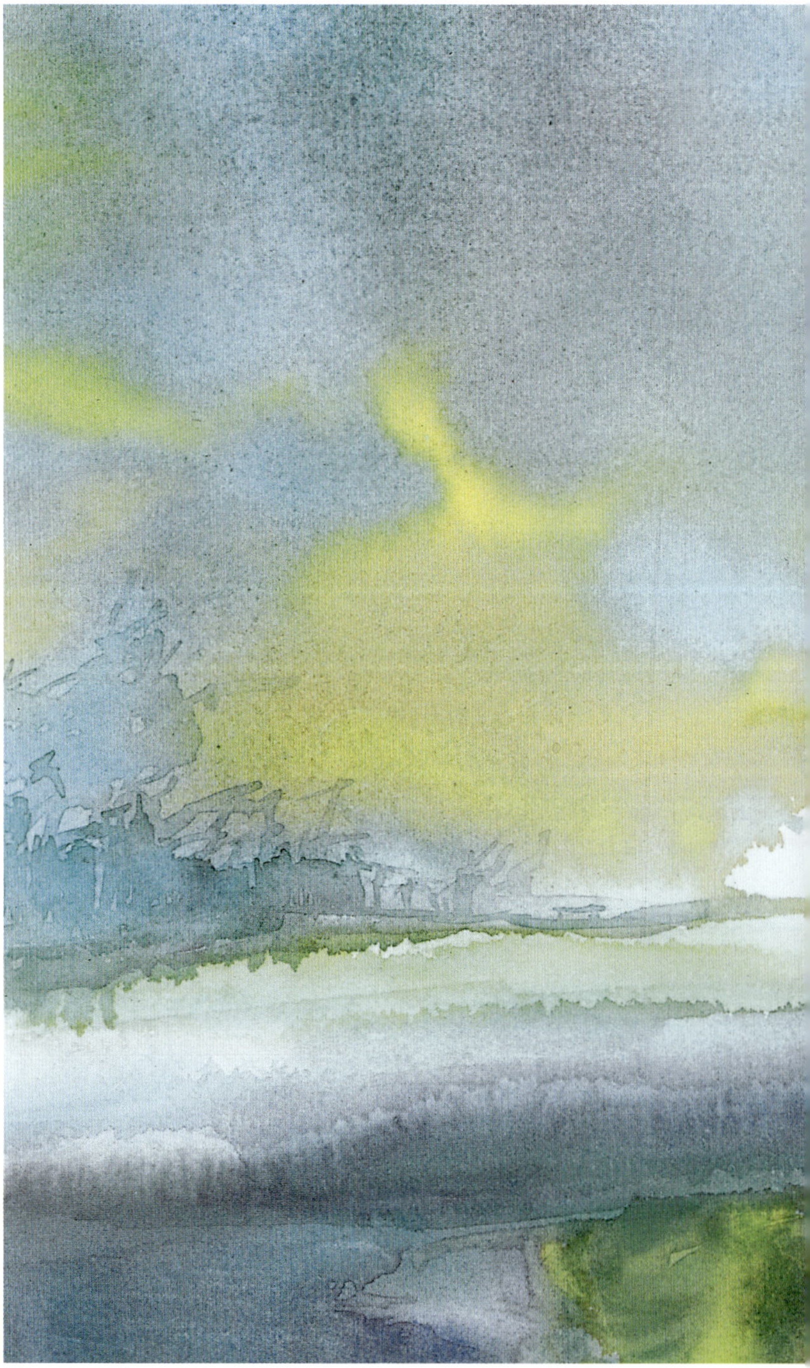

L'EAU

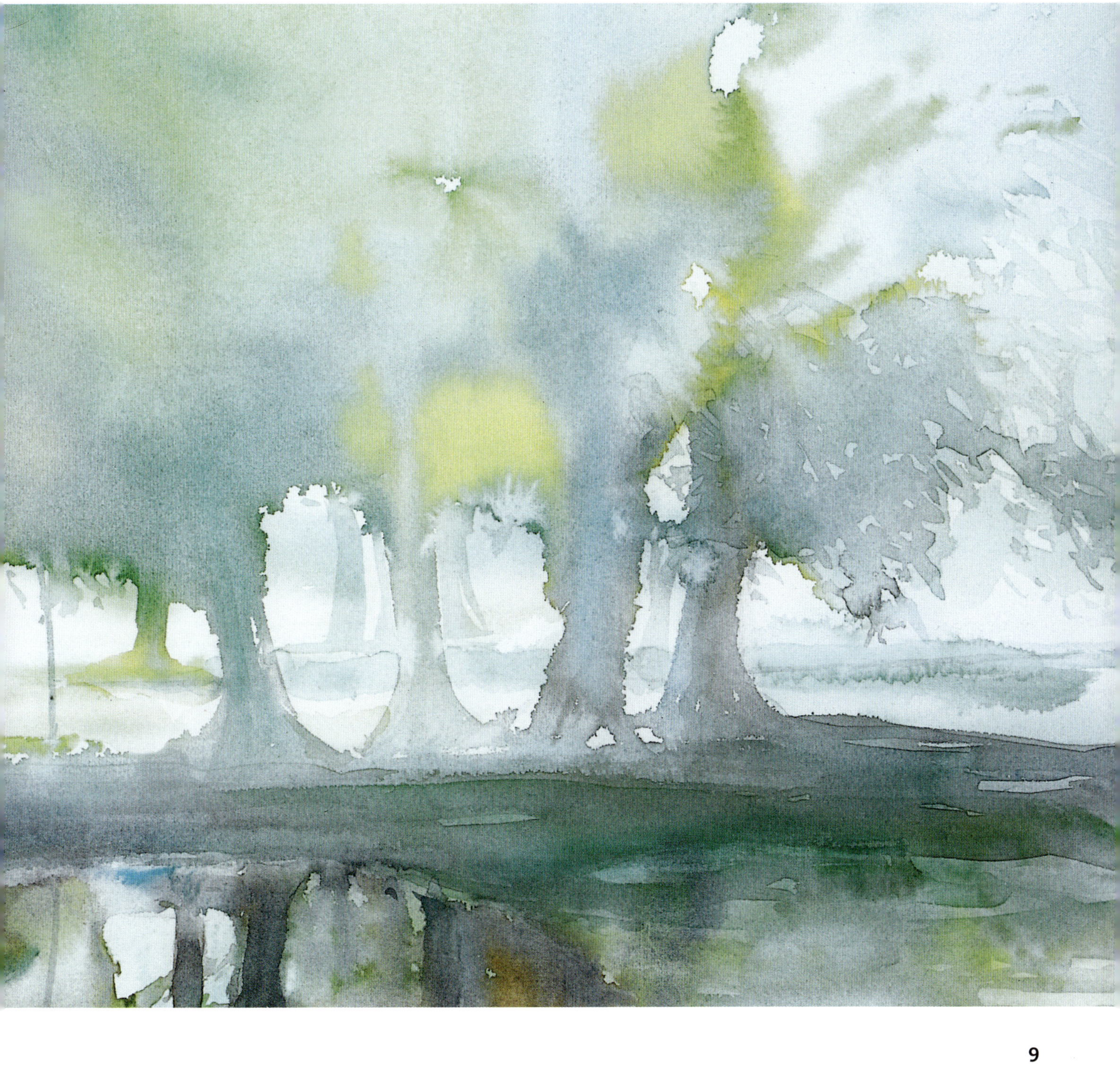

Les outils de l'artiste

Toute création nécessite un certain nombre d'outils, sans lesquels elle ne pourrait éclore. Même s'il est toujours possible de produire une œuvre à partir de matériaux détournés, la réalisation d'aquarelles en humide sur humide réclame un certain nombre d'« armes » spécifiques ! Voici la panoplie du parfait aquarelliste.

▶ Du papier, quelques couleurs, un assortiment de pinceaux, un verre d'eau – et l'aventure commence.

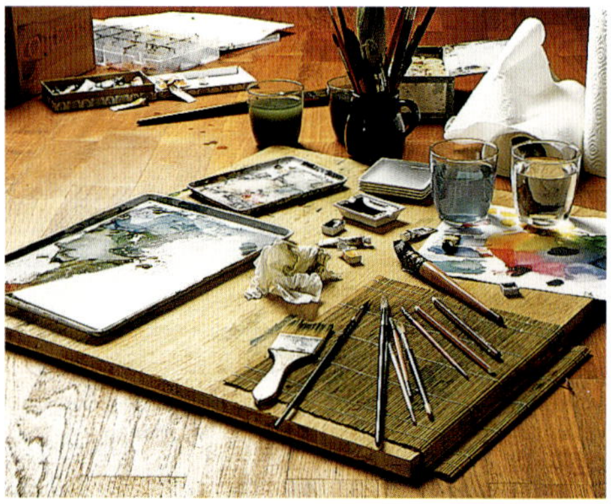

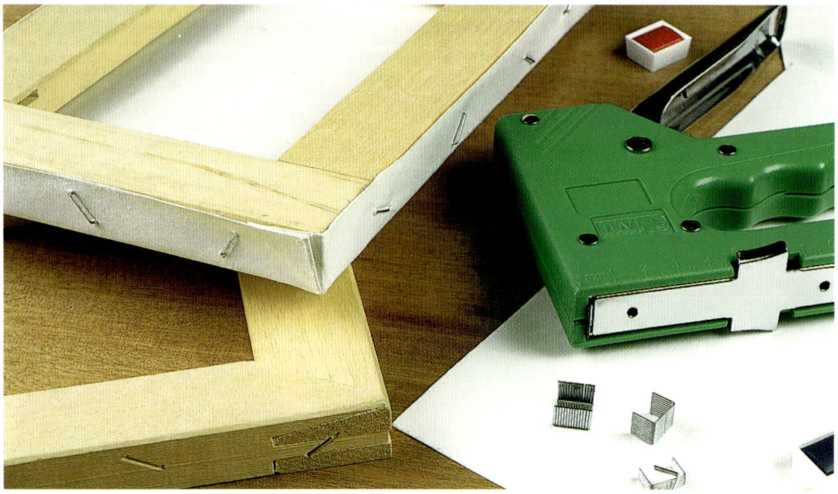

▲ Le papier, détrempé recto verso pendant 5 min environ, devient souple comme du tissu. Il est très facile de lui faire épouser la forme du châssis.

Le papier

Le choix du papier s'avère aussi important que celui de la palette. Il dépend avant tout de la sensibilité de chacun. Il faut tester ses réactions, apprendre à connaître les effets qu'il permet. Le papier choisi doit cependant supporter le travail de l'eau : son poids idéal semble être de 300 g/m^2. Plus épais ou plus grenu, il prolonge le cycle de l'eau – parfois au-delà du tolérable ; plus fin, il risque à tout moment de se déchirer.

Après l'avoir humidifié, je tends mon papier sur un châssis en bois en le fixant à l'aide d'agrafes. Ce dispositif le rend digne de confiance : il réduit le gondolage lors de l'étape humide et facilite les manipulations (inclinaison, évaluation de l'état du cycle de l'eau par effleurement de la main sur l'envers de la feuille, etc.). De surcroît, l'ensemble est plus léger qu'un papier scotché à une planche de bois. Une fois sec, le support se tend de nouveau. Parfois, le papier ne se comporte pas de la même façon sur l'endroit que sur l'envers : pour distinguer les deux faces, repérez le filigrane.

J'aime le toucher soyeux de la surface d'un *Bockingford* ou d'un *Langton*. Je suis séduite par leur rendu des couleurs, et ma patience est souvent mise à l'épreuve par leur capacité de rétention d'eau. Ils sont exigeants, difficiles à dompter, mais savent récompenser les efforts. Leur grain est moyen, c'est-à-dire assez prononcé.

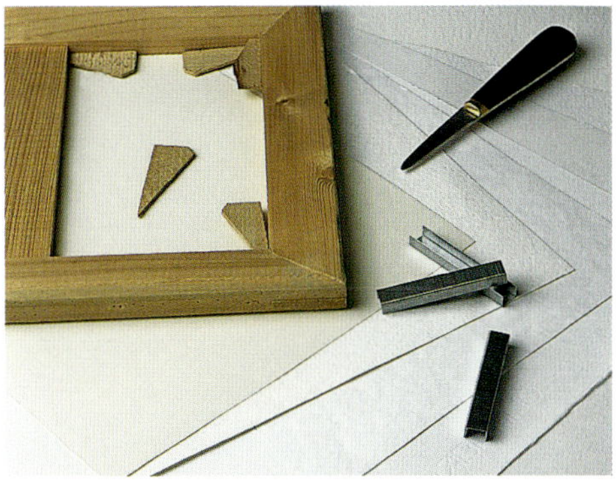

À chacun de choisir le papier qui lui correspond le mieux !

J'apprécie un peu moins le contact rugueux de la surface de l'*Arches*, ainsi que son parfum lorsqu'il est détrempé. La couleur sur ce papier se travaille bien dans l'humide – même si elle a tendance à « griser » en séchant. En outre, il est pratiquement impossible d'ouvrir les blancs dans un lavis frais : on n'obtient jamais d'auréoles volontaires suffisamment contrastées.

Il m'arrive de travailler sur le *Montval* : ce papier se prête particulièrement bien à la peinture en une seule couche. Il conserve longtemps une humidité appréciable, et restitue leur brillance aux couleurs. Attention aux auréoles : de petites quantités d'eau suffisent à ouvrir de larges blancs. Poser un second lavis sur ce papier s'avère pratiquement impossible : sous une flaque, il dépigmente presque complètement au moindre frottement.

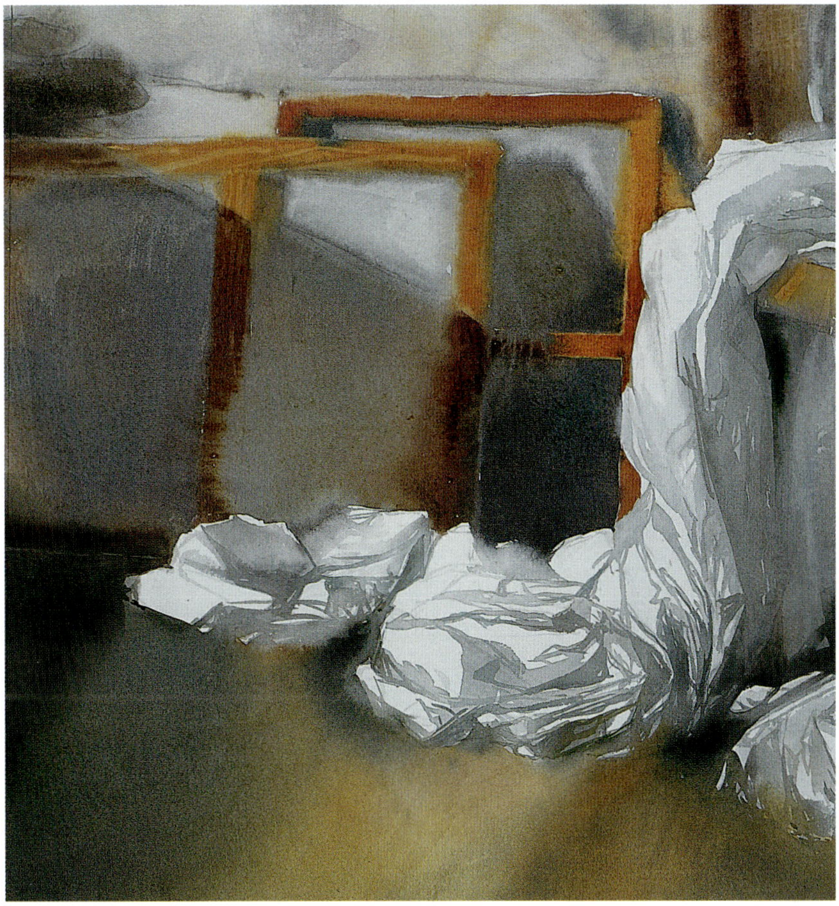

Dans l'atelier, 32 x 44 cm.
Aquarelle sur papier Fontenay.

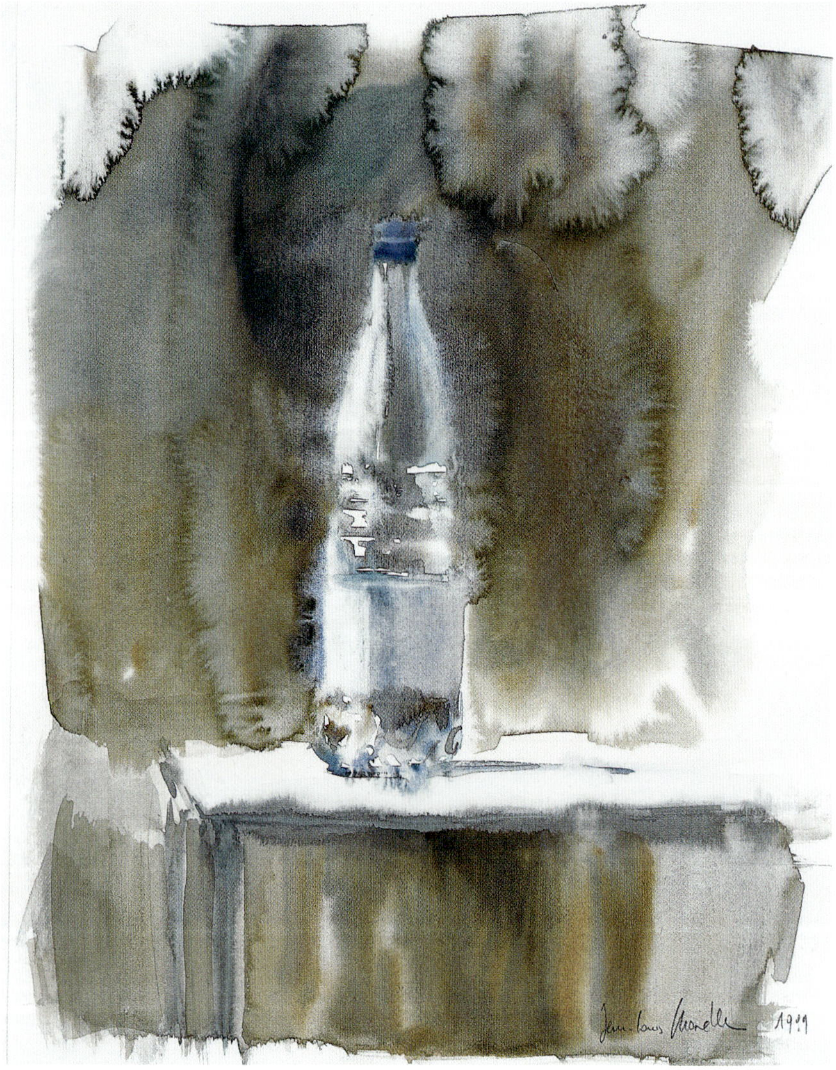

▲ **Jean-Louis Morelle**, *La bouteille*, 20 x 30 cm.
Ce tableau a été réalisé sur du papier *Ingres Cover Fabriano*.

L'ancien *Fontenay* à grain fin possède à mon sens les mêmes qualités ; il offre de surcroît l'avantage d'une moindre dépigmentation. Il ouvre les auréoles d'une manière extraordinaire : malheureusement, il semble que sa qualité ne soit plus aussi constante depuis quelque temps.

Le *Fontaine* à grain fin est un papier qui permet de travailler les couleurs dans l'humide avec une grande finesse. Il s'imbibe vite et en profondeur. Les couleurs ne fusent pas trop loin, les teintes sèches ne perdent que peu de leur brillance... En revanche, l'ouverture de blancs est difficile – aussi bien sur surface humide que sur surface sèche.

Même si ce n'est pas un papier spécialement conçu pour l'aquarelle, l'*Ingres Cover Fabriano* 160 g permet des effets particulièrement intéressants dans l'humide. Attention cependant à ne pas trop le noyer : son faible grammage le rend assez fragile.

J'aime les papiers qui offrent une sensation de rondeur de la touche, où les fusions sont moelleuses, et qui ne sont pas, pour autant, des buvards. Mon papier doit avoir une certaine nervosité de trait, sans être trop ferme, trop dur – trop nerveux, justement. Il doit me permettre toutes les interventions possibles dans l'humide (auréoles volontaires comprises), et préserver l'éclat des couleurs. Le *Fabriano 5*, le *Langton* et le *Fabriano Artistico* à grain fin sont mes papiers préférés ; leur tempérament s'adapte bien au mien. Mais c'est à chacun de trouver le papier qui lui convient le mieux !

Les pinceaux

Mon assortiment de pinceaux se compose d'une vingtaine de pièces. J'en utilise cinq fréquemment, les autres de manière plus occasionnelle. Ils appartiennent à trois groupes :

Les pinceaux synthétiques. En principe, ce ne sont pas des pinceaux très adaptés à l'aquarelle : on les « emprunte » aux autres techniques. Ils sont élastiques et assez fermes. Je les utilise pour ouvrir des blancs sur une surface réhumidifiée. Il en existe de toutes sortes : *Isacryl* chez Isabey, *Gold-sable* chez Bozart, *Kaerell* chez Raphaël... Ils présentent des formes diverses (brosses plates ou en éventail, spalters, etc.). Les plus souples (les *Kaerell*) me permettent d'obtenir des graphismes intéressants en étirant une flaque d'eau et en réalimentant très souvent les tracés.

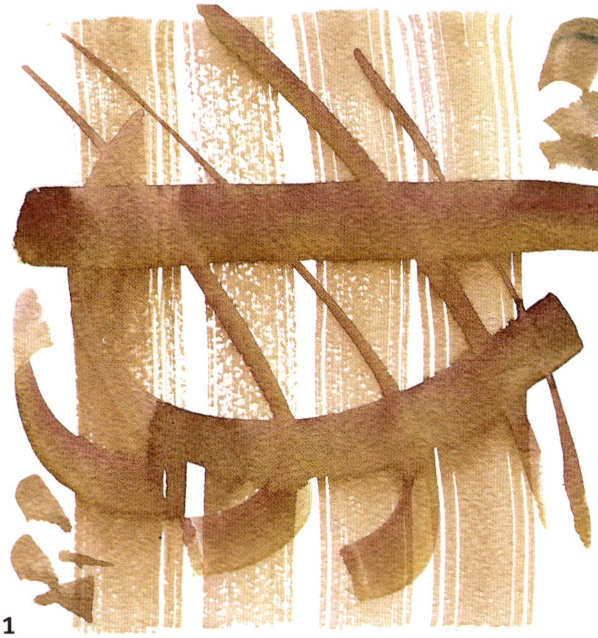

1

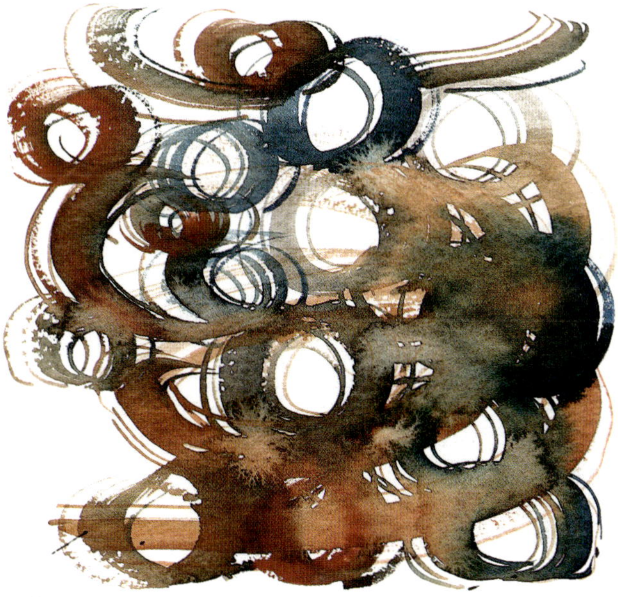

2

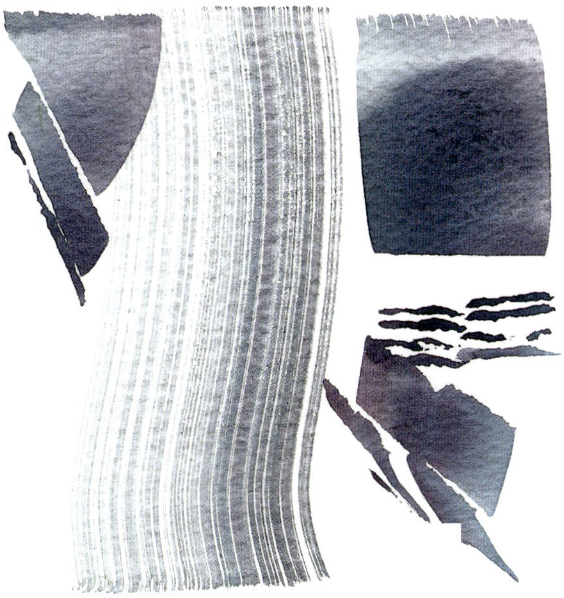

3

1 La brosse plate
2 Le pinceau en éventail
3 Le spalter

Les petits-gris. Ce sont les outils indispensables à l'aquarelliste travaillant en humide sur humide. Leur ventre rebondi retient une quantité appréciable de liquide, et la finesse de leurs poils permet d'obtenir des tracés délicats. Cette qualité présente un défaut majeur : la mollesse. Il faut donc puiser suffisamment d'eau et se garder d'exercer une trop forte pression pour ne pas plier ou écarter les fibres. Le geste idéal consiste à maintenir la goutte en équilibre entre le papier et la pointe du pinceau.

Ce qui fait toute la richesse du petit-gris, ce sont ses propriétés de capillarité : il peut à la fois « pomper » le liquide (et aspirer ainsi un surplus d'eau) et modifier la densité d'un pigment – jusqu'à retrouver la blancheur du papier. J'utilise plusieurs pinceaux « triple zéro » pour déposer les couleurs ou pour ouvrir des auréoles, ainsi qu'un pinceau numéro huit pour transporter de l'eau (teintée ou non), poser un lavis, raviner, aspirer, etc. Ce dernier n'est pas conseillé pour créer des auréoles – à moins que la surface soit vraiment très importante !

Les pinceaux en poils de martre. Ce sont des pinceaux fermes et souples à la fois, qui ne manquent pas d'un certain « ressort ». Ils permettent des graphismes très nerveux et sont idéaux pour peindre sur des surfaces mates avec des couleurs crémeuses ou pâteuses. Leur capacité de rétention d'eau est en revanche moindre que celle des petits-gris : lorsqu'on travaille sur surface sèche, il faut donc nourrir régulièrement les tracés obtenus en eau.

Parmi les différents pinceaux en martre, les plus appréciables sont peut-être les pinceaux à lettres ou à filets : leur touffe de poils est singulièrement longue (4 cm), mais leur pointe est parfaite. Cette longueur exceptionnelle accroît leur capacité de rétention d'eau qui, alliée à leur élasticité, les rend particulièrement adaptés aux interventions délicates (cordons d'eau, graphismes très fins ou auréoles linéaires, etc.).

1 Le petit-gris « triple zéro »
2 Le pinceau à lettres

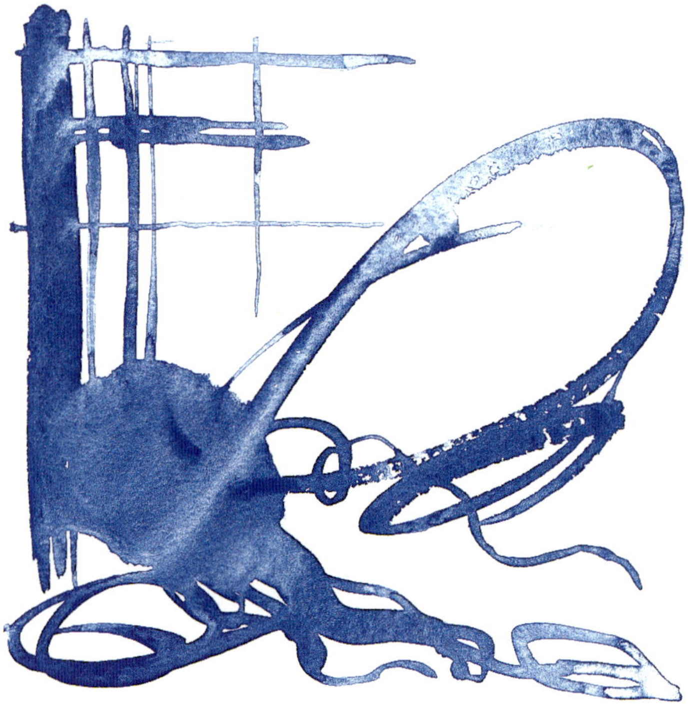

1

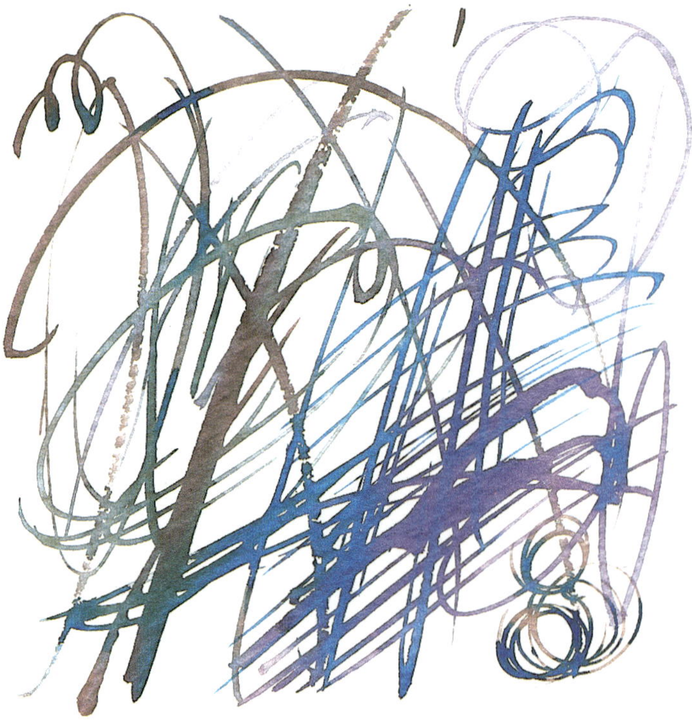

2

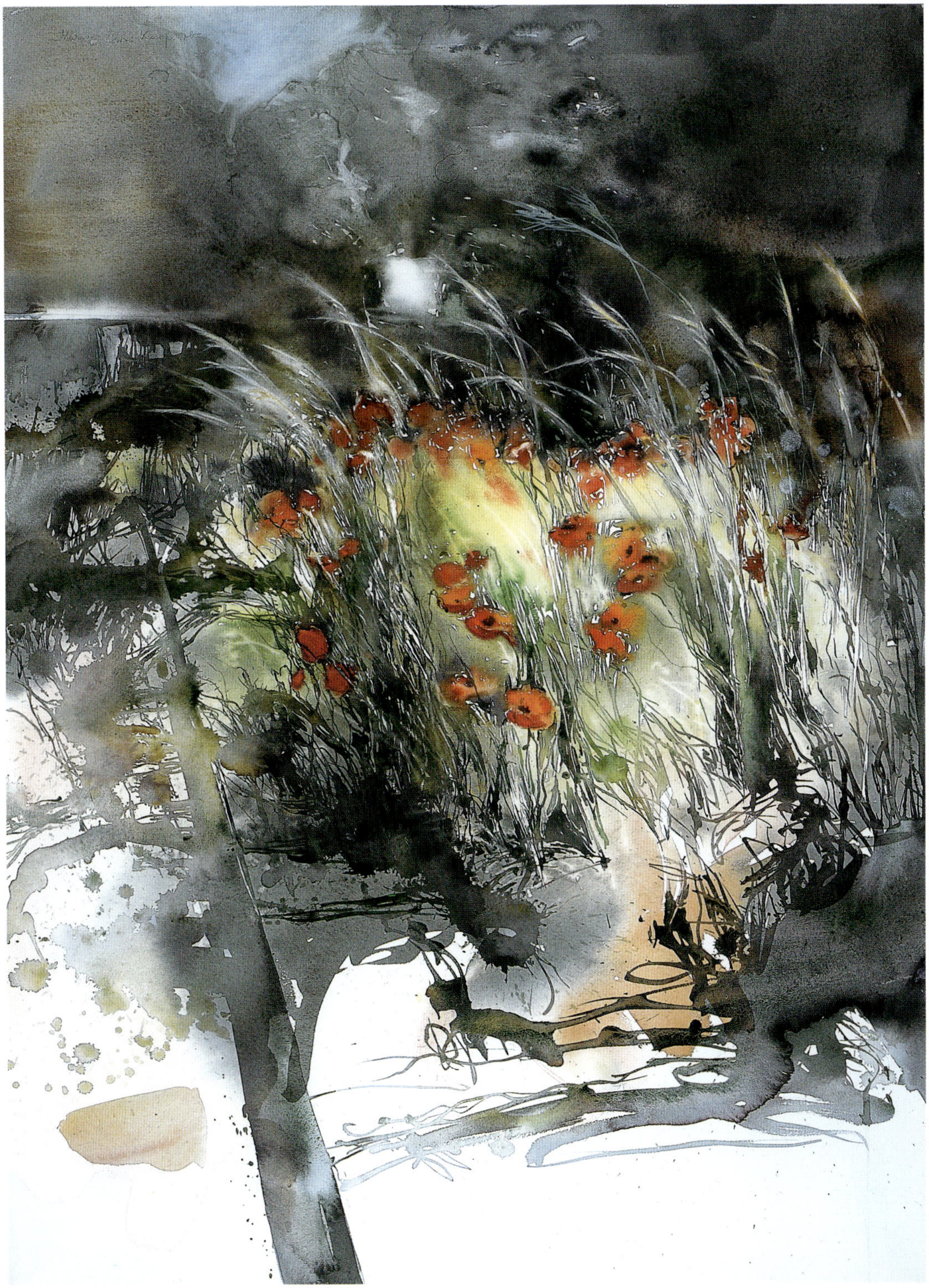

▲ *Les coquelicots*, 73 x 100 cm
Les tiges des fleurs et certaines ombres ont été réalisées au pinceau à lettres : celui-ci permet un trait à la fois nerveux, régulier et d'une grande finesse.

La palette

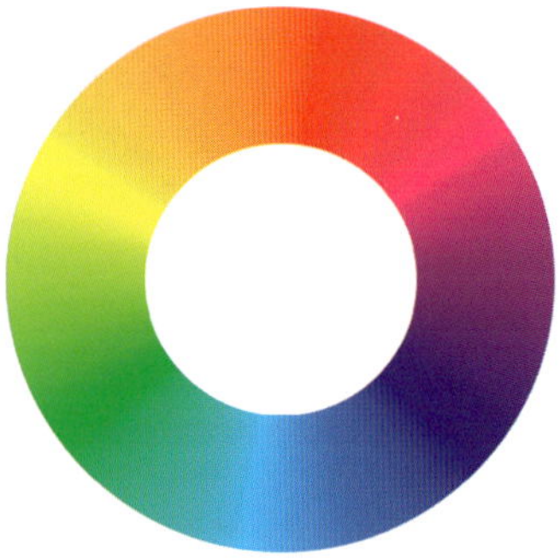

▲ Le cercle chromatique

La palette de l'aquarelliste débutant – celui qui n'a pas encore pris conscience de toutes les subtilités qu'offre cette peinture si sensible – ne devrait être constituée que de couleurs transparentes : il ne faut pas oublier que les mélanges à trois couleurs absorbent déjà une part non négligeable de la lumière ! Dans l'absolu, le mieux serait de ne travailler qu'avec les trois couleurs primaires. Toutefois, comme il faut tenir compte des qualités physiques et chimiques des pigments, la réalité s'éloigne quelque peu de la théorie…

Le plus simple est de choisir une version froide et une version chaude de chaque couleur primaire : jaune citron et gomme-gutte, rose permanent et rouge Blockx, bleu de phtalocyanine à tendance rouge et bleu de phtalocyanine à tendance verte. En effet, les couleurs primaires du commerce ne sont évidemment pas tout à fait pures : la partie du spectre qu'elles renvoient est différente du modèle théorique, ce qui suffit dans certains cas à rompre la teinte secondaire que l'on cherche à obtenir. Mieux vaut donc opter pour ces variantes froide et chaude de chaque primaire, qui permettent de s'approcher plus facilement d'un résultat idéal. Pour vous y aider, je ne saurais que trop vous recommander la lecture du tableau des équivalences dans l'ouvrage de Jean-Louis Morelle, *Aquarelle, l'eau créatrice* (éditions Fleurus).

Avec un peu de pratique, vous arriverez vite à obtenir des teintes « propres » : par exemple, vous composerez un violet vif avec du rose permanent et du bleu de phtalocyanine tendance rouge ; un violet rompu avec du rose permanent et du bleu de phtalocyanine tendance verte, ou du rouge Blocx et du bleu de phtalocyanine (tendance rouge ou tendance verte).

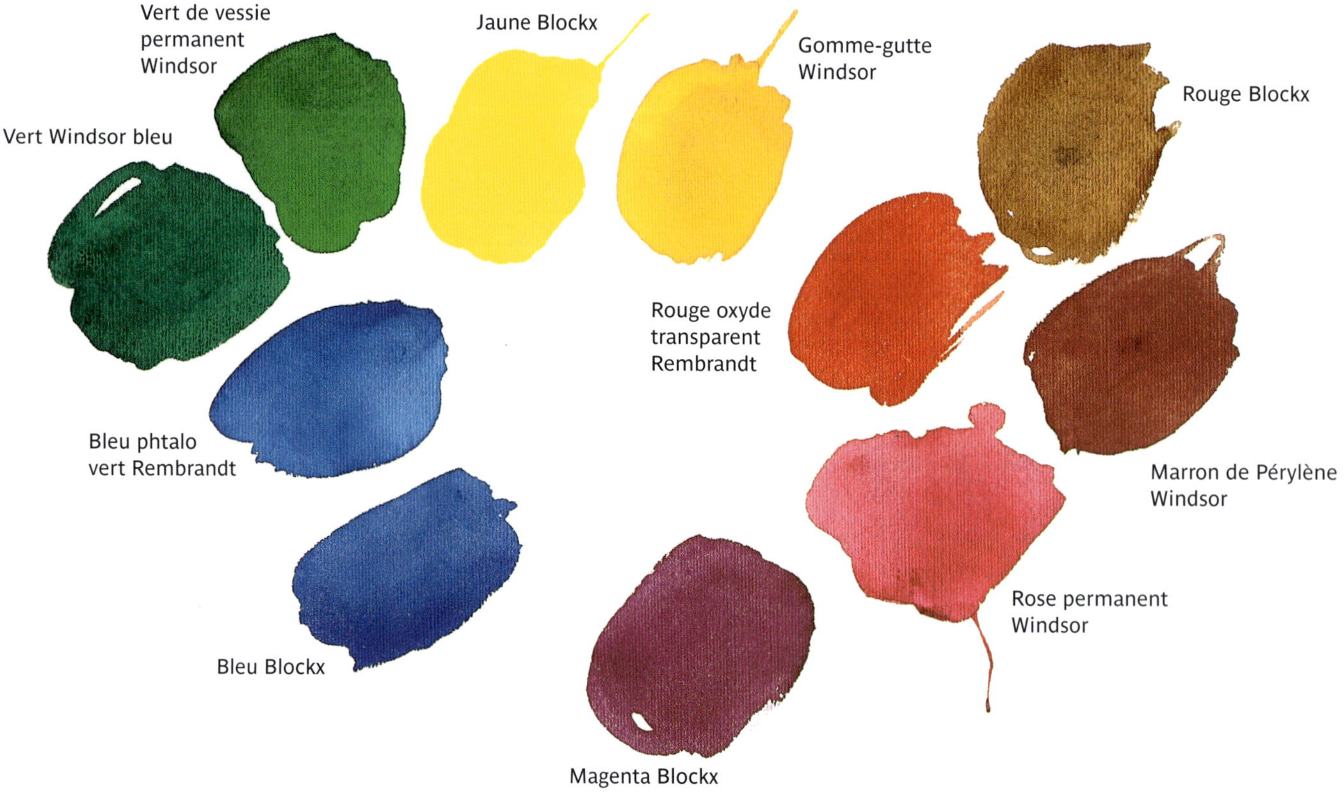

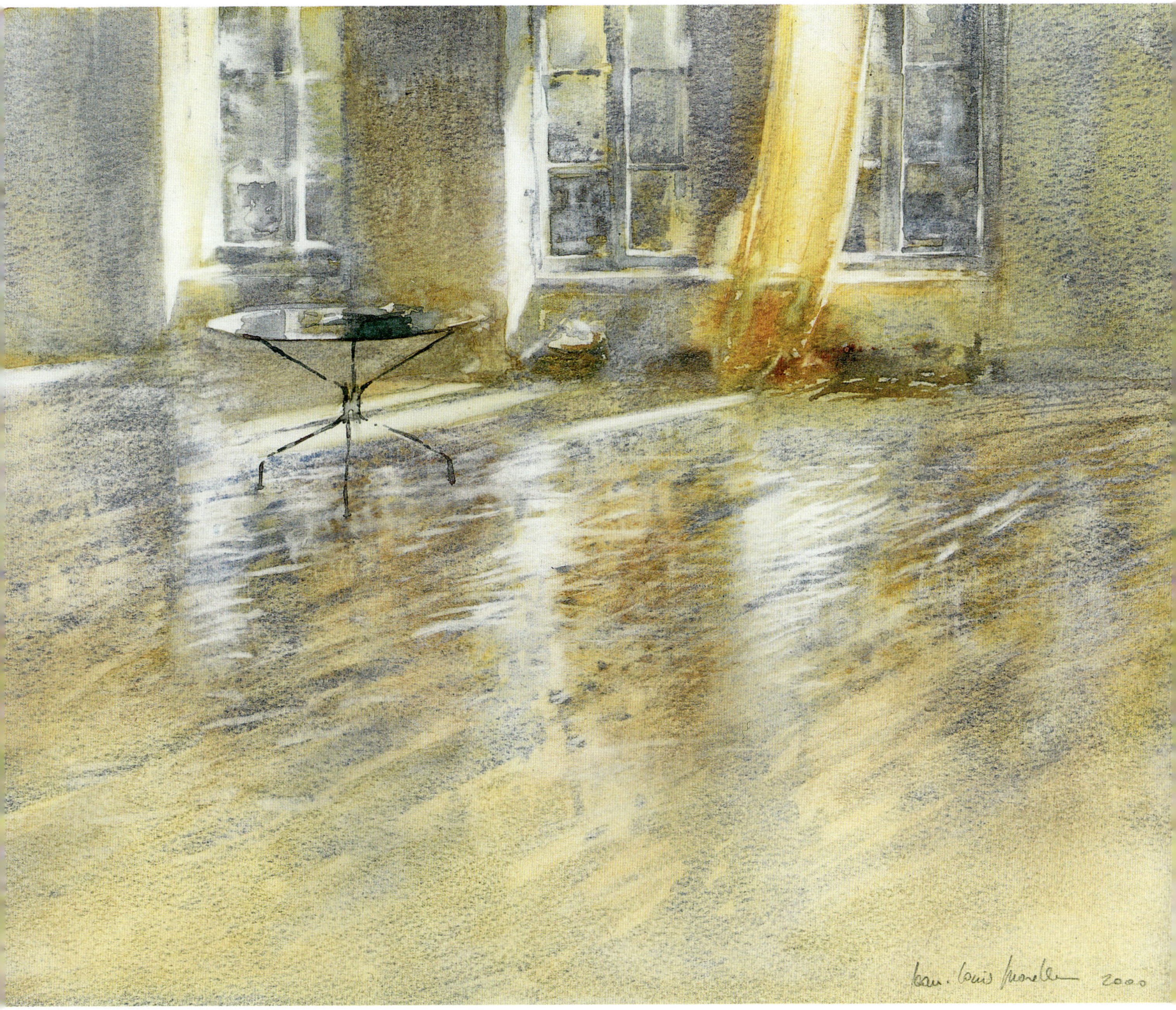

▲ **Jean-Louis Morelle**, *Le grand salon*, 38 x 25 cm
Le regard que Jean-Louis Morelle pose sur les objets ou sur les êtres ne s'arrête jamais sur l'insignifiance de leur enveloppe extérieure. Dans chacune de ses aquarelles, il exprime un rayonnement intérieur que lui seul est en mesure de déceler, rayonnement partout évident une fois révélé, transcrit par la peinture.

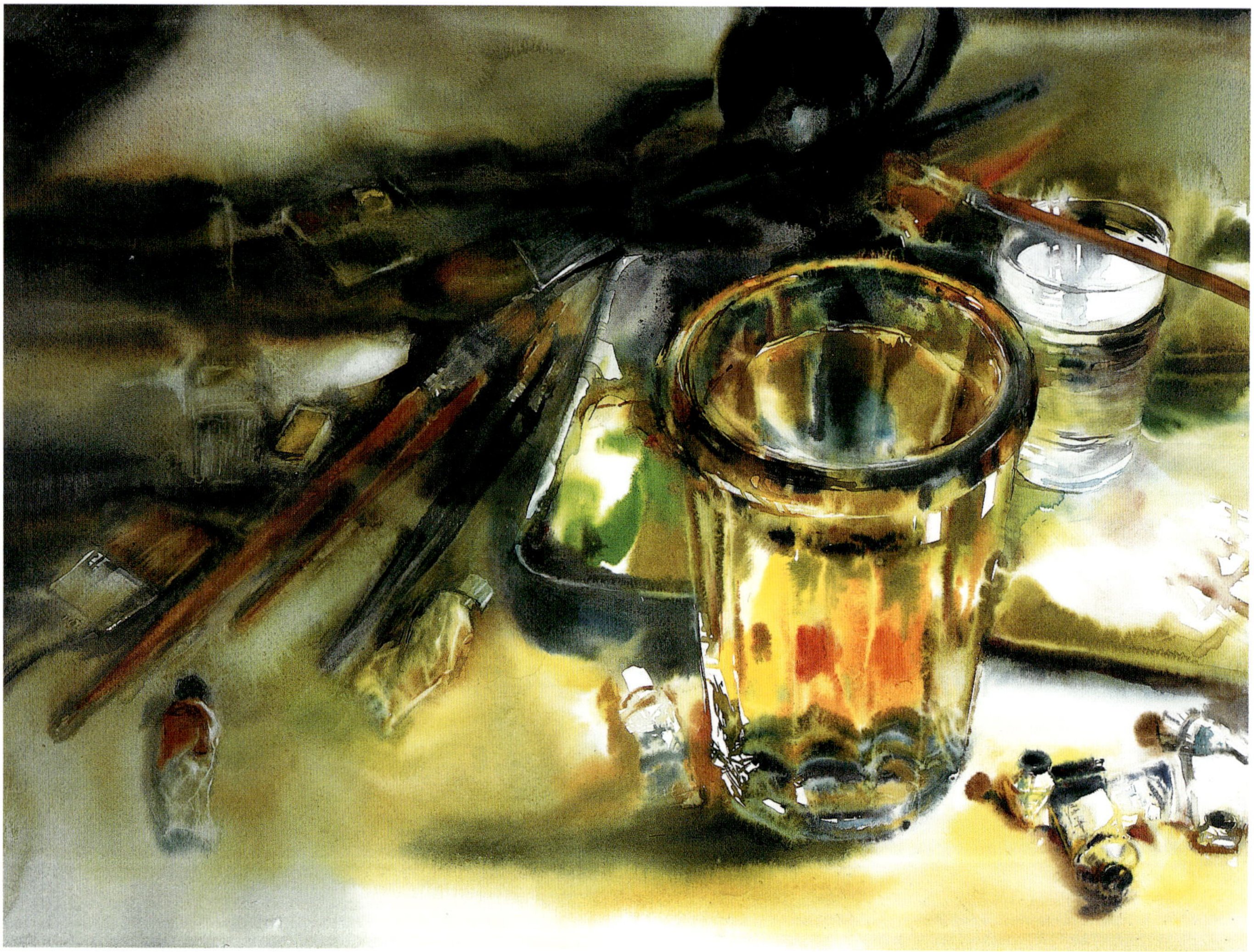

▲ *Mon univers pictural*,
45 x 61 cm

(1) Le *Colour index* est publié par The Society of Dyers and Colourists, American Association of Textile Chemists and Colourists (P.O. Box 224, Perkin House – 82 Grattan Road Bradford, Yorkshire BD1 – 2JB Grande-Bretagne).

Choisir ses couleurs n'est pas chose aisée : il faut penser aux problèmes d'opacité des tons tout d'abord, aux possibilités de mélange ensuite. Pour se rendre compte de la nature d'un pigment, il est nécessaire de le tester. Une trace poudreuse laissée après le séchage d'une flaque colorée sur une surface sombre indique que la couleur est opaque ou semi-opaque. En règle générale, les couleurs ocre, terre, cadmium, cobalt, chrome et outremer sont opaques, ainsi que le jaune de Naples, le bleu de céruléum, l'indigo, le rouge anglais, le rouge indien, le gris de Payne et les noirs, bien sûr. Cette information figure sur les nuanciers de la plupart des fabricants.

Sachez également qu'il existe une table internationale appelée *Colour Index*[1] qui renseigne sur la nature physique et chimique des pigments et sur leur comportement : en vous référant aux informations qui figurent sur les nuanciers des fabricants, vous pourrez grâce à lui vérifier quels pigments se trouvent dans la couleur que vous utilisez et, de cette façon, mieux connaître les propriétés de celle-ci. Par exemple, le gris de Payne Rembrandt est un mélange de noir de combustion (PBk6) et de bleu de phtalocyanine (PB15). Il est donc plus délicat à travailler qu'une couleur obtenue à partir d'un seul pigment. Le *Colour index* est un ouvrage de référence pour tous les corps de métier ayant recours aux substances colorantes.

Les couleurs opaques permettent de créer de multiples effets. Utilisez-les sur un papier trempé à cœur, en suspension dans une lentille d'eau. Ne perturbez jamais leur sédimentation. Sur des papiers au grain marqué, ces couleurs permettent des effets « floconneux » caractéristiques. Elles sont évidemment régies par les mêmes lois que les couleurs transparentes ; toutefois, elles absorbent une part plus importante d'ondes lumineuses que les secondes, et « bouchent » donc plus facilement. Dans les mélanges, mariez de préférence une seule couleur opaque à des couleurs transparentes. Évitez si possible de retravailler les couleurs opaques des premiers lavis ; le mieux est de les utiliser en glacis, dans la phase finale du travail.

Il faut par conséquent deviner ce que contient « optiquement » une couleur et choisir, selon que l'on désire obtenir des tons purs et éclatants ou rompus et cassés, les bonnes associations.

Personnellement, j'apprête mes couleurs à l'avance en les disposant dans des boîtes de pellicule photo. La large ouverture de ces récipients de fortune facilite les prélèvements. Une goutte d'eau maintient les couleurs humides. De cette manière, ils sont immédiatement à ma disposition, et présentent la consistance qui me convient. Nous reviendrons plus loin, dans le chapitre consacré au cycle de l'eau, aux différentes consistances possibles et aux effets qu'elles offrent sur un papier plus ou moins mouillé.

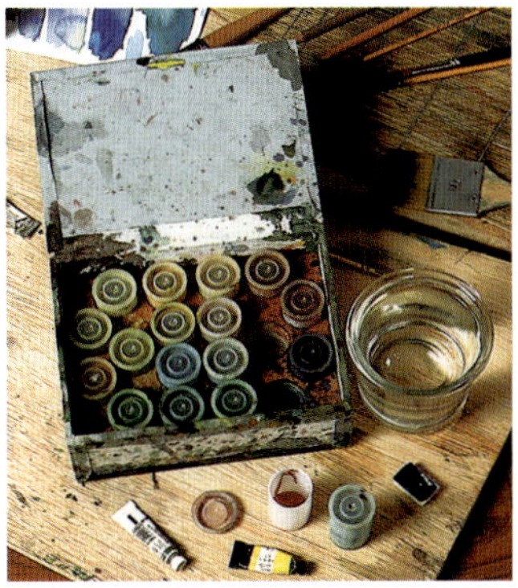

▲ Ma boîte de couleurs

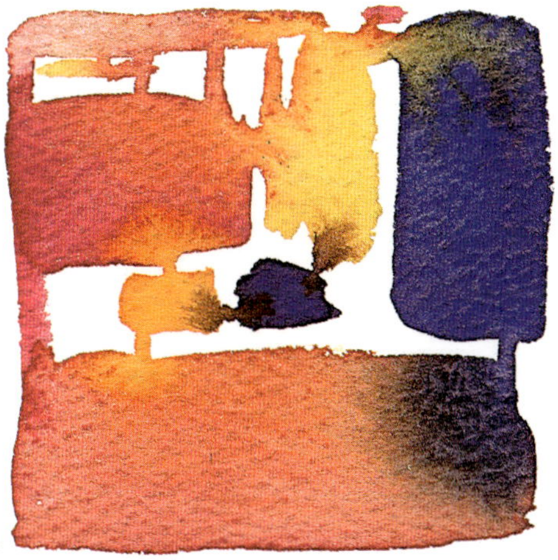

1

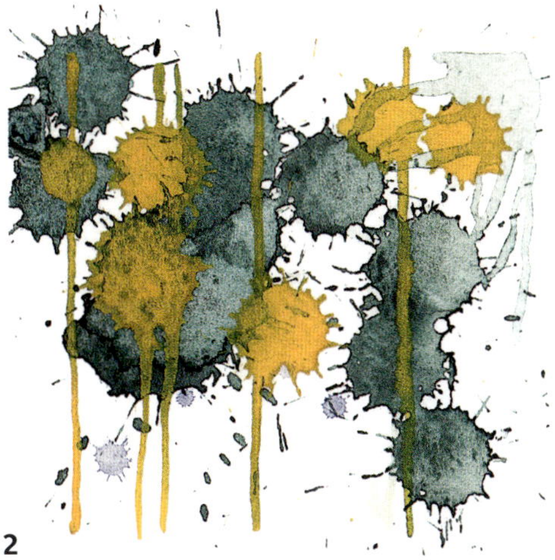

2

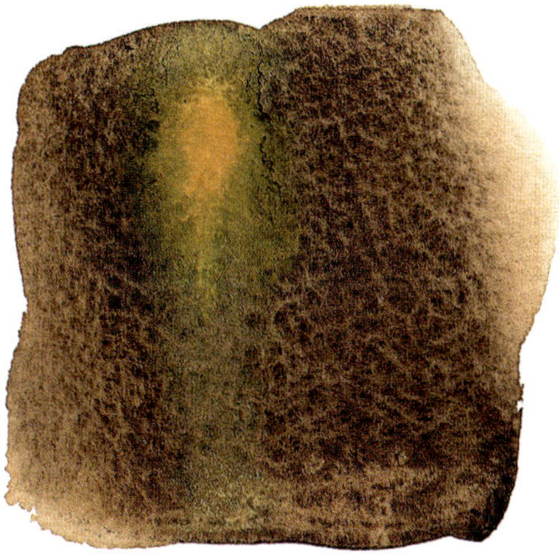

3

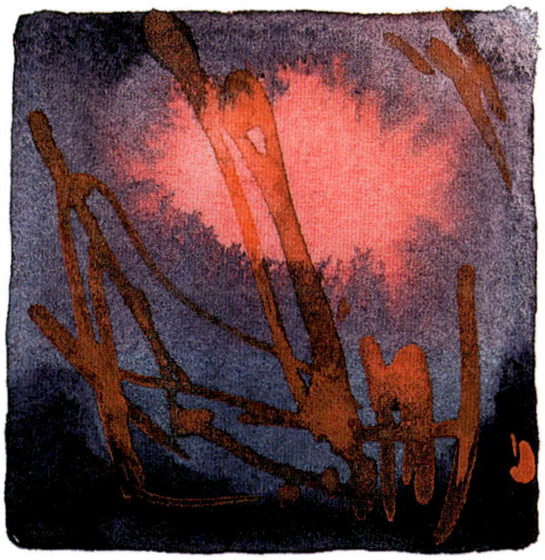

4

1 Jaune de cadmium, bleu outremer et rose permanent.
2 Le jaune de cadmium est opaque : il couvre une couleur foncée.
3 Les effets floconneux de la terre d'ombre brûlée.
4 Le rouge de cadmium, opaque lui aussi.

Le tempo de l'aquarelle

Un regard qui se pose, c'est déjà le temps qui passe.
Éprouver, mesurer l'espace avec le corps demande du temps.
L'ordonnance de tous les gestes de l'aquarelliste, leur rythme,
leur déroulement dans l'espace (où le corps est impliqué)
et sur la surface (où l'action s'imprime dans la matière)
est ce que l'on pourrait appeler le tempo.

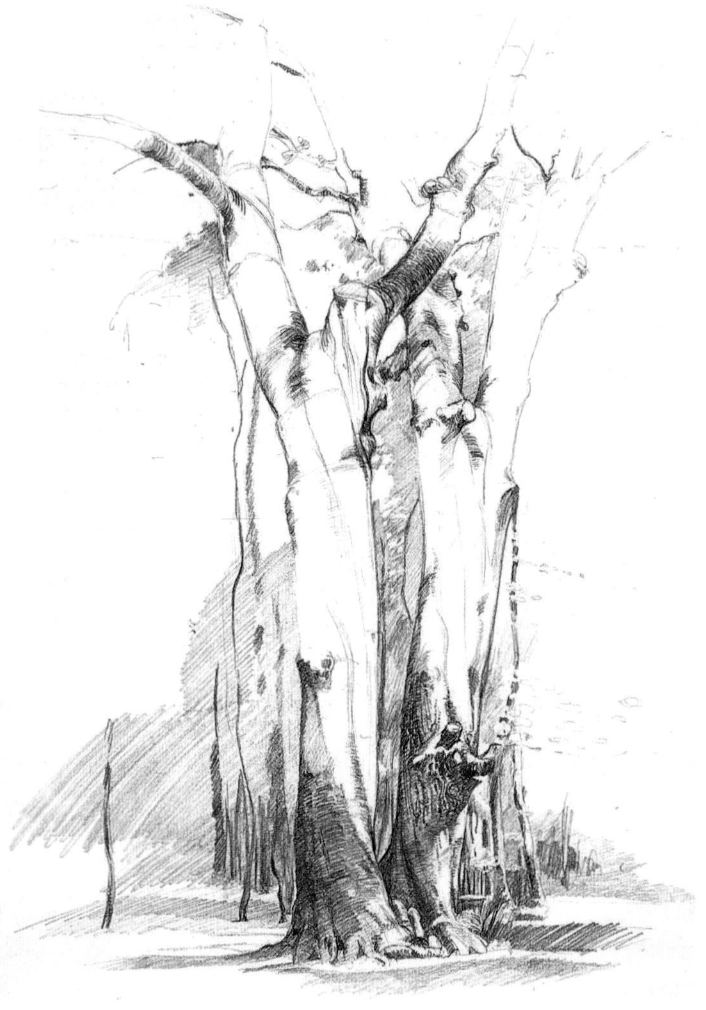

Agir en temps voulu

On peut envisager le travail de l'aquarelliste comme une succession d'actions. Chaque action possède son propre tempo, adapté à une étape du séchage de l'eau sur la feuille de papier. Si elle est répandue, l'idée selon laquelle une aquarelle réussie doit être peinte rapidement est une idée fausse : certes, lors de l'exécution d'une œuvre, certains gestes sont rapides ; mais d'autres s'avèrent très lents, très précautionneux. De surcroît, entre deux superpositions, il peut s'écouler beaucoup de temps.

Avant de peindre un sujet, je passe par une étape de réflexion, de maturation, de tâtonnements multiples. Il me faut avoir une sorte de « vision intérieure » de mon sujet :

◀ **Esquisse au crayon des *Jumeaux* de la page 116.**

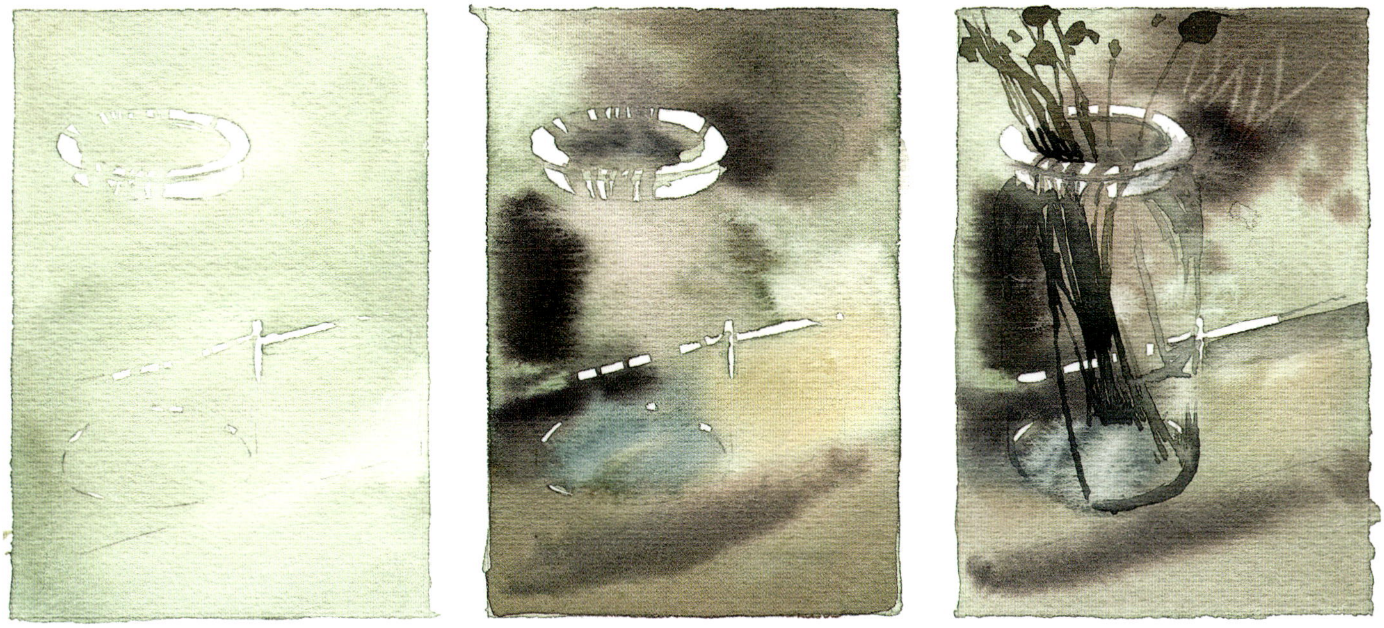

quand elle n'est pas évidente, les croquis, les études, les pochades m'aident à mettre en place la composition qui me semble la meilleure. Pour mieux investir l'espace du tableau, je pose les « masses » en esquissant directement au crayon, au crayon aquarelle ou au pinceau les principaux éléments de la composition. Je peux ainsi prévoir l'emplacement des réserves – aussi petites soient-elles. Ce travail souterrain permet par la suite de poser immédiatement les couleurs justes aux endroits choisis : c'est un gage de fraîcheur et de spontanéité.

Lorsqu'on travaille en humide sur humide, la préparation du papier est une opération minutieuse, qui peut selon les cas prendre près d'une demi-heure : c'est le moment de peaufiner la composition générale du sujet, d'affiner les réserves, de penser les harmonies de couleurs. Par la suite, la flaque stagne longtemps, et met souvent plus de trois heures à sécher. Ce qui laisse beaucoup de temps pour intervenir ! Distinguer les différentes étapes de séchage du papier dans le temps permet de mieux saisir le moment le plus propice à la réalisation de l'effet que l'on désire obtenir. Les phénomènes comme la stagnation d'une flaque pigmentée, la sédimentation des couleurs à l'intérieur de cette flaque ou la création d'auréoles surviennent à des moments bien précis du cycle de l'eau. La beauté de la matière que vous déposez sur le papier dépend du juste déroulement de vos gestes. Les premières flaques de pigments prendront l'aspect d'un brouillard coloré ; peu à peu, si vous le souhaitez, les formes pourront se découper plus nettement, voire de façon très précise.

▲ Il suffit de poser quelques touches sur la surface sèche du premier lavis pour que le sujet émerge du brouillard.

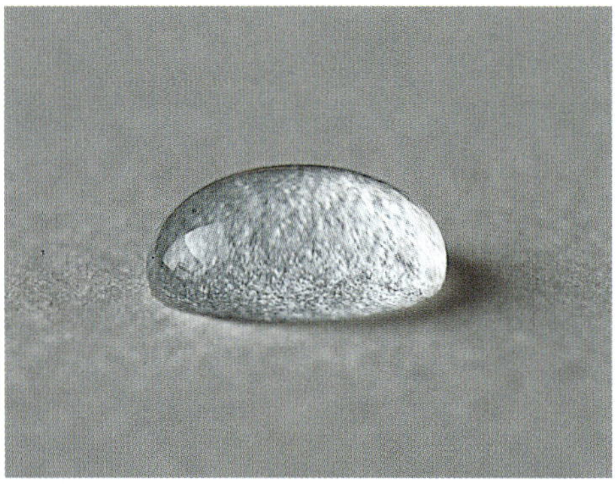

▶ Sur le papier sec, l'eau prend l'aspect d'une lentille.

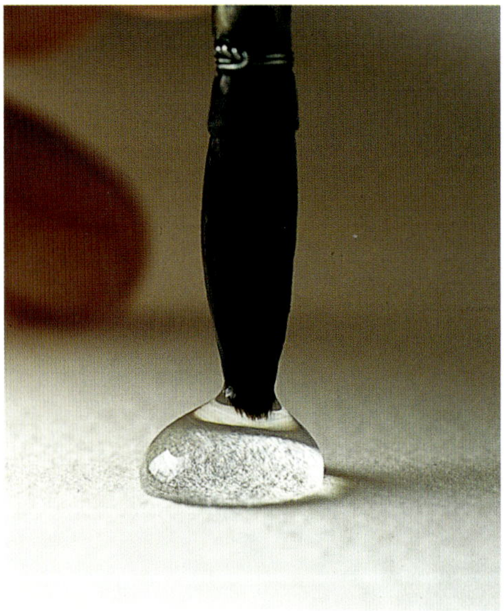

L'eau comme compagne

L'aquarelle n'est pas concevable sans eau ; pourtant, on ne détecte plus d'eau dans une œuvre terminée : elle s'est en quelque sorte dématérialisée, en ne laissant qu'une trace de son passage. Elle a charrié les pigments, creusé, raviné la surface avant de disparaître : la présence de l'œuvre naît peut-être de cette exaltation de l'absence.

L'eau coule : tout le monde le sait. Et pourquoi ? Parce que toutes les molécules sont solidaires, soudées entre elles, comme si elles étaient prisonnières d'une fine membrane élastique pouvant se tordre à volonté. Posez une feuille de papier parfaitement sec sur une table. Laissez tomber une goutte d'eau : elle prend un aspect bombé, arrondi. Elle ne s'étale pas en tous sens, en un film mince : elle demeure statique. Même chargée de pigment, l'eau ne se déverse pas au-delà des limites tracées par la pointe du pinceau, n'investit pas d'espace qui ne soit préalablement humidifié.

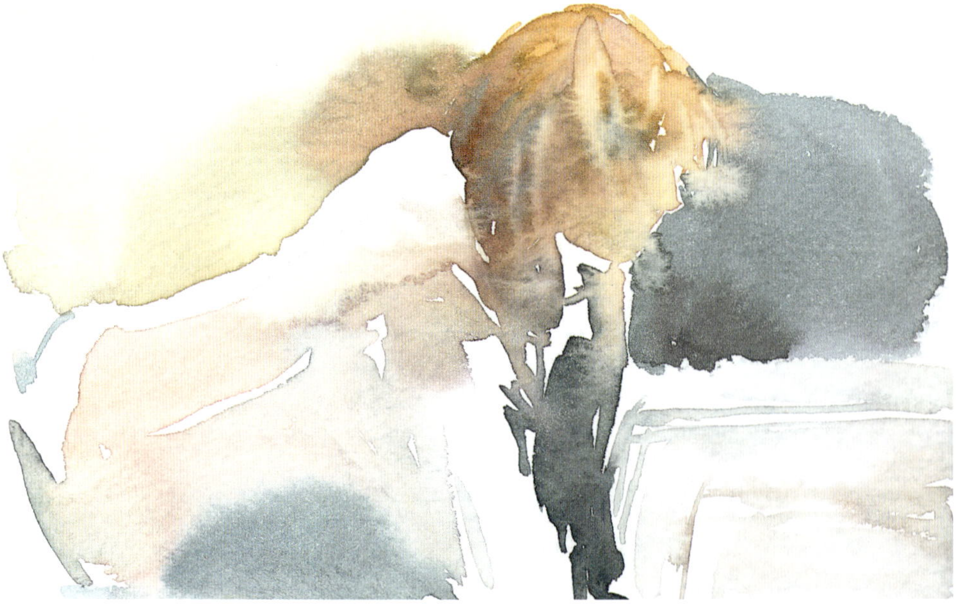

▶ *Marie jouant*.
Esquisse sur papier Bockingford.

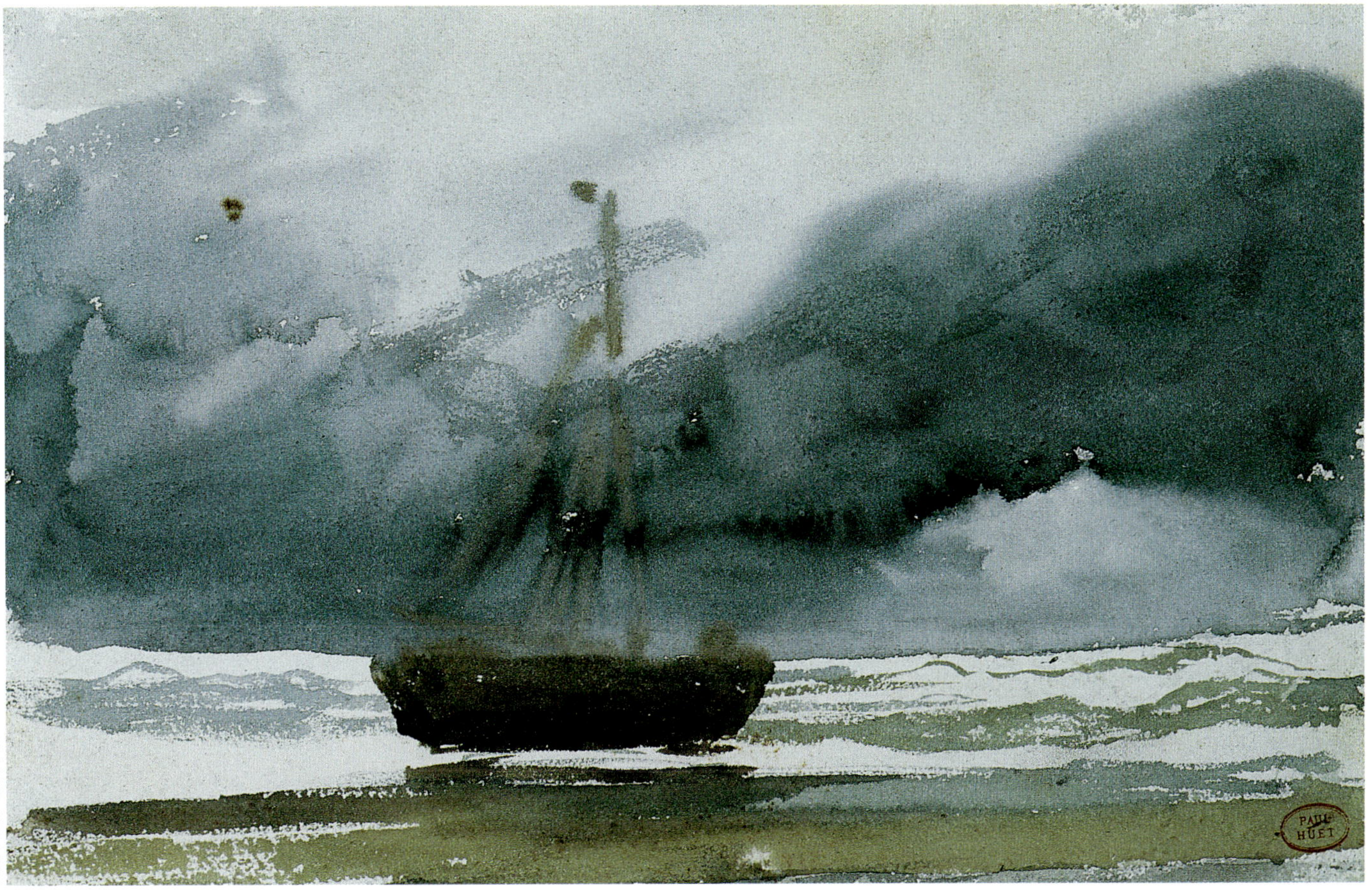

▲ **Paul Huet** (1803-1869), *Le bateau fantôme*. Musée du Louvre, Paris. Le travail de la couleur sur la surface détrempée jouxte celui en demi-couverture sur la surface sèche.

Cette caractéristique vous permet de créer toutes sortes de réserves, même minuscules – à condition de ne pas « noyer » votre support et d'éviter les gestes brusques…

Humide sur humide

La technique de l'aquarelle « humide sur humide » repose sur la dynamique de l'eau, c'est-à-dire sur la différence de degrés d'humidité. L'eau se déplace toujours d'une zone plus humide vers une zone moins humide : ainsi la contiguïté d'une goutte et d'une zone mate pigmentée n'est pas possible sans auréoles. C'est pourquoi il vous faut anticiper les mouvements de l'eau.

Lorsque vous trempez votre support à cœur, l'eau pure s'insinue entre les fibres du papier et constitue une sorte de « tampon », de couche protectrice sur laquelle vous déposez vos pigments. Cette couche protectrice vous permet à tout instant d'ôter de la couleur, de repousser le liquide, et même de retrouver le blanc du papier. Elle facilite également la création de correspondances entre les différentes zones du tableau et offre une plus grande unité de composition.

Une fois sèche, l'eau ne laisse pas de traces sur le papier vierge ; la préparation du papier à l'eau pure autorise par conséquent les tâtonnements, les hésitations – voire les corrections. La lenteur est donc permise. Cette phase (sur laquelle nous reviendrons plus loin) est une phase d'analyse et de méditation. Le travail avec la couleur sera quelque peu différent : le pigment s'insinue dans l'épaisseur du papier de façon immédiatement décelable. Il faut agir vite, au bon moment, et accompagner le travail de distribution de l'eau.

Transport d'une goutte d'eau

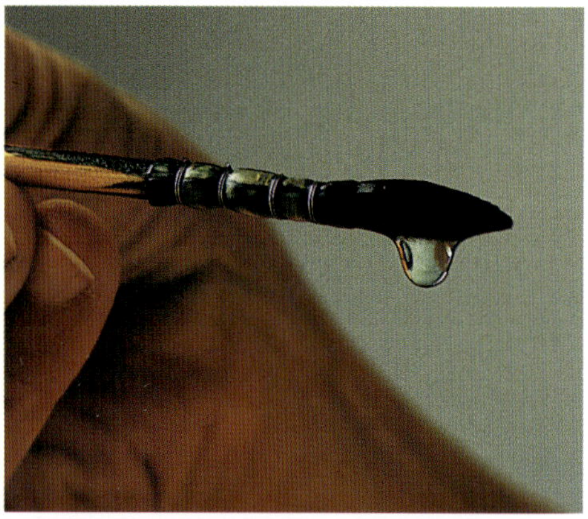

Dépôt de l'eau sur le papier

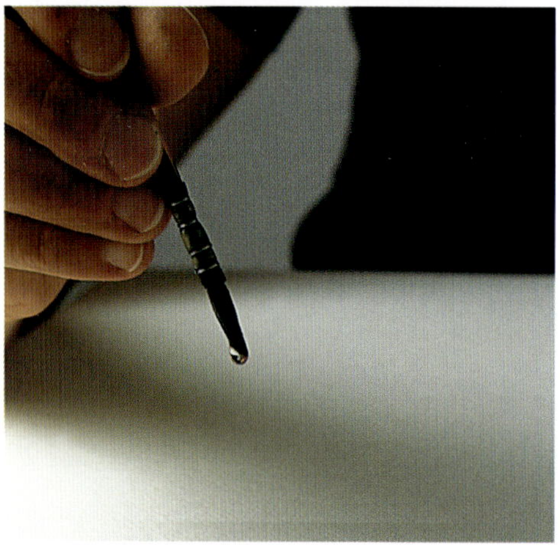

Le cycle de l'eau

Lorsqu'on dépose de l'eau sur le papier, on observe un certain nombre d'états successifs qu'il est intéressant d'analyser. L'eau stagne, puis s'infiltre, s'évapore enfin. Une lecture plus complète de cette action du liquide sur le support permet de déterminer avec justesse le moment le plus propice à la réalisation de l'effet désiré.

Le cycle de l'eau sur le papier sec est initialisé par l'apport massif de liquide sur le support, présentant l'aspect bombé d'une lentille. La surface obtenue a l'apparence d'un **miroir**. Quand celui-ci est mouillé à cœur, il faut évacuer le surplus de liquide, car les gouttes en surface sont trop difficiles à contrôler. Vous pouvez alors incliner votre support, ou aspirer l'eau avec la pointe d'un pinceau petit-gris.

Plus le temps passe, plus le papier sèche : la surface change en conséquence. Elle devient **brillante**, et les rugosités du papier émergent. Quand la brillance persiste uniquement dans les creux du papier, on dit que la surface est **mi-mate**. Le papier sèche encore, et ne brille presque plus : la surface devient **mate fraîche**. Enfin, quand la surface redevient aussi mate qu'avant toute intervention, mais que le cœur du papier conserve une certaine humidité, elle est **mate sèche**.

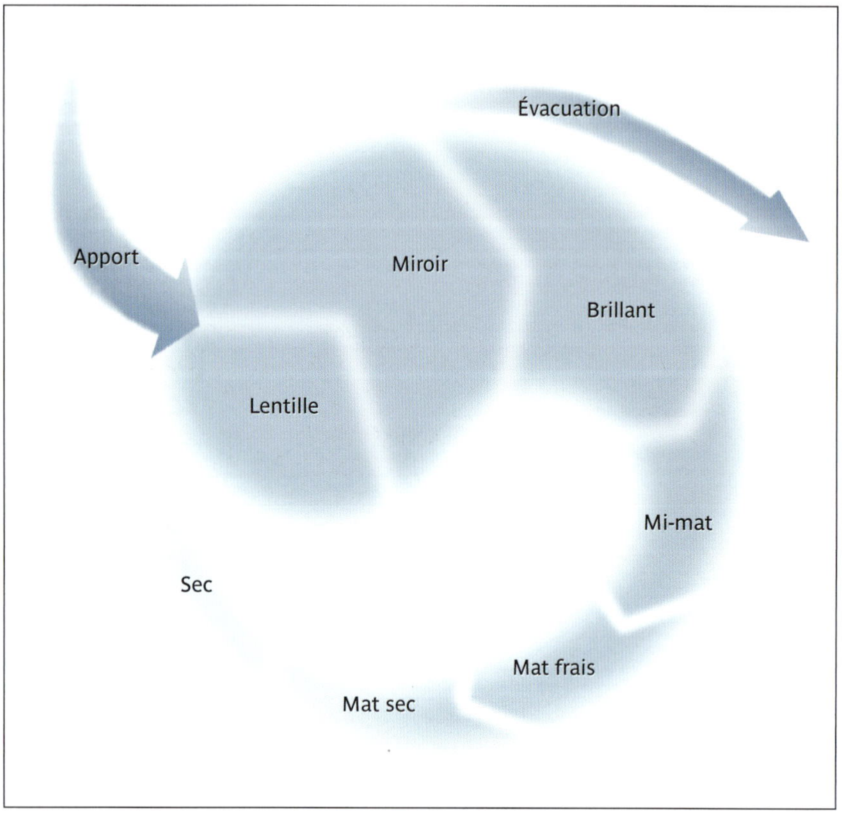

Le cycle de l'eau sur le papier

Le déroulement du cycle de l'eau est toujours le même : la surface peut être grande ou microscopique, le papier vierge ou déjà peint, l'eau utilisée pour l'amorcer pure ou pigmentée. Il peut aussi être répété plusieurs fois au même endroit.

Pour connaître l'avancement du détrempage du papier, il suffit de passer la main sur l'envers du support : la fraîcheur et l'humidité sont facilement repérables. De surcroît, si vous travaillez avec de l'eau pigmentée, vous apprécierez plus facilement les différents états du cycle en observant vos touches à contre-jour. Comme nous le verrons plus loin, le résultat de votre intervention sera fonction du moment que vous choisirez pour agir, et de la densité de pigment contenue dans votre pinceau.

Sachez aussi que les pigments ne réagissent pas tous de la même manière : certains sont plus légers que d'autres. Dans une flaque stagnante, les pigments lourds « sédimentent », donnant parfois un effet marbré un peu floconneux caractéristique. Ce sont, par exemple, les bleus outremer, de cobalt ou de céruléum, les verts de cobalt, les terres d'ombre. Dans un lavis mi-mat, les pigments légers deviennent extrêmement sensibles aux gouttes d'eau et très mobiles : ils sont parfaits pour former des auréoles volontaires. Ce sont, par exemple, les bleus de phtalocyanine, les roses permanents, les verts de phtalocyanine. Cette réaction sur le papier dépend bien sûr de leur concentration.

Dans le chapitre suivant, nous allons revenir sur ce cycle de l'eau et voir à quel moment agir pour obtenir les effets escomptés.

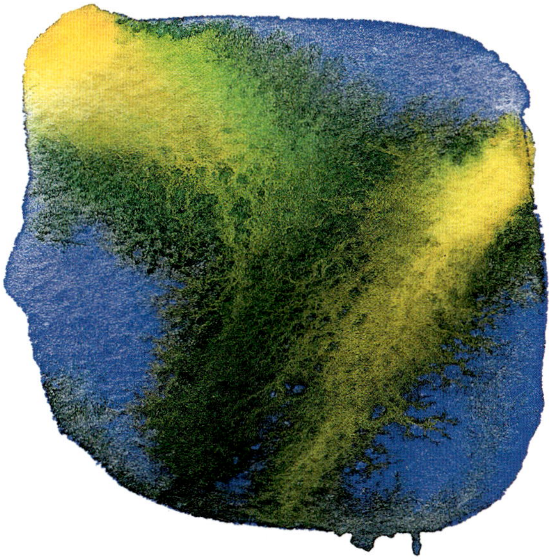

◄ La rencontre des pigments lourds

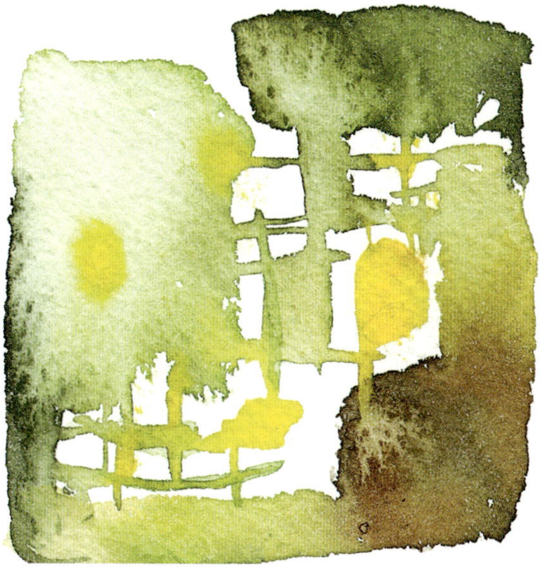

◄ La rencontre des pigments légers

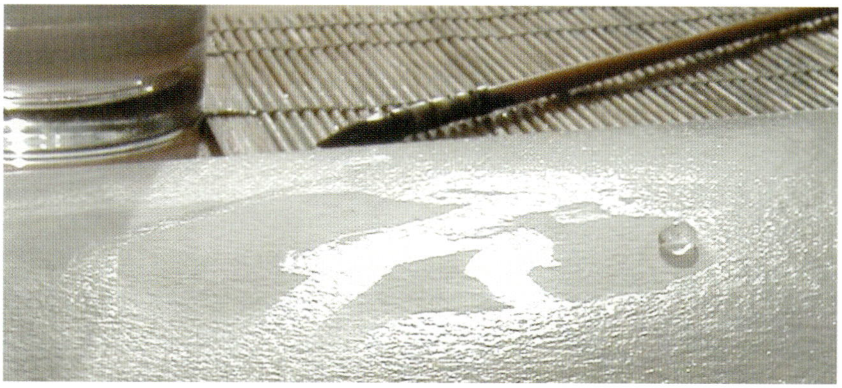

▲ Dans les conditions réelles de travail, on rencontre sur un même support les différentes étapes du cycle de l'eau simultanément.

Les choix du peintre

De quelle manière l'aquarelliste doit-il procéder ? Selon quelle logique ? Quel est l'ordre à adopter ? En fonction de quoi les actions apparaîtront-elles appropriées ? Il faut essayer de comprendre les réactions physiques de l'eau, son cycle sur le papier. L'œuvre finale n'a de valeur que s'il y a adéquation entre le tempo adopté et l'impression globale que l'on souhaite restituer.
Quels sont les sentiments que vous inspire votre sujet ? Provoque-t-il des émotions ? Évoque-t-il des souvenirs ? À quelle interprétation se prêtera-t-il ? Enfin, quel traitement pictural sera le mieux adapté ?

▶ Le trait caractéristique de votre sujet est son atmosphère : elle peut être feutrée et intimiste ou bien gaie, colorée, extravertie.

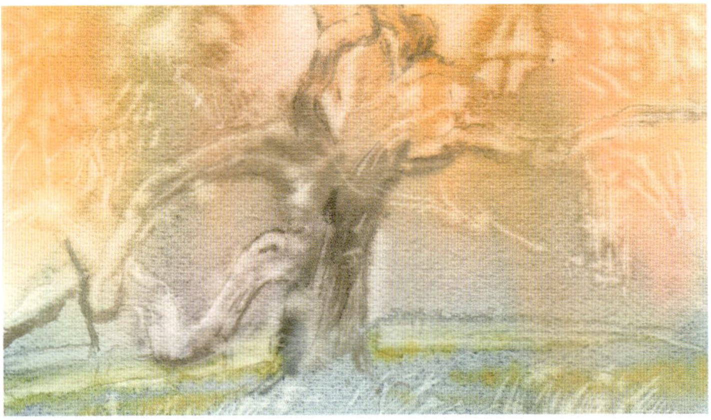

◀ Votre sujet présente-t-il des éclats de lumière diffus ? Ouvrez-les sur une surface humide pigmentée à l'aide d'auréoles volontaires.

▶ Pensez-vous que l'atmosphère sera plus juste si les éclats de lumière sont précis ? Dans ce cas, inondez partiellement votre papier sec. Simplifiez votre sujet à l'extrême. Posez de larges lavis, qui englobent tous les contrastes faibles. Les zones les plus lumineuses seront rendues par des réserves de papier sec savamment disposées.

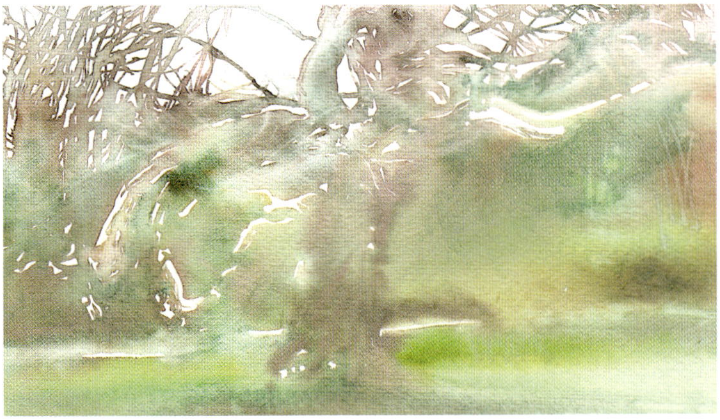

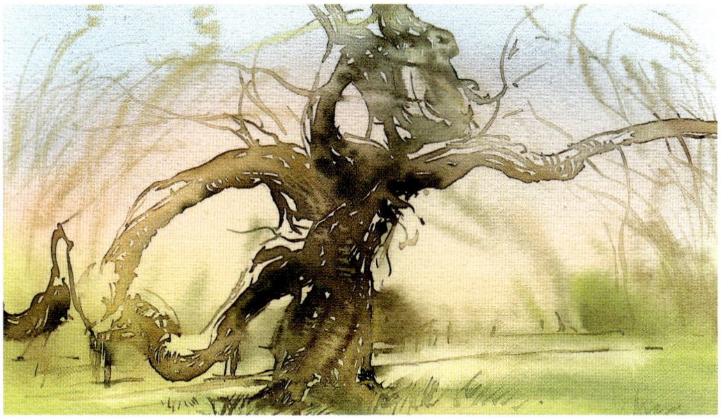

◄ Préférez-vous que sujet se découpe d'une manière très nette sur un fond flou ? Mettez tout d'abord l'ambiance en place. Laissez sécher. Travaillez votre sujet en effaçant à certains endroits le serti de votre graphisme avec la technique du double pinceau.

► Choisissez-vous de détacher votre sujet en flou ? Posez l'ambiance générale et, sans séchage intermédiaire, travaillez-le à l'aide de graphismes fondus.

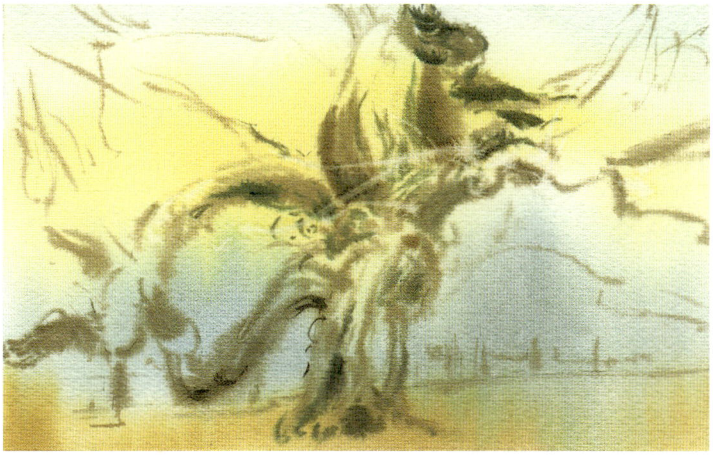

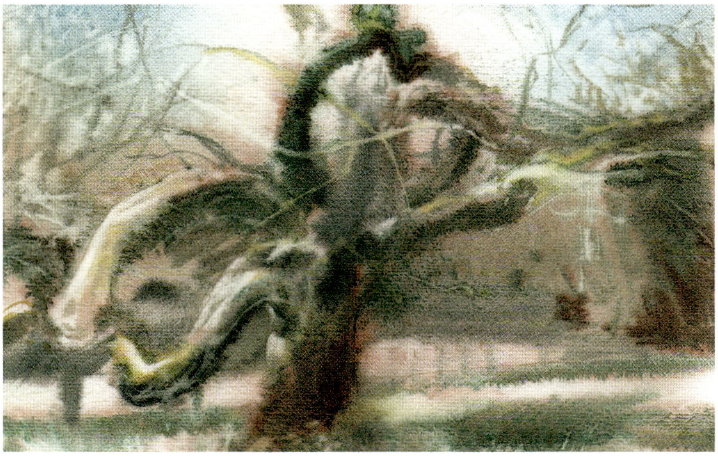

◄ Souhaitez-vous utiliser à la fois des graphismes fondus, des fonds colorés, des réserves de papier sec ? Voilà ce que vous pouvez obtenir…

Votre papier, sec ou détrempé, est posé sur votre table.
Vos couleurs sont à portée de main. Vous prenez votre pinceau…

LE CYCLE

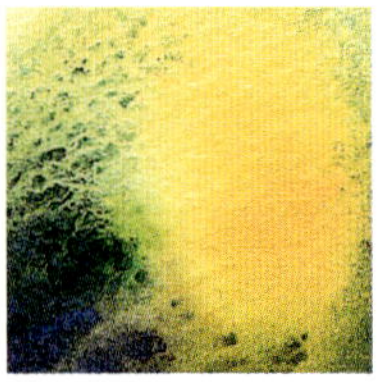

Le cycle de l'eau sur le papier a deux composantes : celle qui se déroule à sa superficie et celle qui se passe au cœur du papier.

Au début, la feuille est recouverte d'une flaque si épaisse qu'elle ressemble à une lentille dont la surface est lisse et tendue, comme un miroir ; à la fin, elle est complètement sèche. Entre ceux deux extrêmes, vous rencontrez quantité de stades intermédiaires. L'eau déposée sur le papier blanc permet d'apprécier la brillance ou la matité d'une touche – et, par conséquent, les possibilités d'intervention. Le chapitre qui suit se présente comme une sorte d'arborescence invitant à mieux comprendre l'action de vos gestes sur le papier. En suivant le cycle de l'eau, vous connaîtrez le type d'intervention qui s'accorde le mieux à l'état de votre support – que vous travailliez avec des couleurs diluées, crémeuses ou pâteuses. En sachant quand agir et quel geste privilégier, vous maîtriserez plus facilement les effets de cette technique à la richesse incomparable.

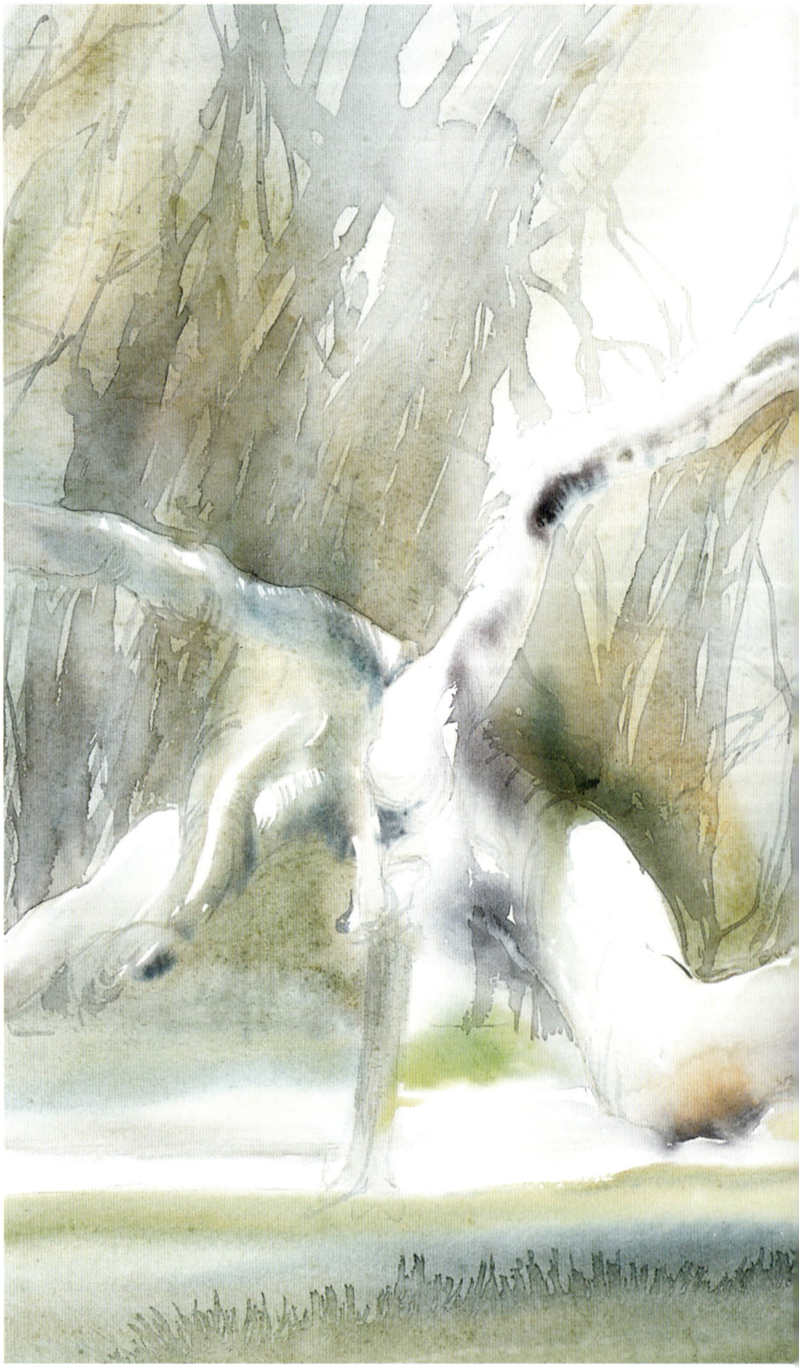

DE L'EAU

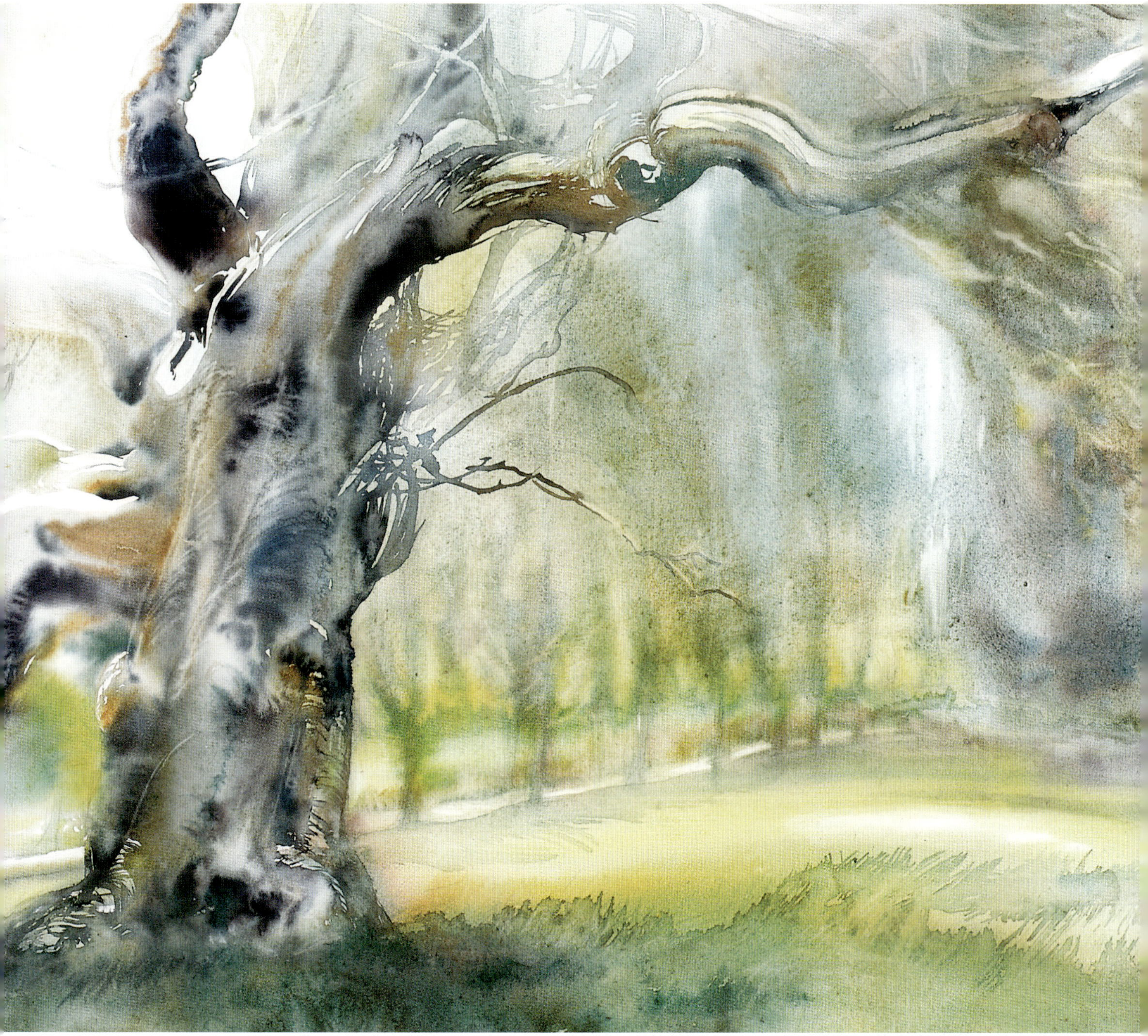

Commencer un cycle

Trempez votre pinceau dans l'eau pure ou légèrement teintée par le pigment. Tenez-le à l'horizontale, puis déposez le liquide sur le papier sec. Le dépôt d'eau ainsi créé est bombé comme une lentille. Vous pouvez mouiller votre papier de différentes manières : soit complètement et uniformément, soit en partie, en dessinant des « graphismes d'eau » de façon très libre ou, au contraire, parfaitement maîtrisée (pour tracer le contour d'un sujet, par exemple). Quel que soit votre choix, la façon de travailler ne change pas : votre geste doit être ample, souple et assuré, et le support recouvert d'une couche de liquide de 2 à 3 mm d'épaisseur. Il faut donc énormément d'eau !

1.1 Inondation partielle (graphismes libres)

Dessinez avec de l'eau pure ou légèrement teintée de pigment. Tracez de véritables « cordons d'eau » s'entrecroisant au gré de vos gestes sur le support. Votre pinceau contient une juste dose de liquide : tenu verticalement, il ne doit pas dégoutter. Surveillez la pression de la main : les poils situés à l'extrémité de la pointe réagissent au moindre frémissement ! Pour ne pas trembler, respirez profondément et stabilisez votre main en appuyant le poignet sur le bord du support, ou en vous aidant de votre petit doigt en extension. Le pinceau devient le prolongement de votre bras. Déposez l'eau avec sa pointe : si vous travaillez avec son ventre, vous versez moins de liquide sur le support. Votre geste est lent ou énergique, rectiligne ou dansant… Votre respiration épouse le rythme du pinceau. Observez les graphismes que vous obtenez : efforcez-vous de voir les espaces de papier sec entre les zones humides comme autant de motifs. Il n'est pas si difficile de réserver le papier sans utiliser de gomme à masquer ! Attention cependant : la quantité de liquide doit être suffisante. Si elle baisse trop, alimentez à nouveau vos cordons d'eau.

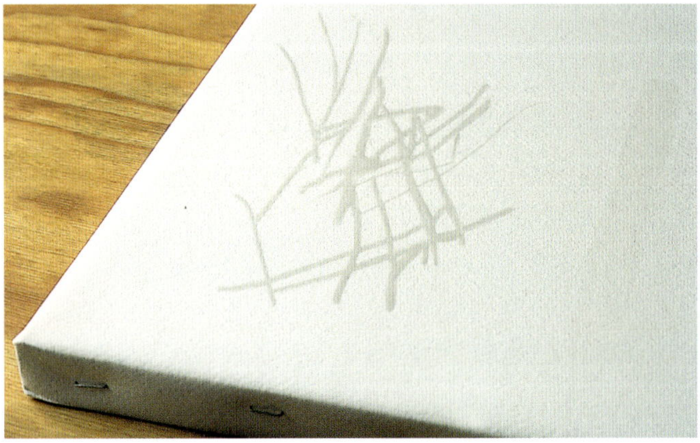

▲ Inondation partielle (graphismes libres)

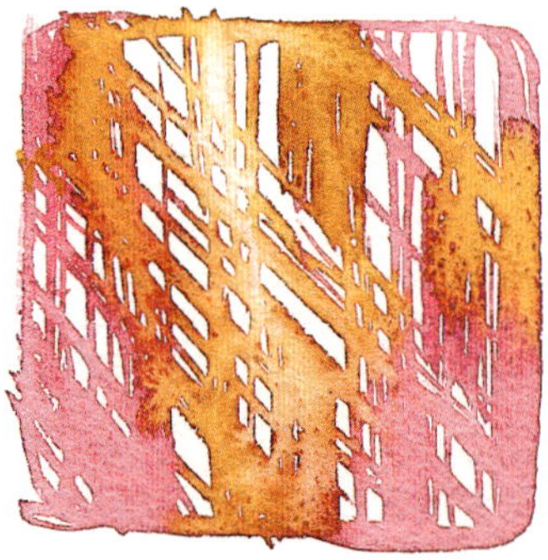

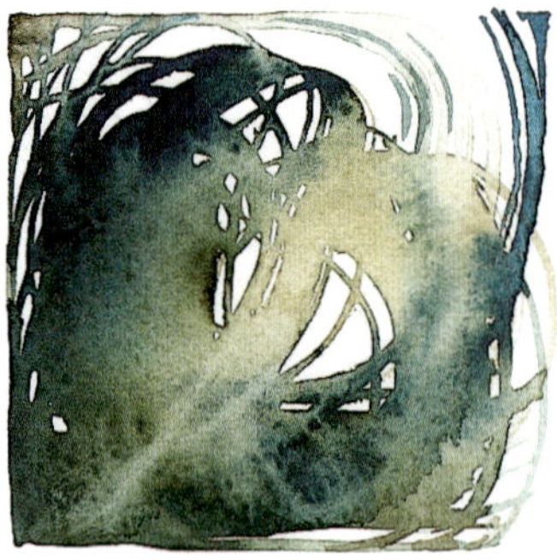

■ Vous souhaitez tracer des motifs avec plus de précision ? Allez au 1.2.

■ La composition ainsi obtenue vous convient ? Choisissez le 2.

1.2 Inondation partielle (graphismes précis)

Dessinez avec la pointe du pinceau humide les contours des éléments que vous souhaitez mettre en réserve.
Dans le cas d'un lavis peu étendu, dessinez sur le papier sec les contours des zones lumineuses, puis étirez l'eau ainsi déposée jusqu'à ce qu'elle épouse la silhouette de votre sujet. Enfin, ajoutez de l'eau sur la forme ainsi obtenue. Cette technique est idéale pour représenter les éclats de lumière sur les petits objets ou pour cloisonner les teintes (voir étape 17).
Dans le cas d'un lavis très étendu, contournez grossièrement la zone à réserver, puis inondez la surface autour. Affinez ensuite votre dessin. Travaillez très lentement, en exerçant une pression constante sur le papier. La pointe du pinceau – chargée modérément – doit être tournée vers le contour et toujours en contact avec le support. Il est très important d'alimenter à nouveau en eau les tracés obtenus. Le liquide afflue, se déplace dans les graphismes comme dans des canaux. La nappe d'eau tend à prendre à chaque endroit la même épaisseur.

■ Continuez au 2.

1.3 Inondation totale

Cette solution est la plus simple : vous ne laissez pas un seul endroit en réserve. Toute la feuille est trempée.

■ Continuez vos observations au 2.

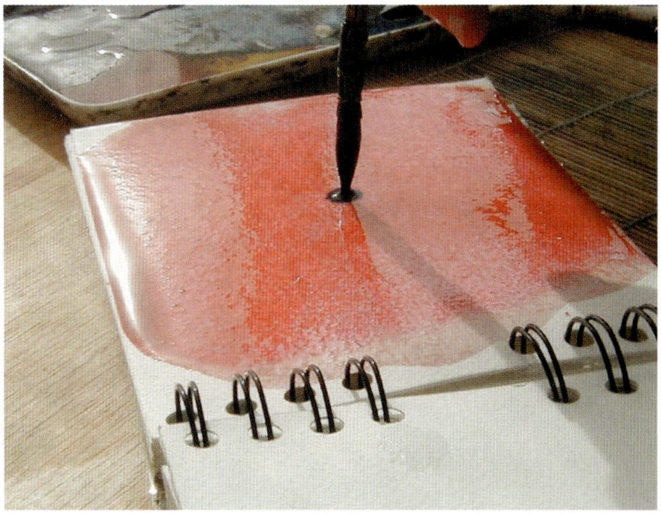

▲ Inondation totale (eau pigmentée)

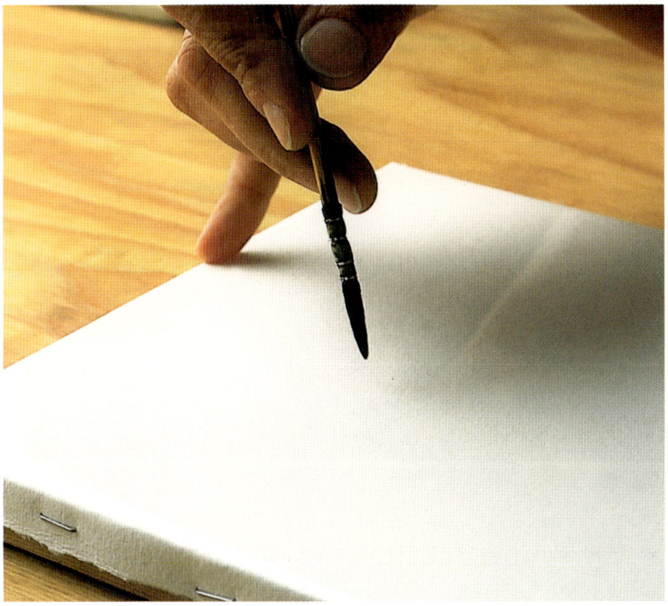

▲ Inondation totale (eau pure)

Les étapes du cycle

Le début d'un cycle nécessite, nous l'avons vu, la présence d'une quantité importante de liquide sur le papier sec. En stagnant, ce liquide s'évapore et s'infiltre entre les fibres du papier. Si l'évaporation prévaut sur l'infiltration, il faut alimenter à nouveau la flaque. Au moment où le papier est trempé à cœur, il est nécessaire d'évacuer le surplus d'eau pour limiter les fusions lors de l'application de la couleur. Tout au long du séchage, les changements d'apparence de la flaque informent des différentes phases du cycle d'eau – et, par voie de conséquence, des possibilités d'intervention. À la fin du cycle, le papier est sec, aussi bien en surface qu'en profondeur. Il est de nouveau tendu, car ses fibres sont rétractées. En analysant les différentes étapes proposées ici, vous comprendrez comment tirer profit au mieux de chacun de vos gestes.

2 Alimentation de la flaque

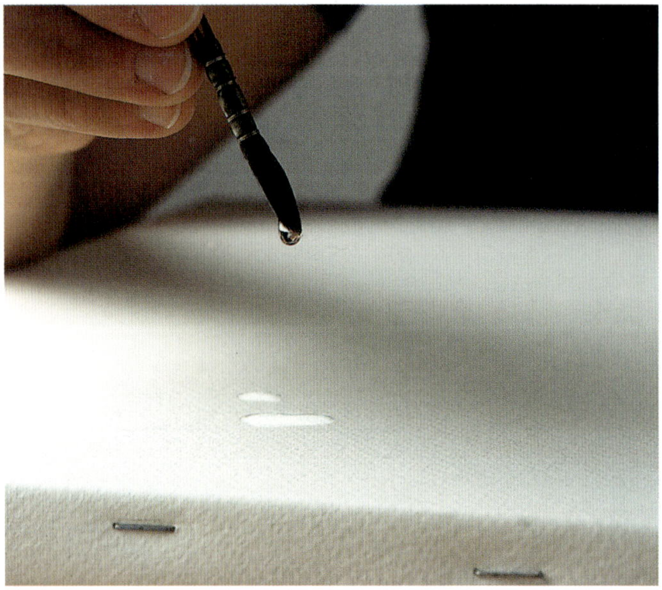

▲ Alimentation de la flaque

Continuez à puiser l'eau et à la déposer sur le papier. Observez le déplacement d'une goutte d'eau, d'une nappe d'eau.

Observez l'éclat de votre support. S'opère ici un travail «caché» : sous l'inondation stagnante et abondante, l'encollage du papier à la gélatine ramollit.

Évitez les gestes brusques. Si une pente de quelques degrés suffit pour provoquer le déplacement du liquide, celui-ci n'envahira jamais une parcelle de papier sec, aussi minuscule soit-elle, si le support est bien horizontal. L'eau s'étale dans toutes les directions, jusqu'aux limites fixées par le papier mouillé.

- Attendez l'imprégnation du papier : allez au 3.
- Vous souhaitez dès à présent déposer vos couleurs ?

C'est un choix délicat : vous multipliez les difficultés. Sachez que le temps dont vous disposerez pour travailler dans l'humide sera très court, la réserve d'eau dans le papier n'étant pas constituée… Cette action est à déconseiller !

3 Maintien de l'inondation (papier miroir)

Faites stagner la flaque. Au besoin, alimentez-la à nouveau. Observez ce miroir d'eau. Maintenez une humidité constante et bien répartie (soulevez délicatement votre support de quelques millimètres pour faire circuler l'eau) pendant au moins 5 minutes. Dans le cas d'une flaque stagnante pigmentée, évitez de perturber la sédimentation des pigments. Pendant ce temps, l'eau s'infiltre peu à peu en profondeur, allonge les fibres du papier, ramollit l'encollage. Le support devient souple – comme un tissu – et extrêmement fragile, sensible à l'abrasion.

Dans une flaque stagnante pigmentée, on observe deux phénomènes : l'évaporation (qui permet de garder l'intensité des pigments déposés en les concentrant) et la sédimentation (qui fait apparaître la structure secrète du papier, le pigment en suspension retombant au fond des minuscules cavités du papier sous l'effet de la gravitation). La sédimentation est plus flagrante avec les pigments lourds.

Regardez la surface du papier en attente de son imprégnation à cœur : le liquide qui stagne occupe les creux. Alimentez à nouveau la flaque ou déplacez le liquide en constatant le dévoilement du grain du papier. Pendant le déplacement de l'eau, comptez le temps qui lui est nécessaire pour changer d'endroit. Si vous travaillez avec une eau pigmentée, les couleurs s'étalent et se mélangent.

■ Votre patience a été mise à rude épreuve ? Courage ! Déplacez-vous au 4.
■ Si vous souhaitez déposer dès à présent la couleur, allez au 9.
■ Si vous préférez aspirer l'eau ou la couleur avec un pinceau, consultez le 15.

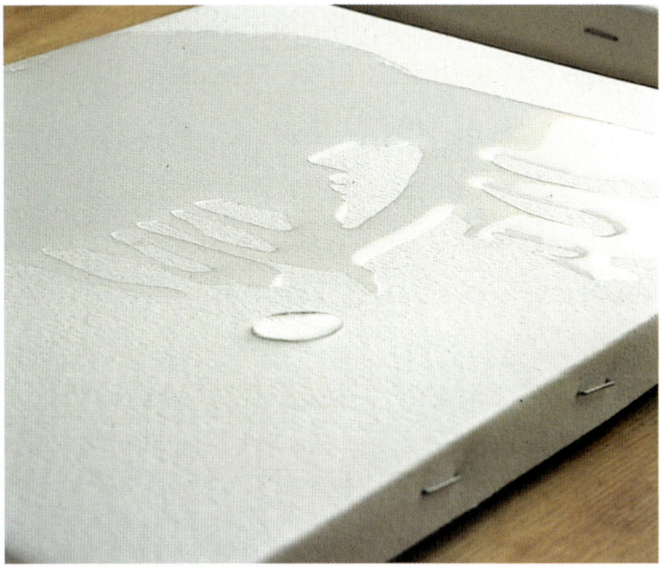

▲ Maintien de l'inondation

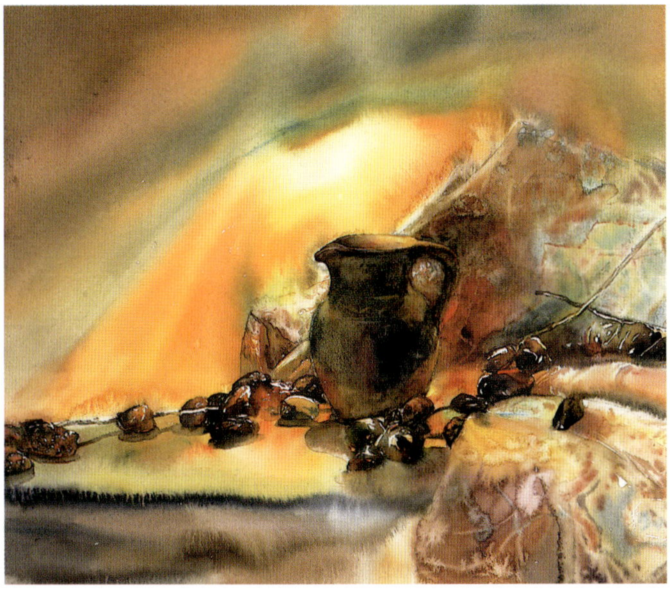

◄ *La Byzantine*, 46 x 61 cm. Les effets de lumière du fond sont obtenus au début du cycle de l'eau.

4 Évacuation de l'eau superflue (papier brillant)

L'eau pure ou pigmentée a stagné sur votre papier au moins 5 minutes (la durée varie en fonction des papiers) ; inclinez votre support et évacuez le liquide superflu. La feuille est brillante. Votre geste est lent et très précautionneux.

Le liquide se fraye un chemin à travers les alvéoles du papier et les « monticules » sédimentés du pigment. Il forme un « bourrelet » dans la partie basse de la flaque. Les pigments ainsi emportés sont largement distribués sur la surface (moins si la flaque pigmentée a stagné). Vous pouvez garder cette accumulation (pour maintenir l'humidité dans cette zone du papier) ou l'aspirer. L'évacuation du liquide s'accompagne toujours d'une perte partielle de pigments : l'intensité de la couleur se trouve ainsi diminuée.

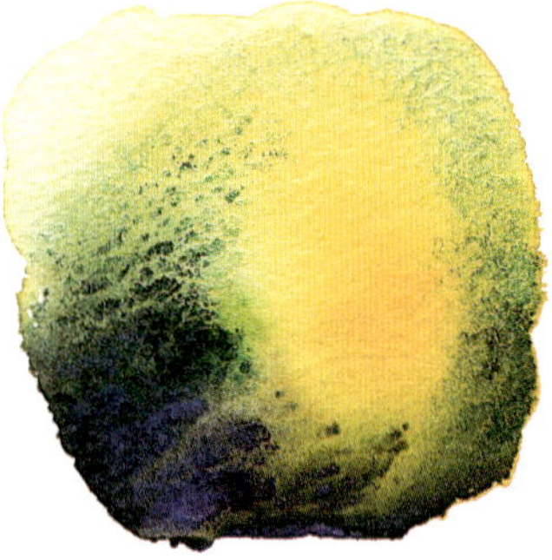

Une pente insignifiante suffit à provoquer le déplacement de l'eau ; travaillez d'abord sur cette partie surélevée, qui entre dans le processus de séchage la première, en affirmant le dessin et les nuances. La partie plus basse, recouverte d'une accumulation d'eau, reste en attente, nous y reviendrons un peu plus loin. Évitez d'inverser la direction de l'inclinaison (sauf si vous souhaitez mieux fondre les couleurs entre elles) : il faut à nouveau du temps pour que l'eau trouve le chemin pour s'écouler.

■ Voulez-vous attendre encore pour gagner en précision ? Reportez-vous au 5.
■ Si vous préférez déposer la couleur, allez au 10.
■ Si vous choisissez d'aspirer l'eau ou la couleur au pinceau, allez au 15.

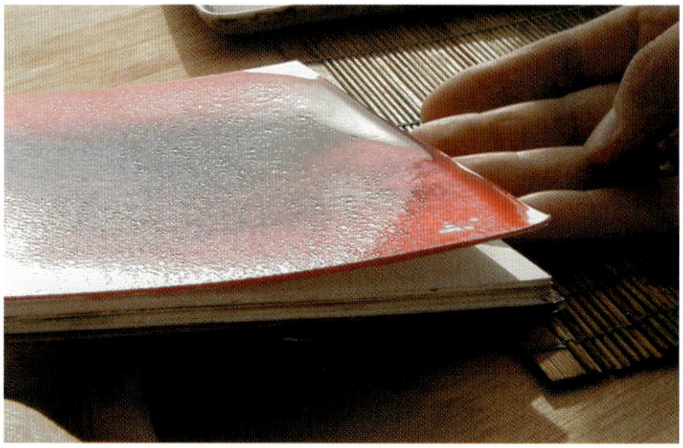

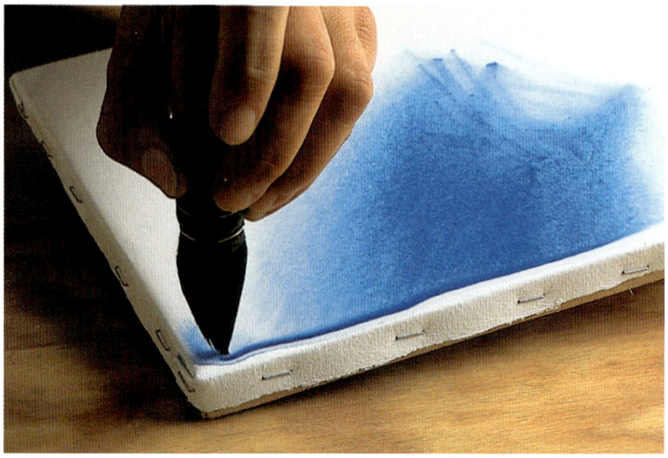

▲ Aspiration de l'eau superflue

5 Observation de la surface mi-mate

La surface de votre feuille perd de sa brillance réfléchissante : de minuscules rugosités émergent – il s'agit du grain du papier. L'éclat persiste dans les cavités, elles aussi minuscules. L'eau s'est infiltrée dans les fibres en profondeur : elle y demeurera un certain temps.

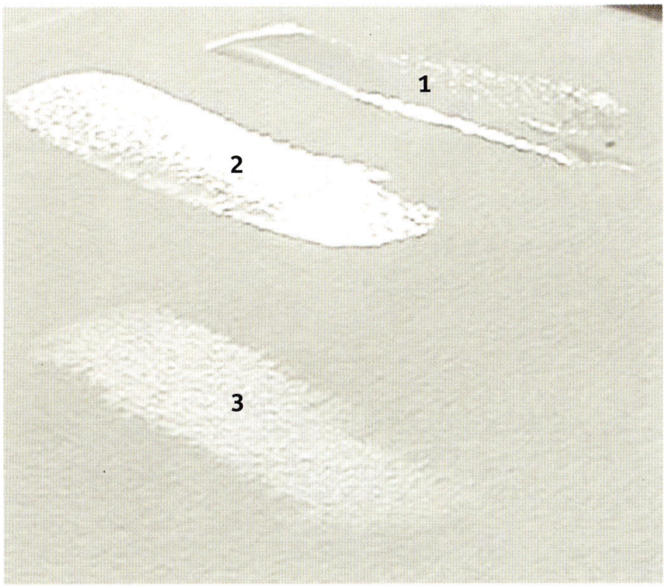

▶ Dépôt 1 : surface miroir
Dépôt 2 : surface brillante
Dépôt 3 : surface mi-mate
au centre (le haut est mat frais, le bas est mat sec)

■ Voulez-vous attendre encore ? Reportez-vous au 6.
■ Si vous choisissez de déposer la couleur, allez au 11.

6 Observation de la surface mate fraîche

Placez votre main sur l'envers de la feuille : vous ressentez une humidité fraîche. La surface de votre feuille devient mate : y persiste juste un soupçon de brillance.

■ Si vous souhaitez déposer la couleur, allez au 12.
■ Préférez-vous attendre encore ? Reportez-vous au 7.

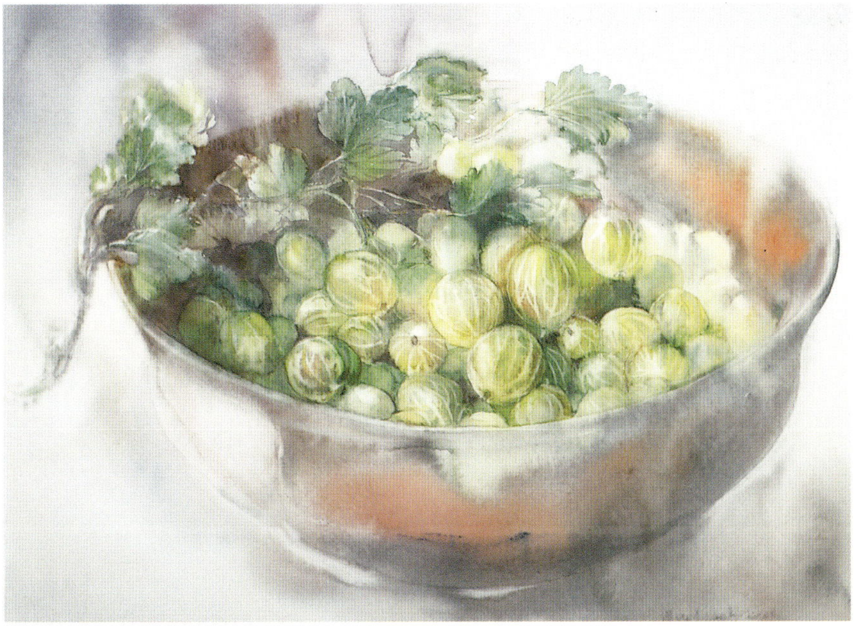

▲ *Les groseilles à maquereau*, 46 x 61 cm.
La composition tire le meilleur parti des différents états de matité du papier.

7 Observation de la surface mate sèche

La surface du papier est mate : toutefois, le papier garde une certaine humidité en profondeur. Le moment ultime du cycle de l'eau est arrivé ; ce moment-là est court, mais ô combien intense ! Vous disposez de quelques secondes pour faire apparaître le blanc du papier à travers des auréoles délicates.

■ Si vous voulez déposer la couleur, allez au 13.
■ Dans le cas contraire, reportez-vous au 8.

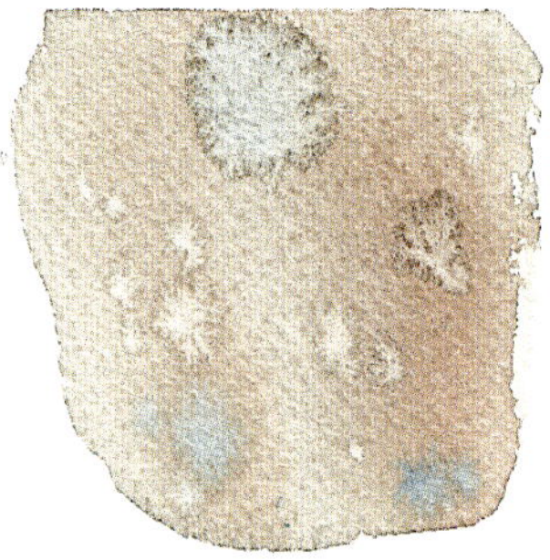

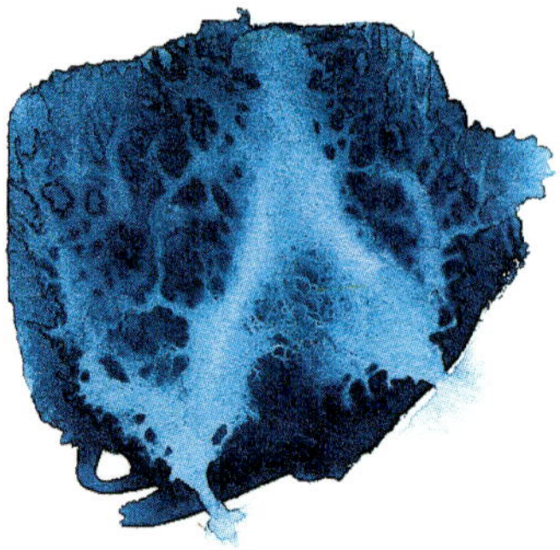

8 Fin du cycle de l'eau

La surface du papier est absolument mate. Les auréoles commencent à être serties. La réserve d'eau en profondeur diminue ; plus aucune intervention n'est possible dans ce cycle d'eau.

■ Vous pouvez cependant continuer le travail en créant un nouveau cycle (voir étape 19) !

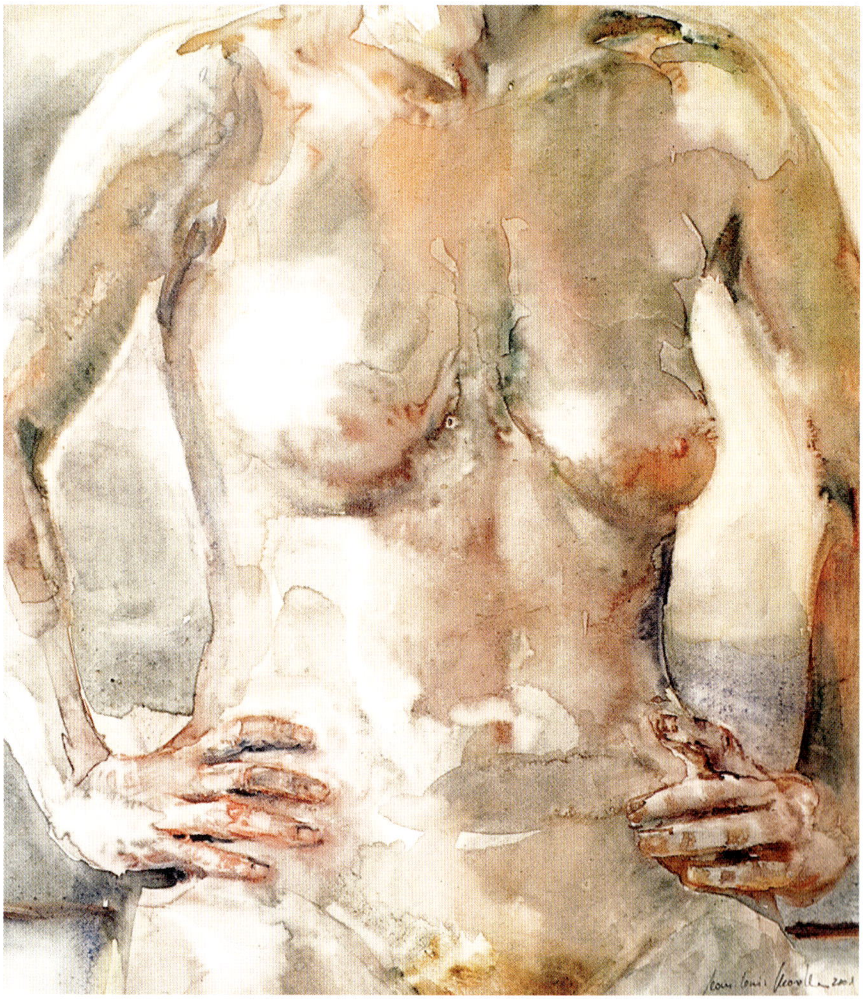

▶ **Jean-Louis Morelle**, *Torse d'Anne*, 32 x 37 cm.

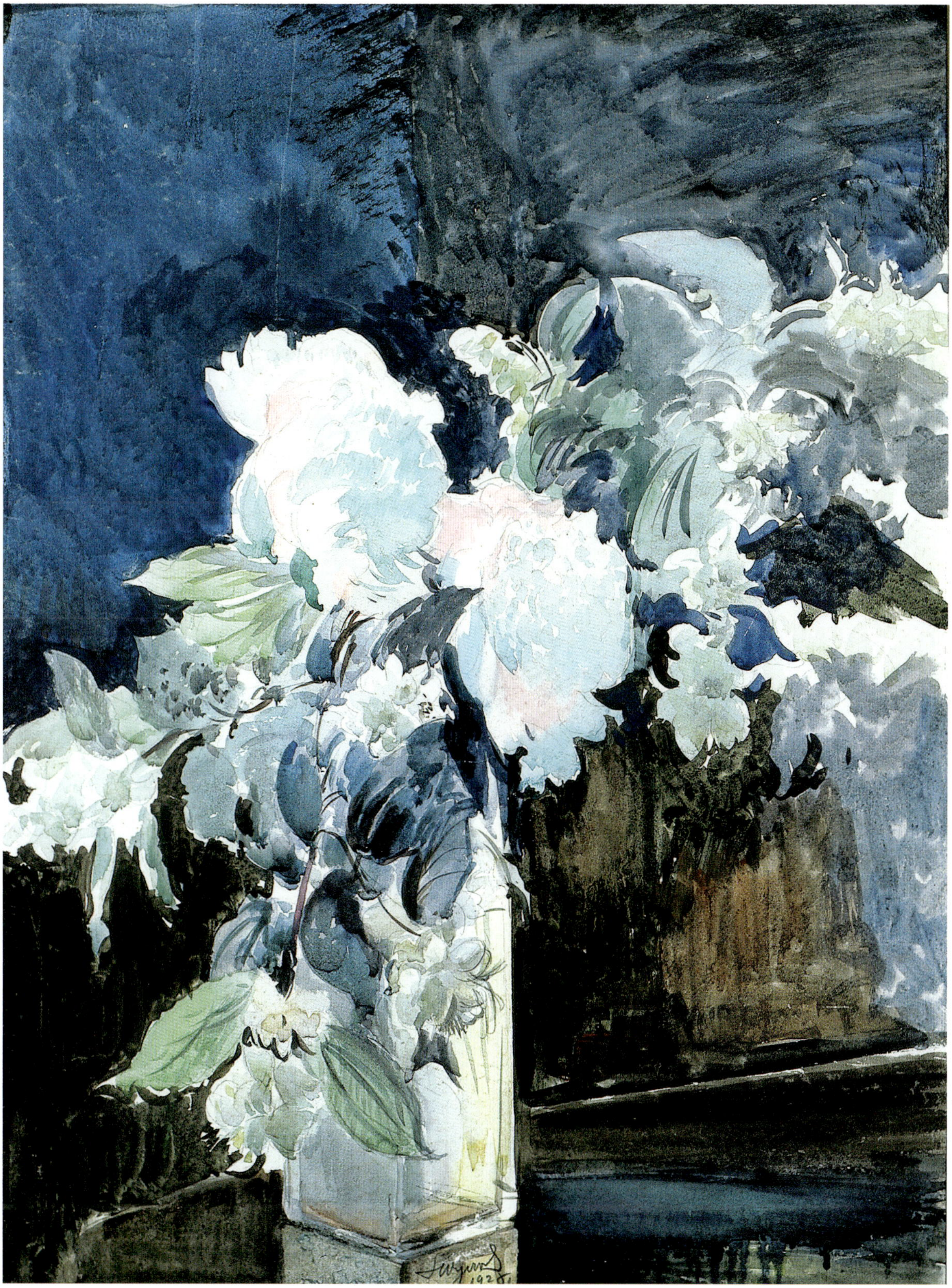

▲ **Leon Wyczółkowski** (1852-1936),
Pivoines et seringat (1928). Muzeum Okregowe, Bydgoszcz, Pologne

La préparation des couleurs

Le mot-clé pourrait être ici la disponibilité. Quand le papier est enfin prêt, les moments séparant les différentes phases du travail sont tellement courts que vous n'aurez pas le temps de remuer le pinceau dans le godet pour prélever de la couleur, ni de chercher vos tubes au fond du sac ! Si vous vous servez de pastilles, déposez à l'avance dans le creux de chacune d'entre elles une goutte d'eau qui ramollira un peu la matière. Si vous employez des tubes, il est également utile de préparer la couleur, c'est-à-dire de la déposer sur la palette et de l'asperger d'une toute petite goutte d'eau. Agissez avec logique et méthode : prévoyez toujours des quantités suffisantes, car plus l'étendue et la densité de vos lavis sont grandes, plus vous consommerez de couleur ! N'oubliez pas que vous pouvez peindre avec des quantités de couleur très différentes : il ne faut pas confondre dilution et charge du pinceau. N'oubliez pas non plus que, dans la majorité des cas, vos couleurs continueront leur dilution sur le papier : osez exagérer les densités.

Couleurs très diluées

Déposez les gouttes d'eau sur la palette. Diluez fortement les pigments. Le mélange a l'apparence d'une eau plus ou moins teintée. Le comportement des couleurs diluées n'est pas différent de celui de l'eau pure. Elles conservent une mobilité équivalente, et elles se délayent à la même vitesse dans l'eau du support. L'inertie de la dilution n'est pratiquement pas perceptible : c'est pourquoi vous pouvez appliquer les couleurs diluées de manière ponctuelle, en ayant la certitude de leur transport jusqu'aux limites des surfaces humidifiées.

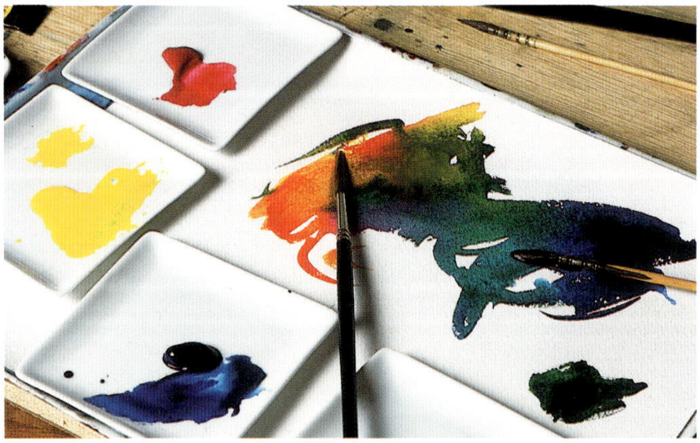

◀ La palette la plus agréable est le papier. Mais il sèche vite… Un plateau de porcelaine recouvert d'un papier aquarelle garde l'humidité des couleurs plus longtemps.

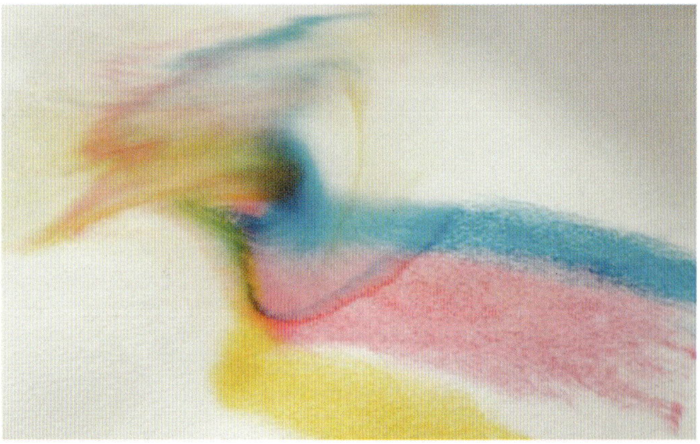

◀ Couleurs très diluées

Couleurs crémeuses

Ajoutez à vos pigments sortis droit du tube une petite quantité d'eau. Diluez vos teintes moyennement. Le mélange garde une certaine consistance (comparable à la crème liquide), mais votre pinceau doit pouvoir laisser tomber des gouttes de liquide. Cette quantité est nécessaire non seulement pour peindre par le dépôt ou en inclinant le support, mais également pour dessiner avec une « goutte en laisse » (voir page 41). Pour dessiner, prélevez simplement une toute petite quantité de matière. La couleur est plus dense que l'effet final que vous recherchez : n'oubliez pas que la dilution se poursuivra sur le papier. Une légère inertie, avec laquelle s'opère cette dilution, vous oblige à espacer vos interventions, pour apprécier la distension de l'apport.
Enfin, n'oubliez pas qu'un trait paraîtra très épais sur une petite surface et très fin sur une grande : par conséquent, ne débutez pas sur des surfaces trop restreintes !

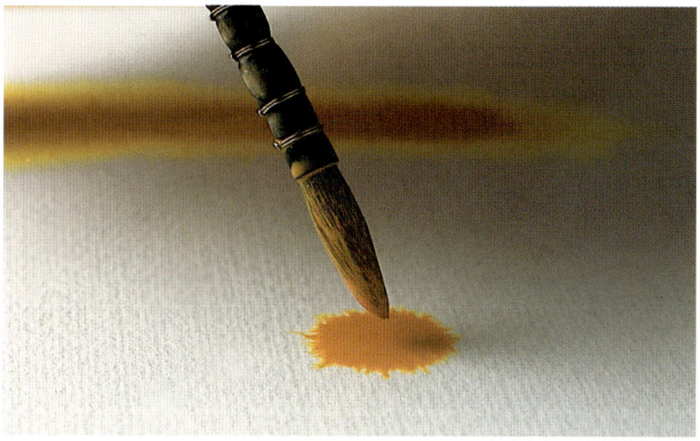

▲ Couleurs crémeuses

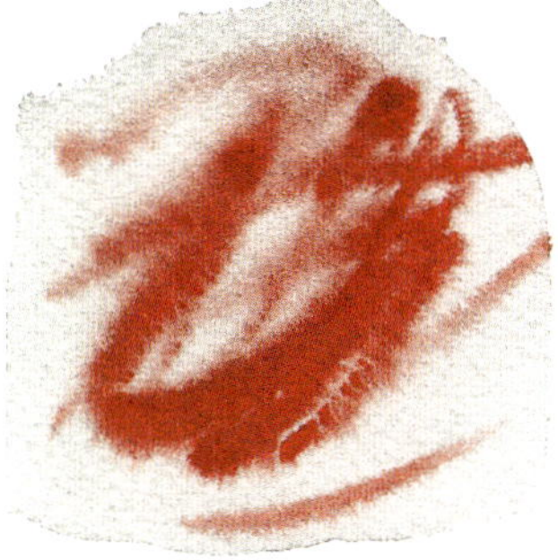

Couleurs pâteuses

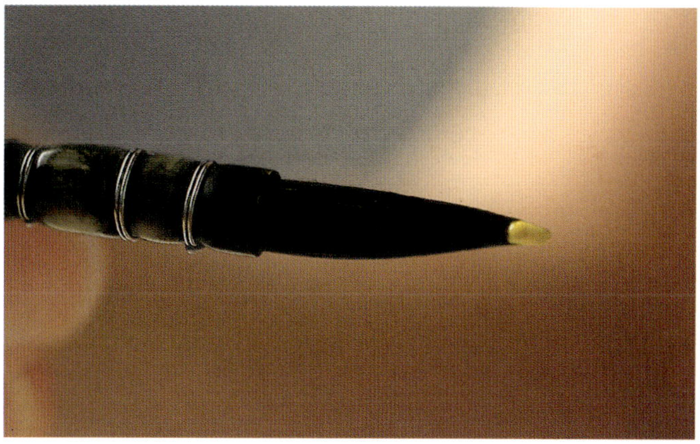

▲ Couleurs pâteuses

Malaxez à la pointe du pinceau la couleur telle qu'elle sort du tube. La couleur pâteuse est un solide. Elle possède une consistance épaisse, gouachée, proche de celle du dentifrice. Dans un lavis, elle ne présente aucune dynamique propre aux liquides : elle est inerte. Elle reste agglutinée à l'endroit même où elle a été appliquée. Pour contrer cette inertie, un geste correct est indispensable : un geste de répartition, de dilution. Ce geste ne peut être que direct, « physique » : il est impossible d'appliquer une couleur pâteuse en laissant l'eau agir seule.
Toutefois, si vous travaillez sur une surface miroir ou brillante, la couleur pâteuse, agglutinée dans la zone du dépôt, aura le temps de se diluer partiellement. Cette infime quantité de couleur diluée se déplacera lors d'un mouvement de l'eau. Vous obtiendrez donc des teintes denses entourées d'une sorte de « halo ». Le centre du dépôt restera toujours visible.

L'application des couleurs

Votre façon de peindre s'articule autour de cinq gestes principaux : **déposer la couleur**, **répartir la couleur en inclinant le support**, **patiner**, **dessiner avec une «goutte en laisse»** et **dessiner**. Le résultat que vous obtenez dépend du degré de dilution de la couleur et de l'état du papier. Les actions consistant à **déposer la couleur** et à **répartir en inclinant le support** font appel à l'eau, abondante aussi bien sur la surface du papier que dans le pinceau ; c'est elle qui se charge de la distribution de teintes, qui les transporte. Ces deux actions mettent en mouvement de grandes quantités de substance. L'activité de l'eau faiblit, et c'est le moment où l'action physique du peintre se mêle à celle de l'eau : il peut **patiner** ou **dessiner avec une «goutte en laisse»**. Ces deux actions nécessitent des quantités moyennes de substance. Enfin, **dessiner** avec de petites quantités de couleur sur le papier infiltré à cœur met en avant l'énergie du geste. La personnalité du peintre reste très visible : le travail de l'eau n'enlève au trait que sa netteté.

Déposer la couleur

Ce geste nécessite des surfaces riches en eau, et de grandes charges de matière. Tenez le pinceau verticalement. Mettez en contact le pinceau chargé d'eau pigmentée avec le liquide présent sur et dans le papier. Travaillez très lentement : la pression que vous exercez sur la pointe du pinceau influe sur la quantité de liquide déposée. Observez le déplacement de l'apport. Intervenez à nouveau si la dynamique de l'eau faiblit ou évolue dans une direction non souhaitée. Une fois l'expansion de l'apport terminée, faites tomber une deuxième goutte d'eau pigmentée au même endroit. Le déplacement des pigments recommence. Avec un autre pinceau essoré, tout juste humide, aspirez le liquide au centre du dépôt pour arrêter leur mouvement. Jouez en accélérant ou en freinant les déplacements prévisibles des couleurs. Il ne s'agit pas de «maîtriser» l'eau, mais de mieux comprendre ses réactions.

Si vous travaillez sur un support moins trempé, vous pouvez également déposer des couleurs, en petite quantité cette fois. Déposer des couleurs crémeuses ou pâteuses sur un support pauvre en eau revient à travailler de manière pointilliste. Vous manipulez alors de très petites quantités de couleur.

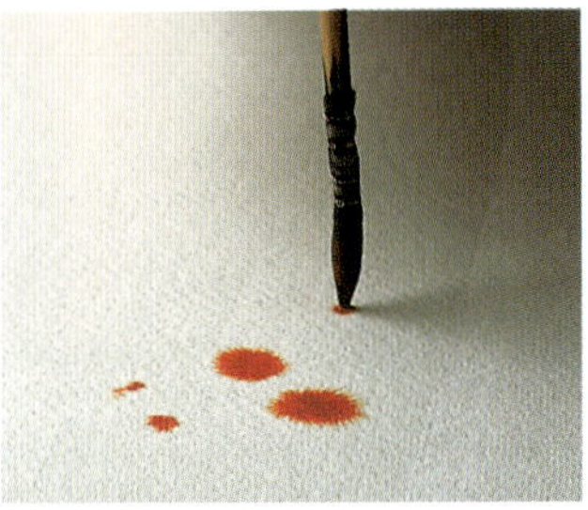

▲ Dépôt de la couleur

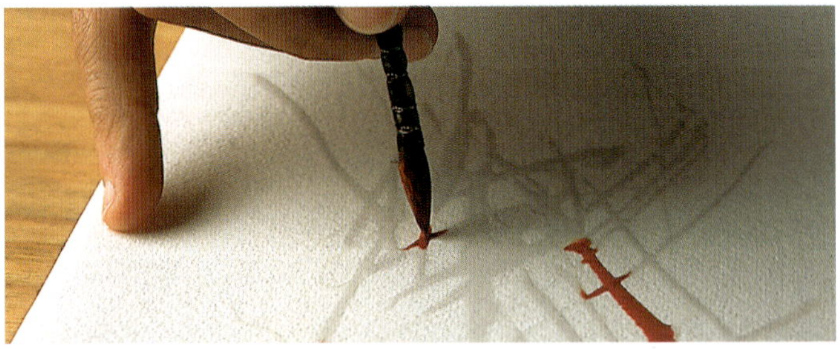

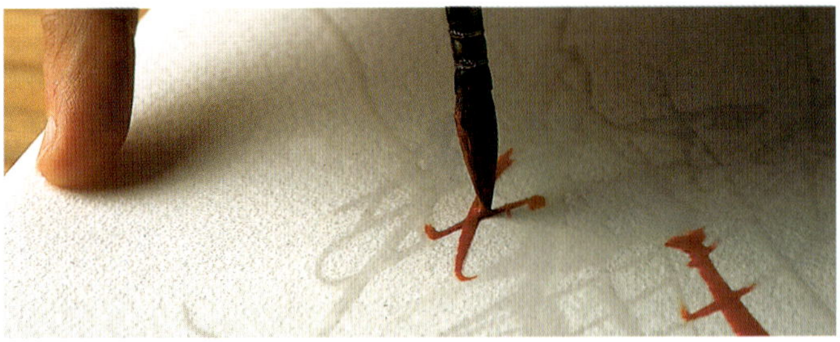

▲ Pigment injecté dans un cordon d'eau

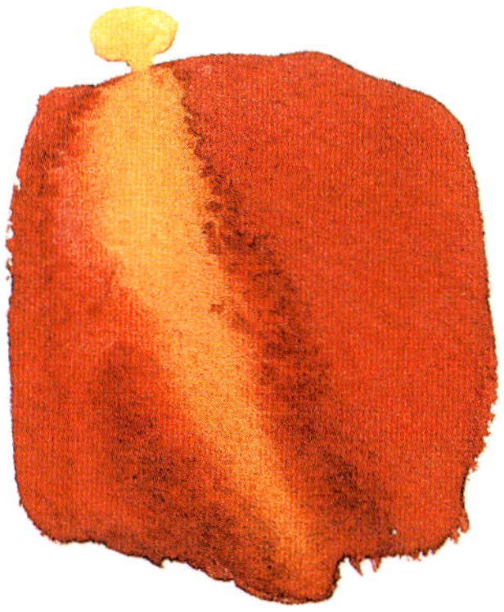

Répartir la couleur par inclinaison

Déposez une goutte importante de couleur sur une zone précise de votre feuille. Inclinez le support pour conduire la matière dans la direction souhaitée, sans l'évacuer. Le jeu de la gravitation remplace le pinceau.

Si le papier n'est pas incliné, la goutte s'étale uniformément dans toutes les directions. Une pente légère permet la distribution lente et partielle des couleurs, une inclinaison plus importante les distribue rapidement et plus uniformément – de même qu'une plus grande quantité de liquide.

Plus il y a d'eau, plus les surfaces investies sont importantes. Deux nuances posées côte à côte sur un support incliné dans plusieurs directions successives se mélangent complètement. Si vous désirez maintenir ces nuances séparées, évitez de trop bouger !

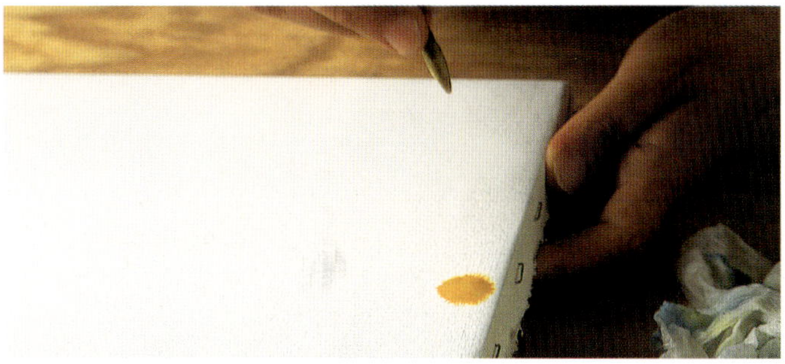

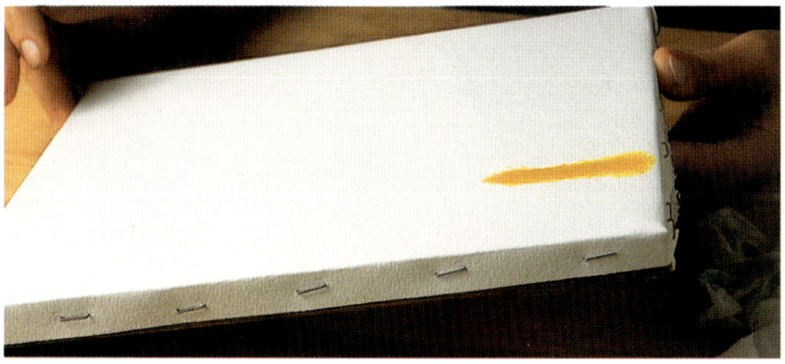

▲ Répartition de couleurs crémeuses sur la surface mi-mate

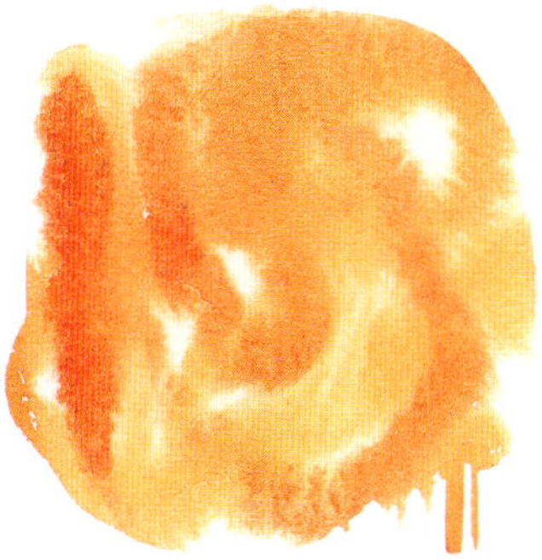

Dessiner avec une « goutte en laisse »

Lorsque le pinceau entre en contact avec la surface du papier, il se forme à sa pointe un « ménisque », c'est-à-dire une goutte en équilibre prenant la forme d'une lentille un peu déformée. Tant que ce contact existe, la distribution de la couleur s'effectue graduellement. Cette goutte, que le pinceau (véritable « pinceeau » !) emprisonne, ne doit pas être relâchée : elle risquerait de s'étaler en entraînant les pigments. Sur des graphismes fins ou linéaires, se forment alors des renflements.

Qu'il soit lent ou rapide, votre geste demeure par conséquent continu.

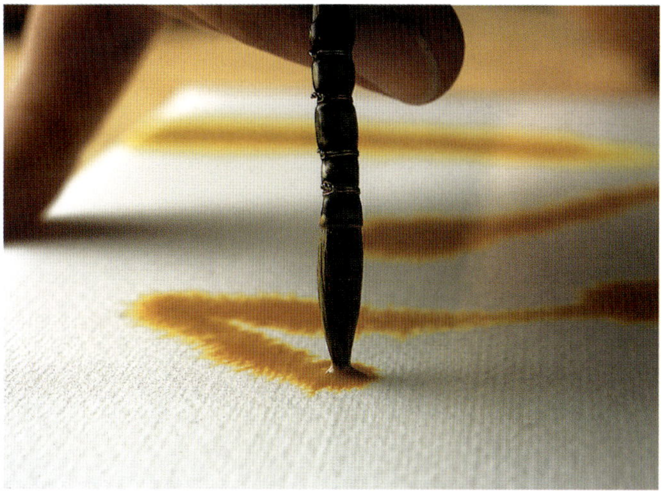

▲ La « goutte en laisse » permet une distribution graduelle de la couleur.

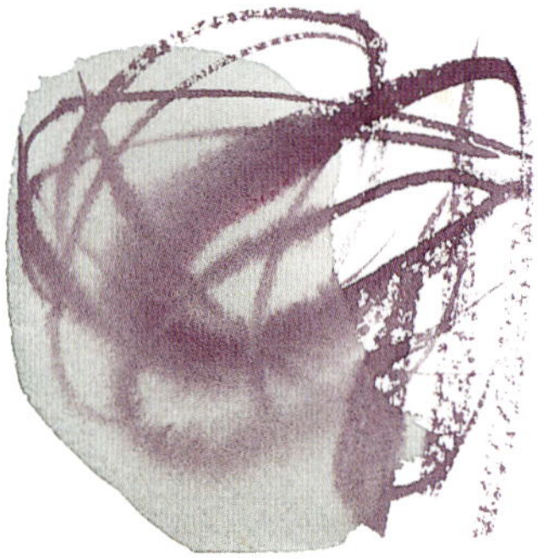

Patiner

Malaxez la couleur sortie droit du tube avec la pointe du pinceau. Tenez votre pinceau verticalement et laissez-le glisser sur la surface. Votre geste est délié, votre poignet souple. Vous progressez sur le papier comme une patineuse sur la glace. Le pinceau aspire par capillarité l'eau du support. Peu à peu, aidée par les entrelacs décrits, la couleur pâteuse se dilue, devient crémeuse. Vous retrouvez alors les conditions du dessin avec une goutte en laisse.

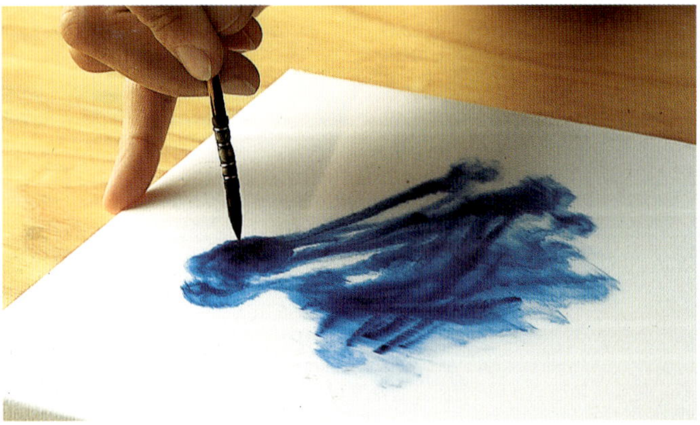

▲ Patiner avec des couleurs pâteuses sur la surface miroir

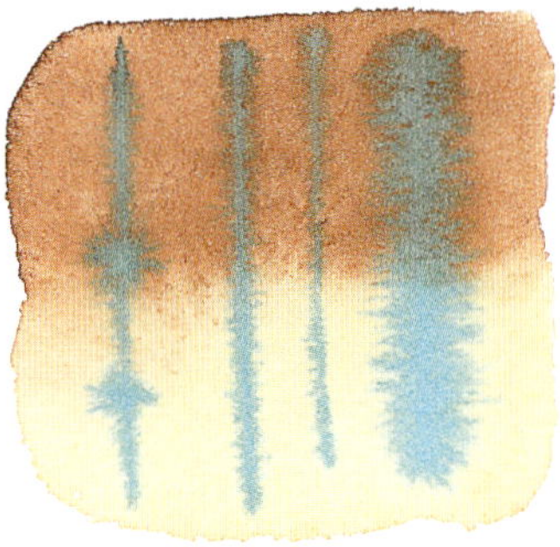

Dessiner

Le geste de dessiner demande de petites quantités de couleur sur un support infiltré à cœur. Le dessin peut être pointilliste ou linéaire, les mouvements demeurent sûrs et définitifs. C'est pourquoi il vous faut choisir judicieusement vos teintes ! La beauté du rendu repose sur votre doigté.

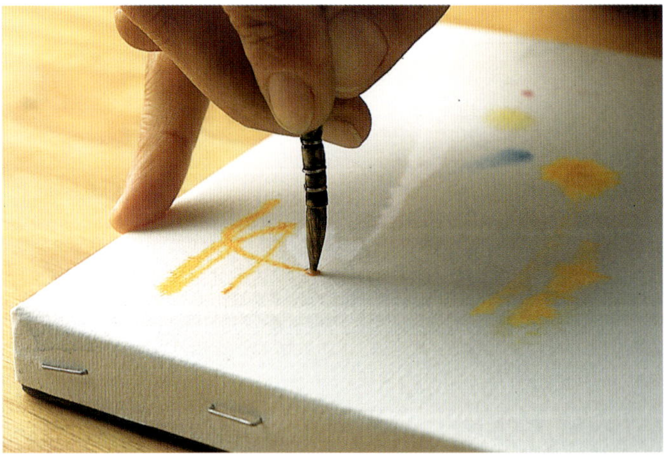

▲ Dessiner avec des couleurs pâteuses sur la surface brillante

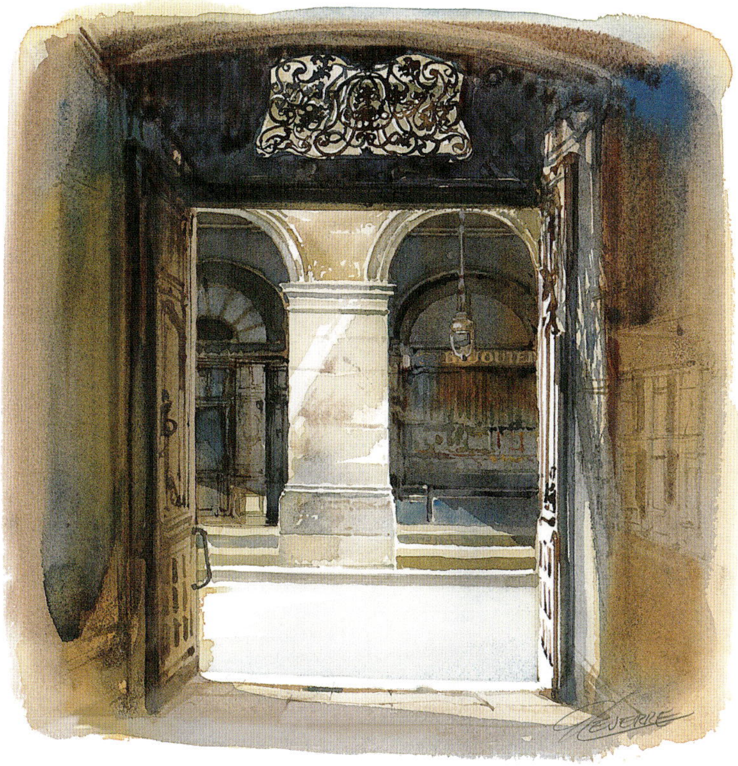

◄▼ **Gérard Leserre**,
La sortie d'une traboule dans le vieux Lyon, 25 x 25 cm
et *Côtes de la mer Égée*, 46 x 30 cm.
Les aquarelles de Gérard Leserre témoignent avec éclat de son bonheur de peindre : il sait mieux que quiconque saisir la beauté d'un paysage, l'élégance d'une façade ou l'émotion des ruines.

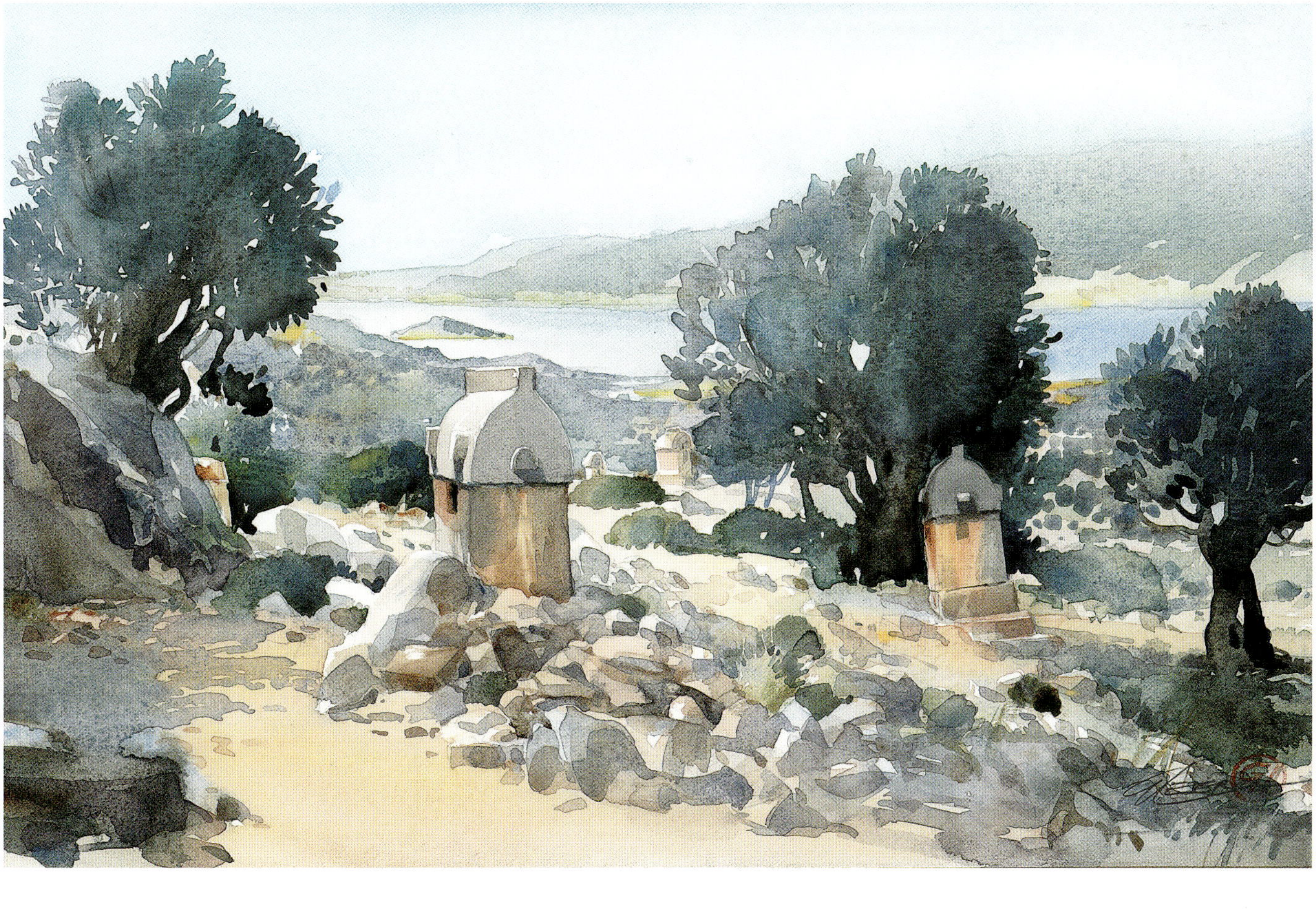

Les gestes et les surfaces

L'ambition de ce chapitre – et du livre tout entier – est de vous montrer à quel point la réussite d'une œuvre repose sur la juste adéquation entre l'objet et le geste, c'est-à-dire entre la vision intérieure que l'artiste a du sujet et sa maîtrise des moyens techniques permettant de la concrétiser. Selon l'état d'humidité du papier, la charge du pinceau et l'action proprement dite, le résultat varie considérablement ; les exemples qui suivent vous donneront des indications vous permettant de trouver le moment le plus propice pour intervenir.

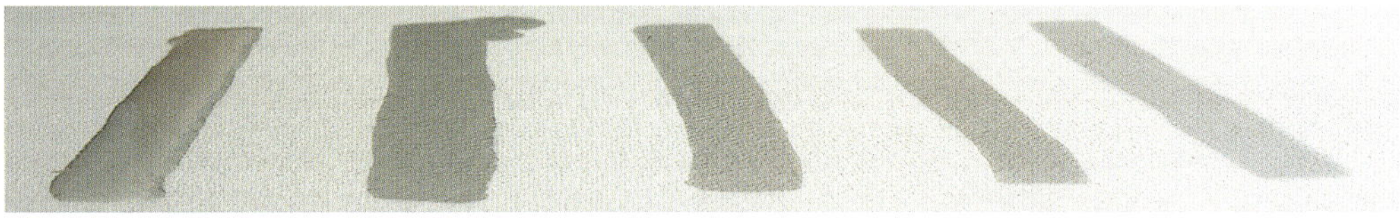

9 surface miroir — 10 surface brillante — 11 surface mi-mate — 12 surface mate fraîche — 13 surface mate sèche

9 Travailler sur la surface miroir

Déposer

▲ **des couleurs diluées**
En agissant ainsi, vous augmentez la quantité de liquide – et, par-là même, retournez à l'étape 2. La couleur forme des volutes, glisse sur la surface, se répand en tous sens. Vous n'avez aucun moyen de « discipliner » votre peinture : les couleurs s'imbriquent intimement, s'uniformisent.

▼ **des couleurs crémeuses**
Vous augmentez la quantité de liquide, moins cependant qu'avec des couleurs diluées. Le résultat est identique à celui obtenu à gauche, mais le cycle ne reprend cette fois-ci qu'à l'étape 3. Si vous désirez obtenir des surfaces teintées très diffuses et plus limitées, inclinez le support.

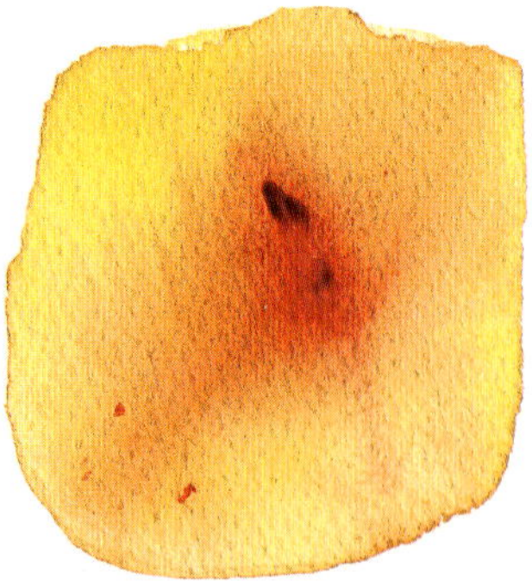

▲ **des couleurs pâteuses**
C'est une application possible, même s'il faut agir avec précaution. La couleur pâteuse, agglutinée à l'endroit du dépôt, se dilue partiellement lors du séchage de la flaque. Vous obtenez des zones très denses, entourées d'une sorte de halo.

Patiner

◄ des couleurs diluées
L'eau présente suffit pour distribuer efficacement les couleurs : les gestes sont inutiles !

■ des couleurs crémeuses
Même remarque que plus haut. Ce n'est pas une action utile : patiner et dessiner donnent le même résultat.

◄ des couleurs pâteuses
C'est le bon moment ! Le va-et-vient du pinceau dilue peu à peu la couleur, la rend crémeuse. Si vous effectuez un seul passage, vous obtenez des graphismes fondus ; pour couvrir des surfaces importantes, mieux vaut dessiner des entrelacs.

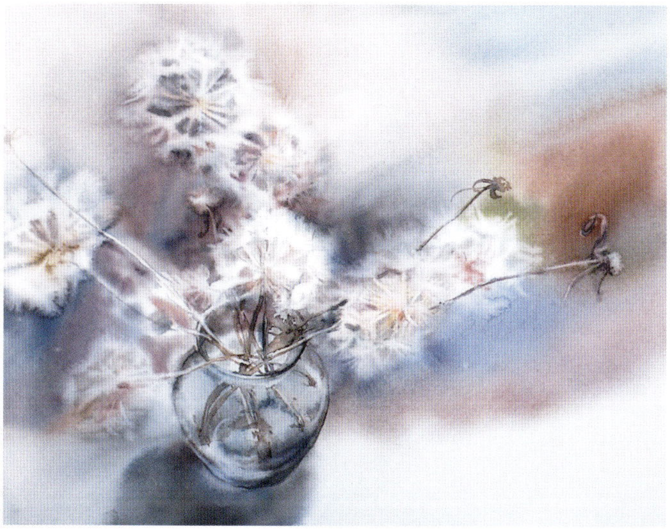

▲ *Les fruits du salsifis*, 45 x 32 cm.
Toute la feuille a été inondée.

Répartir en inclinant le support

■ Il est trop tôt pour incliner !

Dessiner avec une goutte en laisse

▼ couleurs diluées
Les teintes se répandent en tous sens sur la surface : le résultat est le même que lorsque vous déposez la couleur.

■ couleurs crémeuses
Le résultat est proche de celui obtenu plus haut, même si la concentration de pigment permet d'appliquer plus finement la couleur.

■ couleurs pâteuses
La couleur pâteuse est un solide, or la « goutte en laisse » ne s'applique qu'aux liquides : cette déclinaison est donc impossible !

Dessiner

■ avec des couleurs diluées
C'est encore un geste inutile : les couleurs fusent, vous ne pouvez « discipliner » votre peinture.

■ avec des couleurs crémeuses
Même remarque que plus haut : le moindre trait se dilue, perd la finesse de sa forme.

■ avec des couleurs pâteuses
Cette combinaison est possible. En prenant en compte le temps de stagnation et de séchage de la flaque, la couleur pâteuse, agglutinée à l'endroit du dépôt, aura le temps de se diluer partiellement. Vous obtenez des zones très denses, entourées d'une sorte de halo.

Reprenez le cycle de l'eau à l'étape 4

10 Travailler sur la surface brillante

Déposer

◀ **des couleurs diluées**
En ajoutant du liquide, vous recommencez le cycle à l'étape 3. Sur une surface petite ou moyenne, cette application s'étale sur toute la place disponible. La teinte obtenue est donc uniforme. Sur une grande surface, il est plus facile d'occuper la surface partiellement.

◀ **des couleurs crémeuses**
La procédure est la même que celle présentée plus haut, et le résultat est optimum. Les surfaces recouvertes par les fusions demeurent importantes. Sur un grand format, il est plus aisé d'occuper seulement une partie de la surface.

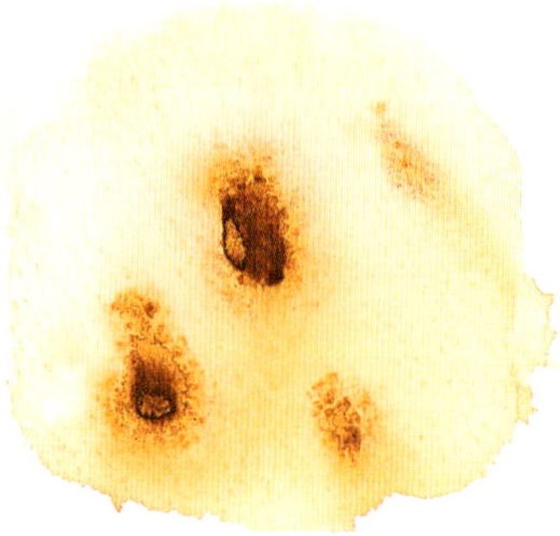

◀ **des couleurs pâteuses**
Cette combinaison est possible. En prenant en compte le temps de stagnation et de séchage de la flaque, la couleur pâteuse, agglutinée à l'endroit du dépôt, aura le temps de se diluer en partie. Vous obtenez des zones très denses, entourées d'une sorte de halo. Cette technique donne des résultats difficiles à maîtriser, n'en abusez pas.

Répartir en inclinant le support

▶ **des couleurs diluées**
Ce geste n'est valable que pour de très grandes surfaces. Vous jonglez avec le liquide sur le papier, sans gestes brusques. Distribuez la couleur soigneusement, sans l'évacuer.

▶ **des couleurs crémeuses**
La flaque est moins abondante que plus haut, mais la suite des opérations est identique !

■ **des couleurs pâteuses**
La répartition par inclinaison suppose la présence d'une quantité significative de liquide. Cette condition n'est remplie que partiellement : bien que le support soit riche en eau, la couleur pâteuse n'est pas un liquide !
Cette combinaison est par conséquent impossible.

Patiner

■ **des couleurs diluées**
L'eau présente distribue vos couleurs : vous ne pouvez rien maîtriser. Ce geste n'est pas utile ; une inclinaison du châssis convient mieux.

■ **des couleurs crémeuses**
Vous obtenez le même résultat que sur la surface miroir !

◀ **des couleurs pâteuses**
Le va-et-vient du pinceau dilue peu à peu la couleur : elle devient crémeuse. Avec un seul passage, vous obtenez des graphismes fondus. Pour couvrir des surfaces importantes, dessinez des entrelacs.

Dessiner

■ **avec des couleurs diluées**
Le geste se rapproche de celui de la « goutte en laisse » : la couleur s'étale sur la totalité du papier, sauf si vous travaillez sur de très grandes surfaces avec un pinceau peu chargé (dans ce cas, votre tracé restera visible).

■ **avec des couleurs crémeuses**
Le résultat est identique à celui obtenu avec la « goutte en laisse » (voir plus haut, à droite).

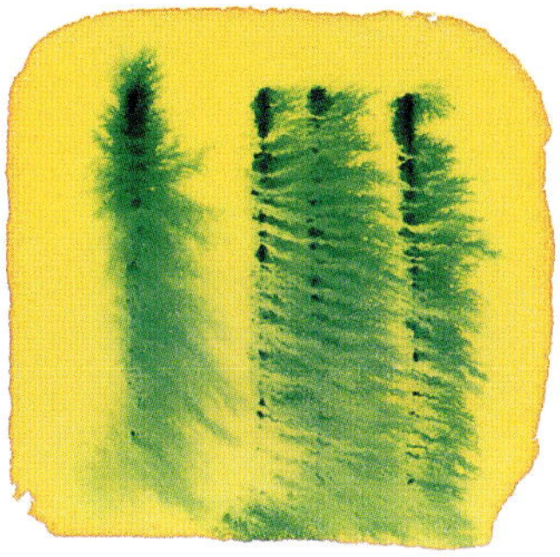

◀ **avec des couleurs pâteuses**
En prenant en compte le temps de stagnation et de séchage de la flaque, la couleur pâteuse, agglutinée à l'endroit du dépôt, aura le temps de se diluer partiellement. Vous obtenez des plages denses entourées d'un halo.

Dessiner avec une goutte en laisse

▶ **couleurs diluées**
La couleur s'étale sur la totalité du papier, sauf si vous travaillez sur de très grandes surfaces avec un pinceau peu chargé : dans ce cas, votre tracé restera visible.

▶ **couleurs crémeuses**
C'est une combinaison judicieuse ! Dessinez avec une quantité moyennement importante de pigment. Contrôlez la pression exercée sur la pointe, ainsi que la durée de contact. Ne soulevez pas votre pinceau et évacuez la goutte du ménisque hors de la zone de travail (la pointe du petit-gris effectue un va-et-vient sur le même tracé). La dilution se poursuit sur le papier.

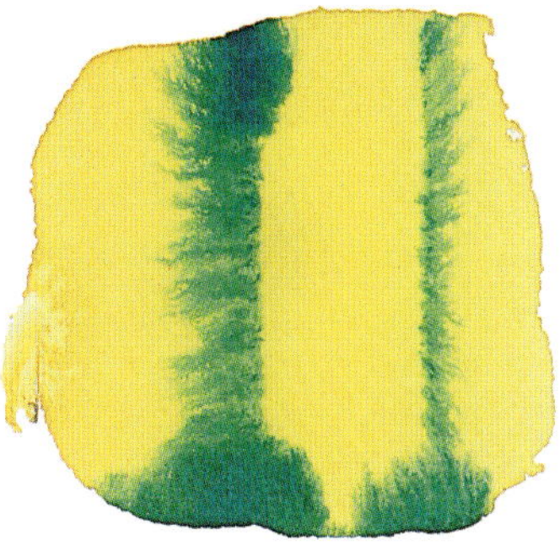

■ **couleurs pâteuses**
La couleur pâteuse est un solide, or la « goutte en laisse » ne s'applique qu'aux liquides.

Reprenez le cycle de l'eau à l'étape 5

11 Travailler sur la surface mi-mate

Déposer

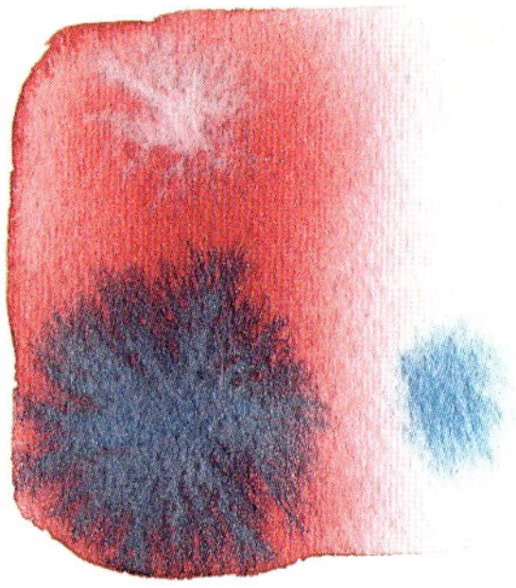

◂ **des couleurs diluées**

Sur une surface vierge, le dépôt de couleurs diluées à ce stade permet d'obtenir des surfaces teintées partiellement. Sur une surface colorée, il crée des auréoles volontaires circulaires, dont la grosseur varie selon l'abondance de liquide apporté. Vous pouvez affiner le résultat en agissant à une étape ultérieure (sur la surface mate fraîche), ou en aspirant le liquide avec le pinceau (voir étape 15). C'est aussi le moment de raviner les couleurs en cours de séchage (étape 14) : sur cette partie de la feuille, le cycle reprend à l'étape 4.

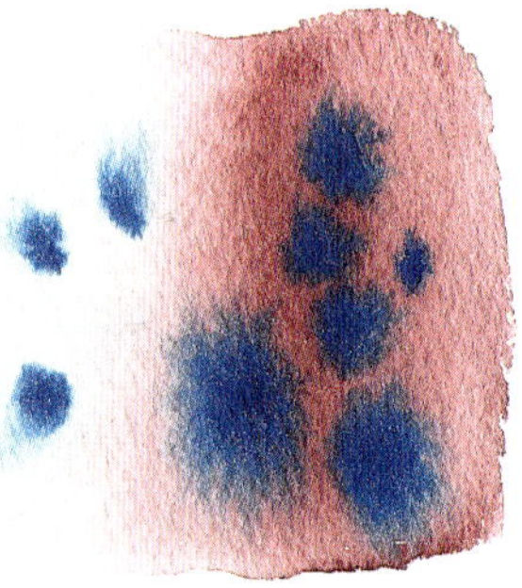

◂ **des couleurs crémeuses**

Déposer signifie affleurer le support à un endroit précis, en formant une tache à la manière des pointillistes. En se dilatant, la goutte du ménisque envahit toujours une zone plus importante que celle du contact. Utilisez des quantités petite à moyenne de peinture.

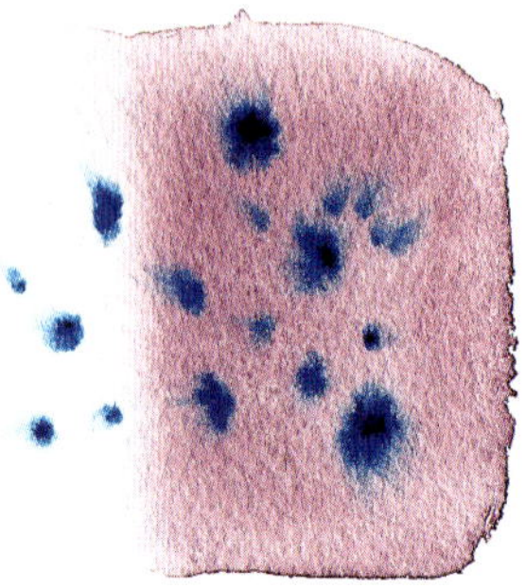

◂ **des couleurs pâteuses**

C'est une application possible : en agissant avec délicatesse, vous pouvez déposer ponctuellement de petites doses de couleur. Travaillez rapidement : vous obtenez des traits fins, voire très fins.

Répartir en inclinant le support

▸ **des couleurs diluées**

Sur une surface vierge, vous créez des « traînées », c'est-à-dire des surfaces teintées partiellement. Votre surface redevient brillante (4). Sur une surface colorée, vous obtenez soit des auréoles diffuses, soit – si vous utilisez une quantité importante de liquide – un ravinement. Dans ce cas, référez-vous à l'étape 14.

▸ **des couleurs crémeuses**

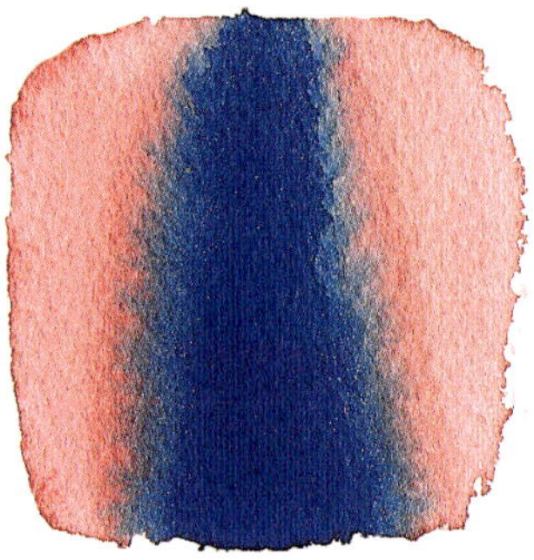

La vitesse de diffusion de la couleur est faible. La répartition risque de ne plus se faire de façon harmonieuse : le support n'arrivera pas à supporter cette charge. Il se crée alors de faibles sertis entre le dépôt et la frange du flou.

■ **des couleurs pâteuses**

La répartition par inclinaison suppose l'existence d'une quantité significative de liquide. Ici, la couleur est solide et la surface n'est plus réceptive. C'est une combinaison impossible.

▸ *La cabane du jardinier*, 40 x 32 cm

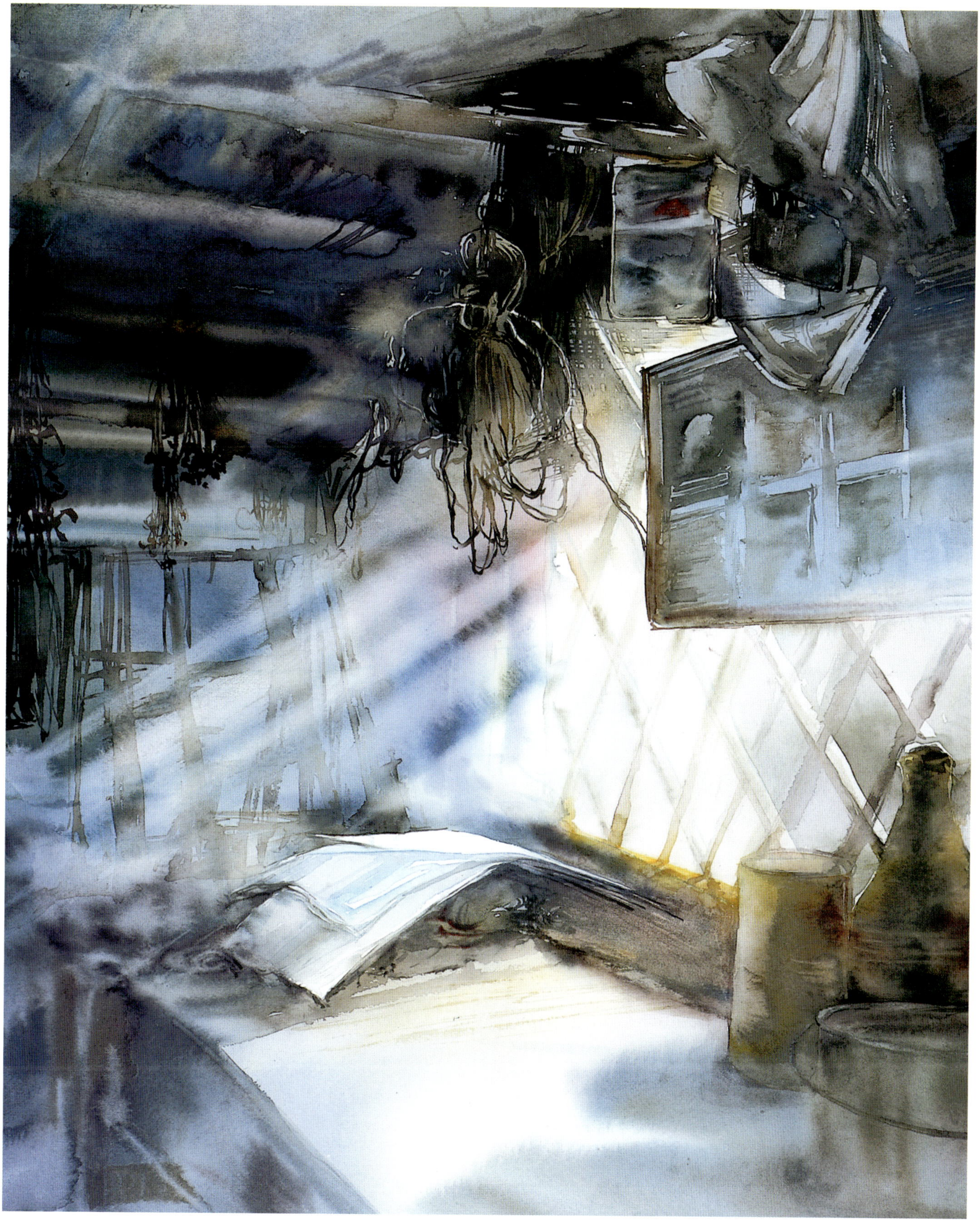

Patiner

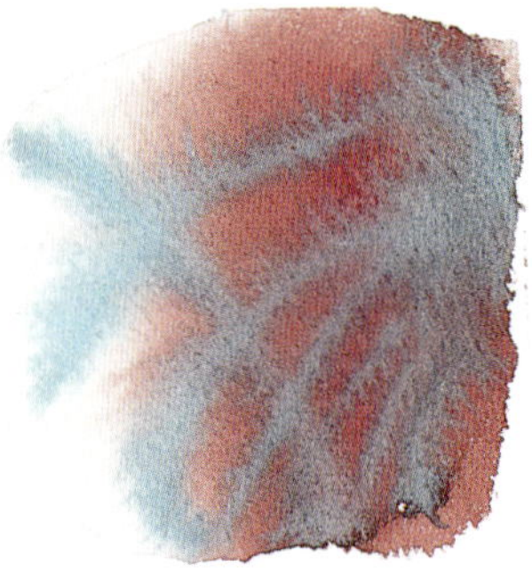

◀ des couleurs diluées
Pour réussir ses auréoles volontaires, il faut déposer en un seul passage la quantité de liquide correspondant à l'ouverture souhaitée. En patinant, vous insistez inutilement sur la surface. Vous risquez de «fatiguer» votre matière, de déposer plus d'eau que nécessaire.

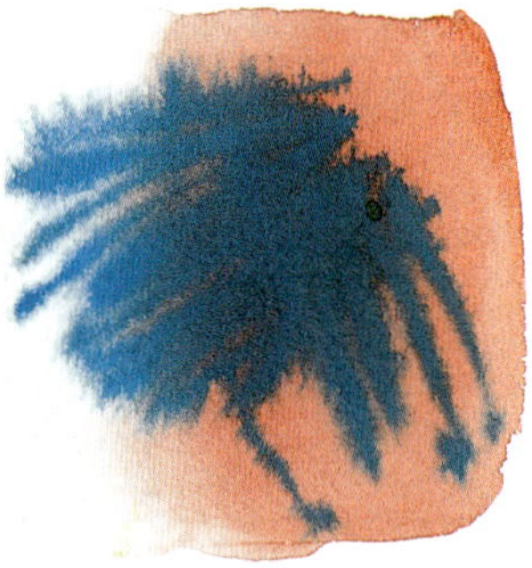

◀ des couleurs crémeuses
C'est une combinaison possible, à condition d'intervenir sur de petites surfaces. Attention là aussi à ne pas «fatiguer» la matière.

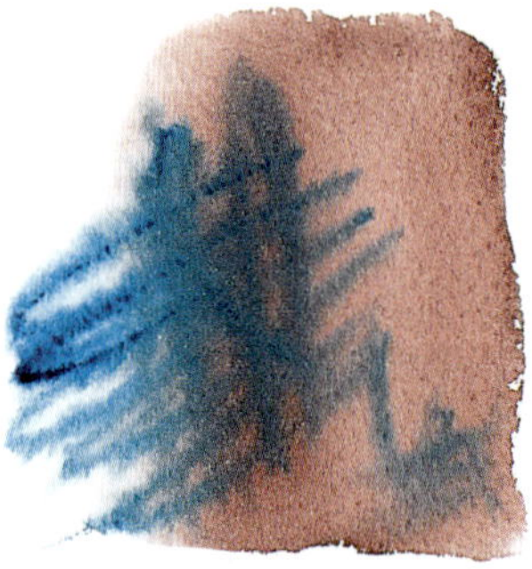

◀ des couleurs pâteuses
Le geste est encore possible sur des surfaces très peu étendues. Le risque est le même que celui exposé plus haut.

Dessiner avec une goutte en laisse

▶ couleurs diluées
Sur la surface ravinée (voir étape 14), le cycle de l'eau reprend à l'étape 4. Si vous posez peu de liquide, vos auréoles seront instables et pâles. La «corolle» du pigment repoussé n'est pas marquée, car le lavis qui l'entoure envahit les ouvertures.

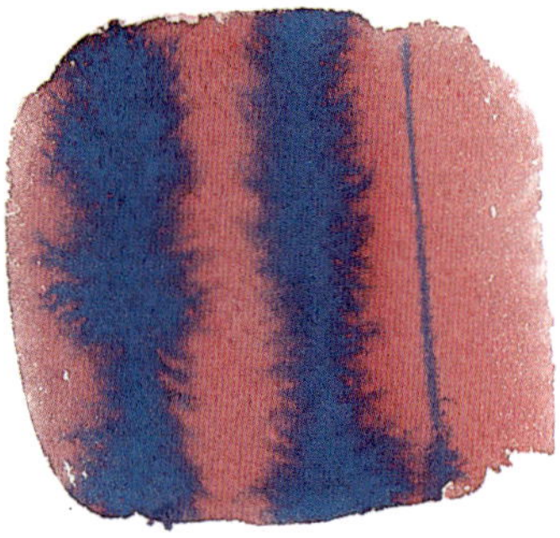

▶ couleurs crémeuses
C'est la plénitude de l'action : le geste est identique à celui du dessin (voir page 51). La goutte du ménisque est très petite.

■ couleurs pâteuses
La couleur pâteuse est un solide, or la «goutte en laisse» ne s'applique qu'aux liquides. Cette combinaison est donc impossible !

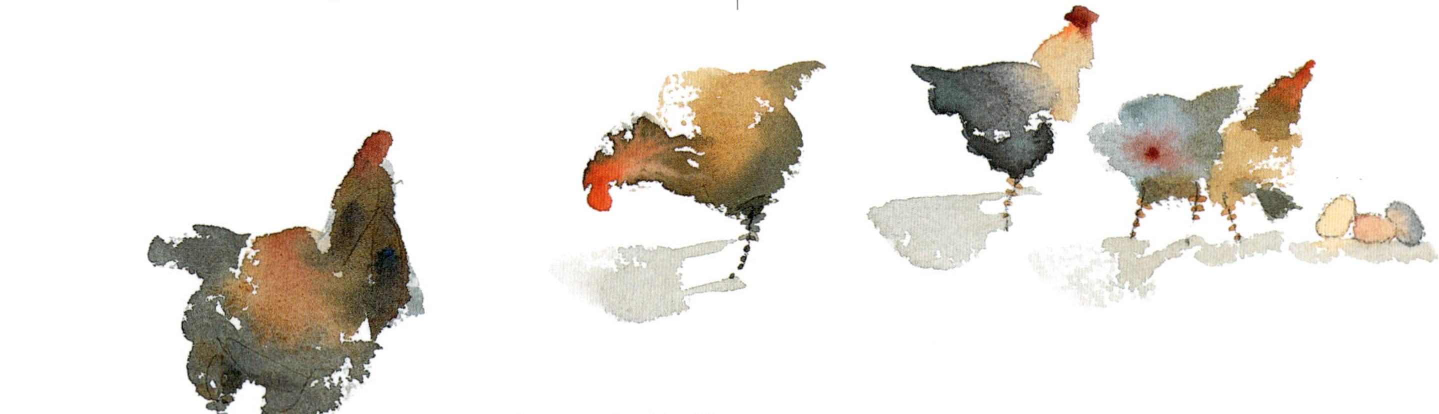

Ewa Rzeznik, *Les poules*, 14 x 60 cm
L'artiste synthétise l'essentiel de la forme et du mouvement, sans s'arrêter sur des détails anecdotiques. Ses gestes sont presque automatiques : elle couvre le grain du papier tantôt d'une constellation de gouttelettes, tantôt de flaques qui présentent immédiatement une surface mi-mate. La petitesse des taches rend la préparation du papier inutile.

Dessiner

▼ **avec des couleurs diluées**

Cette opération n'atteint sa plénitude que si le cœur du papier a conservé une humidité importante. Utilisez un petit-gris fin ou un pinceau à lettres peu chargé. Vous obtenez des auréoles volontaires dont l'aspect diffère selon la durée de votre geste, la quantité d'eau déposée et la pression exercée sur la pointe. N'oubliez pas que c'est l'eau qui repousse les pigments, et non le balayage du pinceau. Pour être stable et réussie, cette « ouverture des blancs » doit être la dernière opération menée lors d'un cycle d'eau. L'action se déroule dans un temps assez court, qui peut toutefois être prolongé en travaillant dans une pièce fraîche (à 14 °C). Si l'apport de liquide a été trop grand et que l'ouverture menace de s'étaler, essorez immédiatement votre pinceau et aspirez l'eau en surplus au centre du dépôt (voir étape 15).

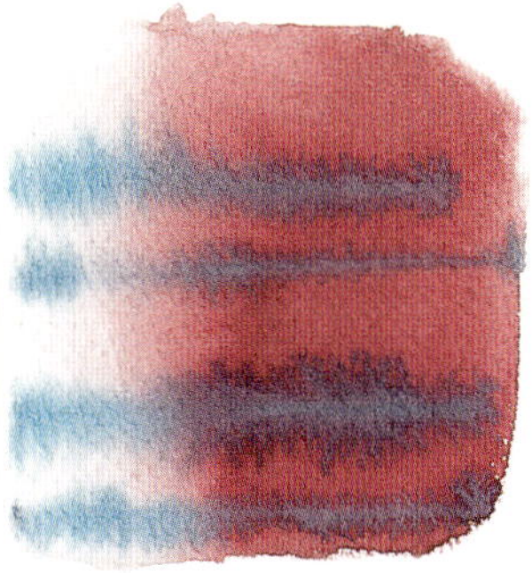

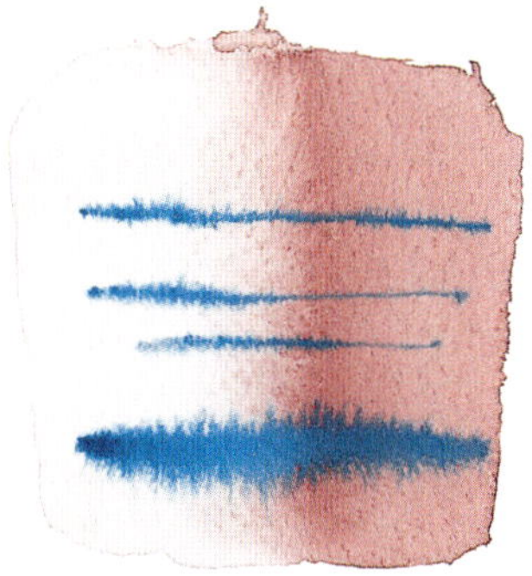

◀ **avec des couleurs pâteuses**

Sur cette surface et avec cette dilution, le travail est aussi beau qu'à droite. Vous obtenez une précision sans équivalent dans le fondu… à condition de travailler rapidement.

▶ **avec des couleurs crémeuses**

C'est le moment idéal : le papier est enfin humide à point ! Si vos graphismes ne se dissolvent pas assez, ajoutez de l'eau ; si, au contraire, ils s'étalent en emportant toute la finesse de votre travail, asséchez vos mélanges : la qualité du résultat dépend du juste équilibre des dosages. Vos mouvements doivent être rapides, sûrs et définitifs, vos couleurs judicieusement choisies. La beauté du rendu repose sur votre doigté. L'eau de dilution de vos pigments compense celle qui s'évapore à la surface du papier. Ce n'est pas parce que vous utilisez des couleurs crémeuses que votre aquarelle sera sombre ou bouchée : pour obtenir des teintes pâles, il vous suffit de prélever très peu de pigment. L'eau contenue dans le papier poursuivra la dilution. Les couleurs que vous appliquez se frayent un chemin dans la fine couche pigmentaire sans se superposer à celle-ci. Le travail conserve donc toute la transparence et la fraîcheur qui font l'attrait de l'aquarelle.

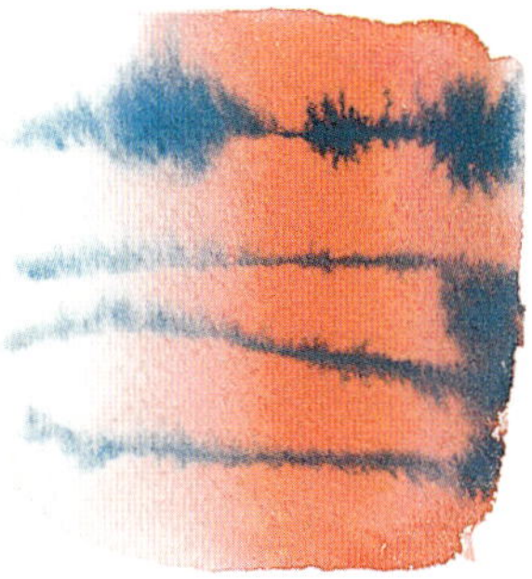

Reprenez le cycle de l'eau à l'étape 6

12 Travailler sur la surface mate fraîche

Déposer

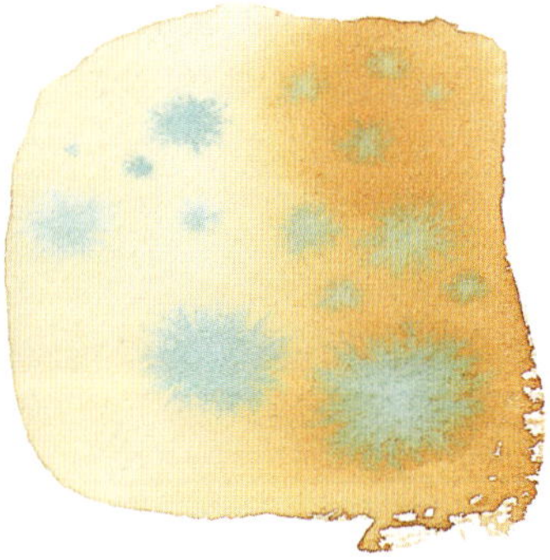

◂ des couleurs diluées
C'est le moment idéal ! À ce stade, le dépôt de couleurs diluées permet d'obtenir des auréoles volontaires circulaires, dont la grosseur varie selon l'abondance de liquide apporté. Si les ouvertures sont trop grandes, vous pouvez aspirer le surplus de liquide (voir étape 15). C'est aussi le moment de raviner les couleurs en cours de séchage (voir étape 14) : sur cette partie de la feuille, le cycle reprend à l'étape 4.

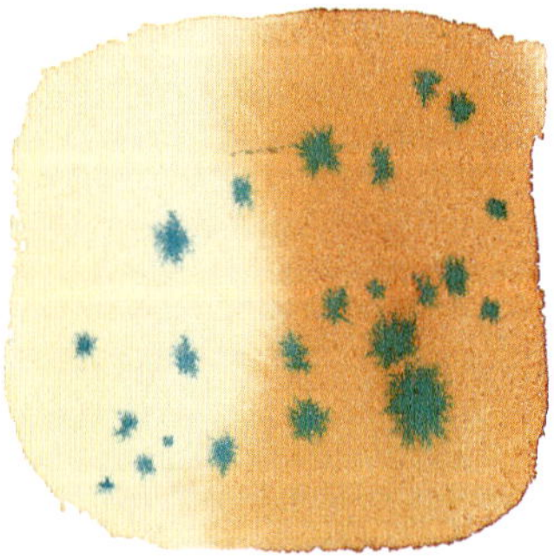

◂ des couleurs crémeuses
« Déposer » et « dessiner » à ce stade ne se distinguent en rien : vous déposez pour faire apparaître un point, et vous dessinez pour tracer une ligne. C'est un bon moment pour agir.

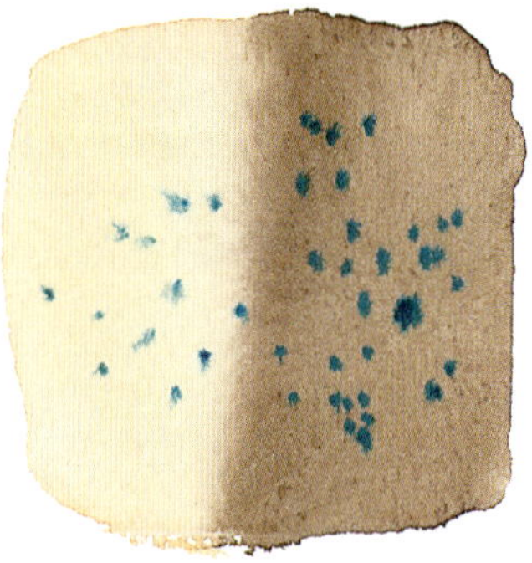

◂ des couleurs pâteuses
Même remarque que plus haut.

Répartir en inclinant le support

▸ des couleurs diluées
La répartition par inclinaison suppose l'existence d'une quantité significative de liquide. Sur une surface largement asséchée, votre auréole est si grande que vous vous approchez du ravinement (voir étape 14) ! Pour arrêter son expansion, aspirez l'eau en son centre et non en sa périphérie (voir étape 15). La surface de l'ouverture est au stade brillant (étape 4) ; en revanche, celle autour demeure mate fraîche.

■ des couleurs crémeuses
La surface n'est plus réceptive : la combinaison est impossible.

■ des couleurs pâteuses
Impossible, bien sûr !

Dessiner avec une goutte en laisse

▸ couleurs diluées
Cela revient à dessiner : le résultat est très appréciable. La finesse de votre tracé dépend de la charge de votre pinceau.

■ couleurs crémeuses
Même remarque que pour les couleurs diluées.

■ couleurs pâteuses
La couleur pâteuse est solide, or la « goutte en laisse » ne s'applique qu'aux liquides. C'est une combinaison impossible !

Patiner

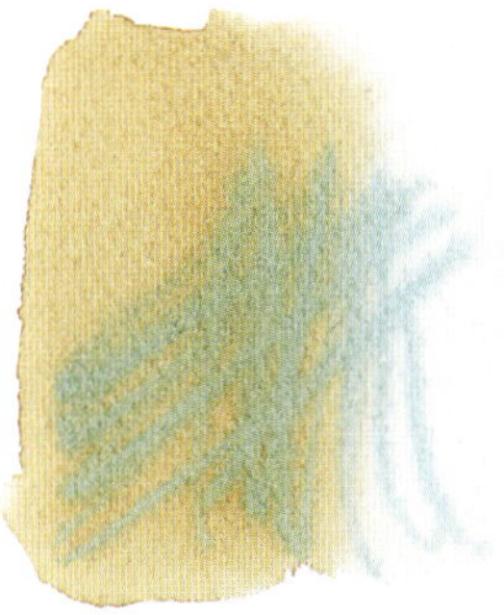

◄ des couleurs diluées

Pour réussir ses auréoles, l'important est de ne pas trop insister, et de déposer la quantité de liquide suffisante en une seule fois. En patinant, vous risquez d'ouvrir trop largement les blancs, de fatiguer la matière et le support. Cette combinaison n'est pas souhaitable.

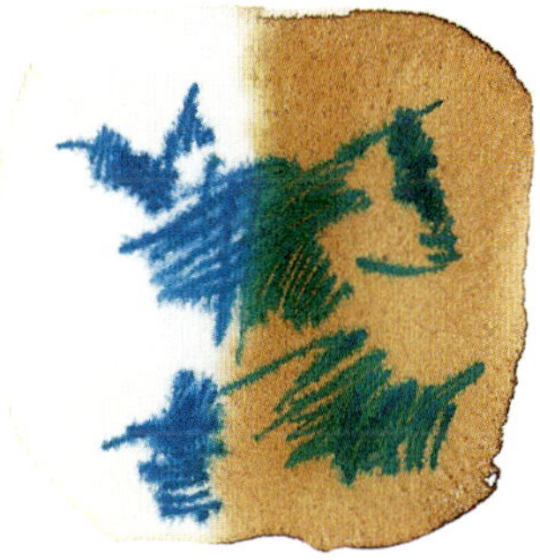

◄ des couleurs crémeuses

La quantité d'eau dans le papier ne suffit plus à assurer les fusions. Chaque trait reste visible. Vous pouvez couvrir de petites surfaces, en sachant que le support conservera la trace de chacun de vos gestes. N'insistez pas trop !

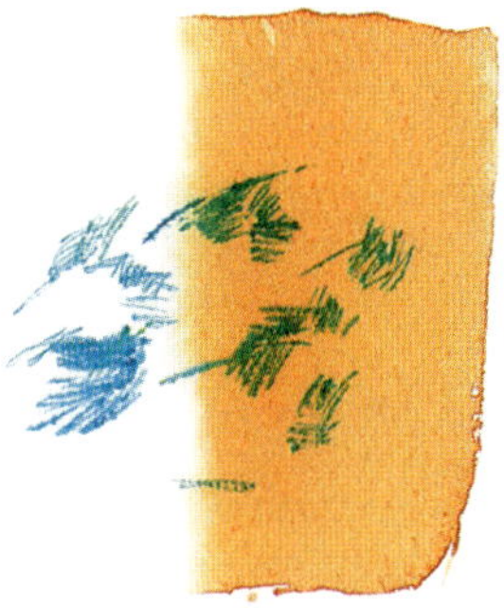

◄ des couleurs pâteuses

Même remarque qu'avec les couleurs crémeuses.

Dessiner

■ avec des couleurs diluées

C'est le bon moment ! Utilisez un petit-gris fin ou un pinceau à lettres peu chargé. Vous obtenez des auréoles volontaires dont l'aspect diffère selon la durée de votre geste, la quantité d'eau déposée et la pression exercée sur la pointe. N'oubliez pas que c'est l'eau qui repousse les pigments, et non le balayage du pinceau. Pour être stable et réussie, cette « ouverture des blancs » doit être la dernière opération menée lors d'un cycle d'eau. Si l'apport de liquide a été trop grand et que l'ouverture menace de s'étaler, essorez immédiatement votre pinceau et aspirez l'eau en surplus au centre du dépôt. L'action se déroule dans un temps assez court, et s'achève au stade d'humidité mate sèche, lorsque les auréoles présentent des bords sertis. À cet instant, arrêtez impérativement votre travail : c'est la fin du cycle ! Si vous ne séchez pas complètement la peinture avant de recommencer pas un nouveau cycle, vous courez à la catastrophe !

► avec des couleurs crémeuses

Même remarque que plus haut. C'est le moment idéal.

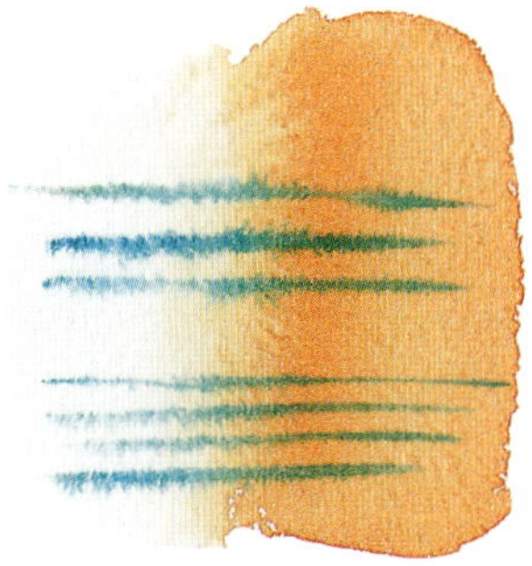

► avec des couleurs pâteuses

Pour obtenir des graphismes précis et toujours fondus, les conditions idéales sont réunies ! Ajoutez si nécessaire une infime quantité d'eau pour permettre la dilution.

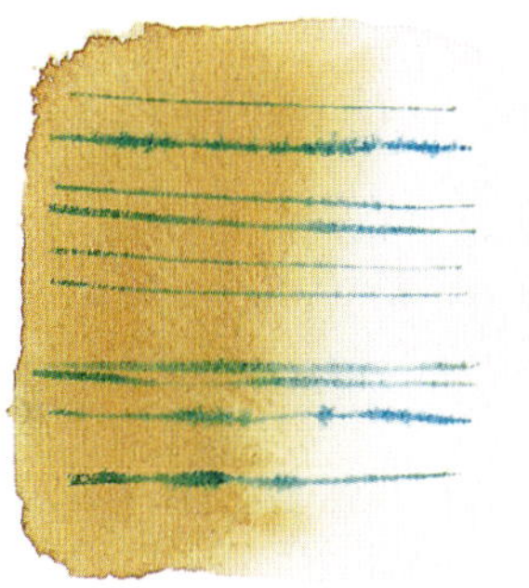

Reprenez le cycle de l'eau à l'étape 7

13 Travailler sur la surface mate sèche

Déposer

▸ des couleurs diluées
La quantité d'eau dans le papier ne suffit plus pour répartir harmonieusement un apport conséquent. Vous obtenez des auréoles aux bords sertis, peu esthétiques. Toutefois, les toutes petites quantités d'eau ouvrent de minuscules auréoles circulaires.

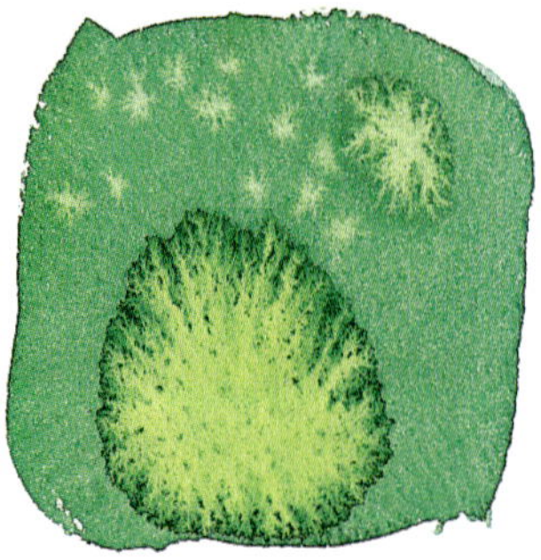

■ des couleurs crémeuses
Impossible, la quantité d'eau contenue dans le papier est insuffisante pour assurer les fusions. Cette application se transforme en superposition.

■ des couleurs pâteuses
Même remarque qu'à gauche.

Patiner

▸ des couleurs diluées
Si vous attendez ce stade du cycle pour agir, c'est que vous souhaitez vraiment obtenir des touches raffinées, quasi précieuses. Attention : en insistant, vous risquez de faire perdre au résultat sa fraîcheur. C'est une opération délicate, en vérité peu souhaitable.

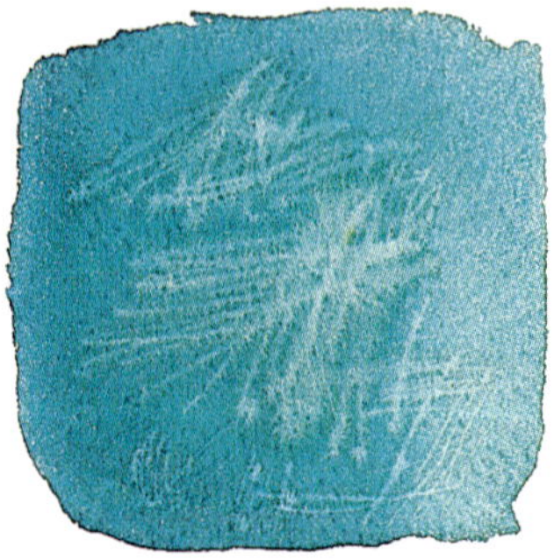

■ des couleurs crémeuses
Impossible, la quantité d'eau contenue dans le papier est insuffisante pour assurer les fusions. Cette application se transforme en superposition.

■ des couleurs pâteuses
Même remarque qu'à gauche.

Répartir en inclinant le support

▸ des couleurs diluées
Ce geste nécessite une quantité significative de liquide sur la surface du papier. Si vous déposez une large dose de couleur liquide sur la surface mate sèche, vous créez une auréole inesthétique, qui de surcroît risque d'emporter tout le travail. Ce n'est pas une action souhaitable.

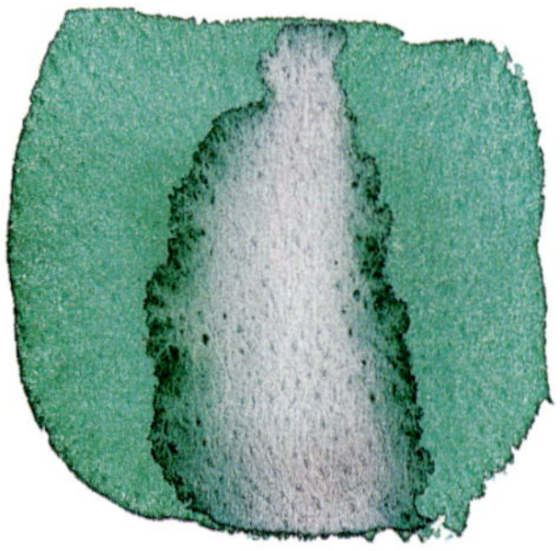

■ des couleurs crémeuses
Cette application se transforme en superposition.

■ des couleurs pâteuses
Impossible !

Dessiner avec une goutte en laisse

▸ couleurs diluées
Par cette application, vous apportez une trop grande quantité d'eau : l'équilibre est rompu, le lavis n'est plus réceptif (il y a trop peu d'eau dans le papier). Vous ouvrez de larges auréoles, aux bords sertis. Le résultat n'est pas esthétique.

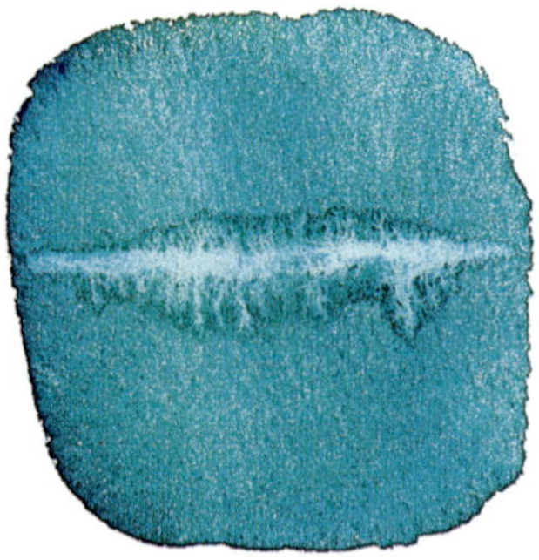

■ couleurs crémeuses
C'est une opération impossible, car la quantité d'eau contenue dans le papier est insuffisante pour assurer les fusions. Cette application se transforme en superposition.

■ couleurs pâteuses
Impossible !

Dessiner

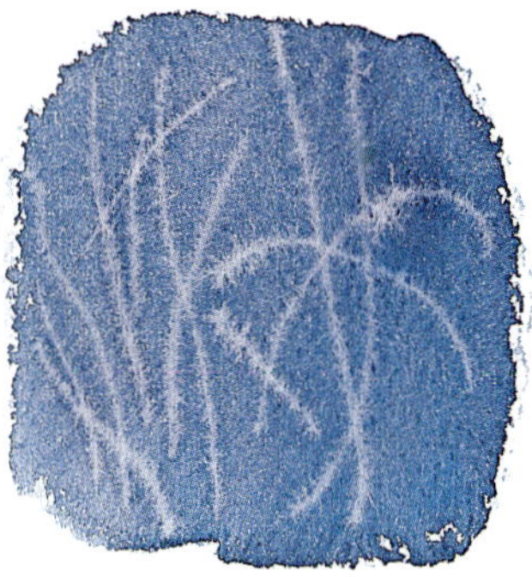

◀ avec des couleurs diluées
L'action est la même que sur la surface mate fraîche (étape 12). Utilisez une très petite quantité d'eau. Les auréoles prennent une apparence filiforme, l'eau contenue dans le papier ne transportant la couleur que sur une très petite distance.

■ avec des couleurs crémeuses
La quantité d'eau contenue dans le papier est insuffisante pour assurer les fusions. Cette application se transforme en superposition.

■ avec des couleurs pâteuses
Même remarque qu'à gauche.

Reprenez le cycle de l'eau à l'étape 8

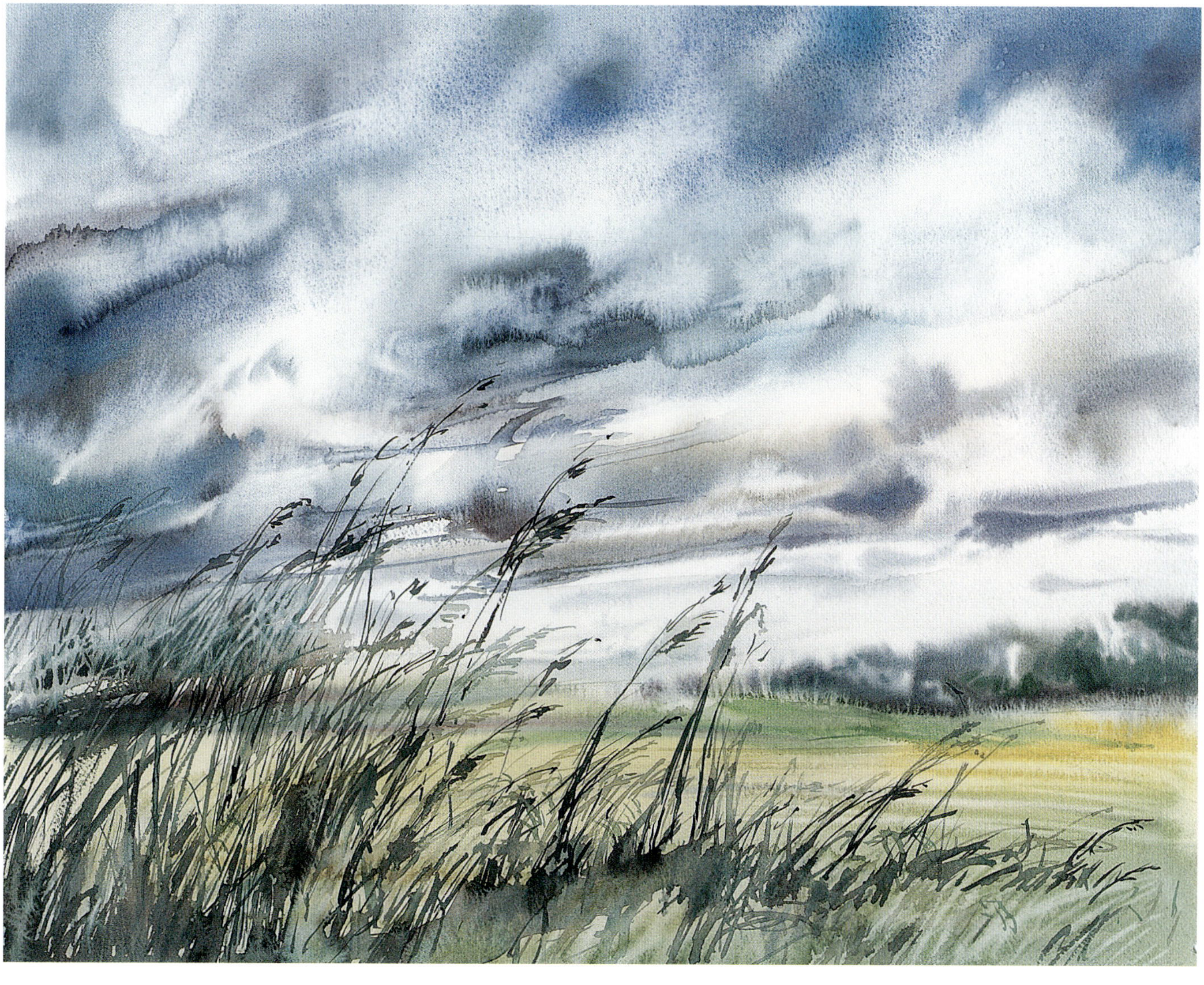

▲ *Ciel d'Île-de-France*, 46 x 61 cm.

14 Raviner la surface

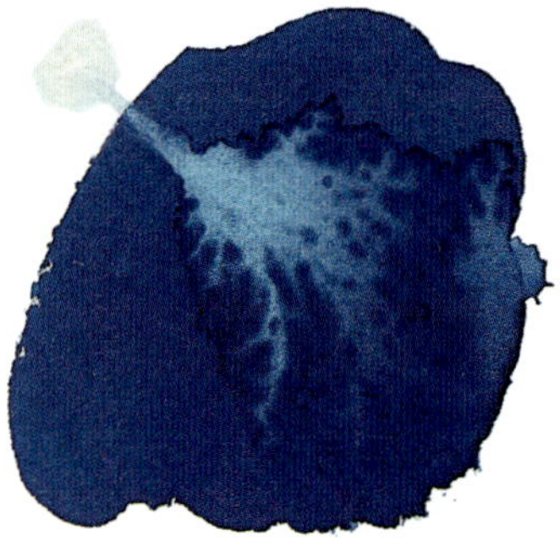

Employez une grande quantité d'eau ou de pigment dilué. Dans un lavis stabilisé et toujours humide, l'apport massif d'eau permet de retrouver le blanc du papier – il suffit d'incliner le support pour le débarrasser de l'eau en excédent. Servez-vous des effets « repoussoir » de l'eau et « envahisseur » du lavis. Jouez sur ces deux forces pour dessiner la forme que vous souhaitez ou pour « lessiver » un travail insatisfaisant.

Sur la surface mi-mate, changez certaines nuances de votre travail : elles auront l'apparence d'auréoles très diffuses. C'est le moment idéal pour découvrir des zones importantes. Sur la surface mate fraîche, vous obtenez des zones beaucoup plus réduites.

Une fois l'opération effectuée, reprenez le cycle de l'eau à l'étape 4. Dans les deux cas, utilisez impérativement des couleurs crémeuses ou pâteuses.

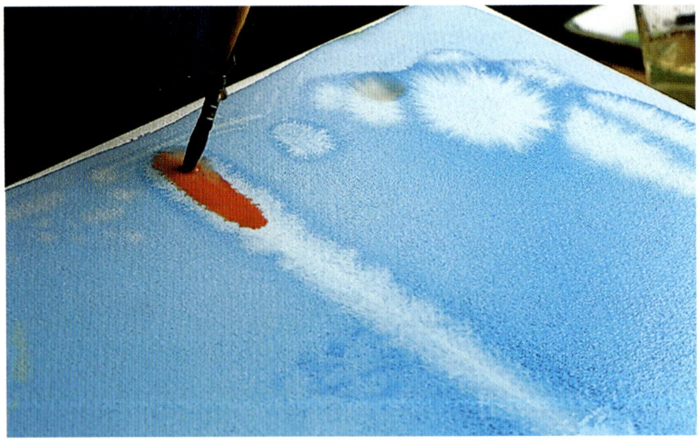

▲ Surface ravinée à l'eau pure puis repigmentée

15 Aspirer l'eau ou la couleur

Cette opération concerne toutes les applications sur surface « miroir » ou « brillante », ainsi que toutes les applications de couleurs diluées sur des surfaces mi-mate et mate fraîche.

Mettez en contact la pointe de votre pinceau légèrement humidifié avec le centre de la flaque (et non sa périphérie !). Attendez quelques instants. Au bout de quelques secondes, l'eau remonte par la capillarité dans le ventre du pinceau. Pour accélérer le processus, appuyez en écrasant légèrement la pointe du petit-gris.

Si la quantité de liquide à aspirer est importante, égouttez de nouveau votre pinceau et recommencez l'opération.

Continuez à l'étape du cycle de l'eau qui suit celle qui vous a amené ici.

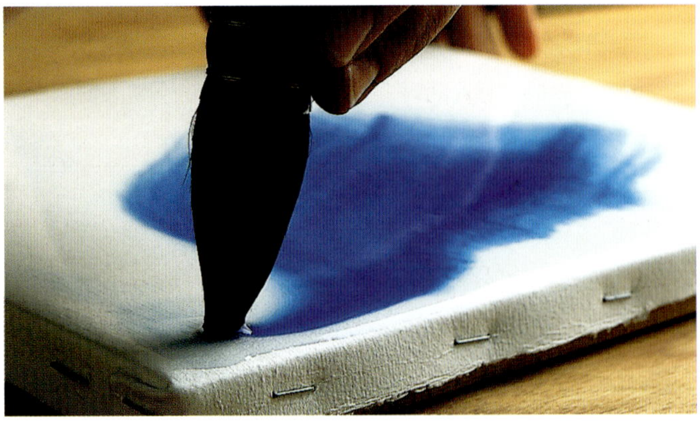

▲ Un gros petit-gris aspire l'eau en excédent.

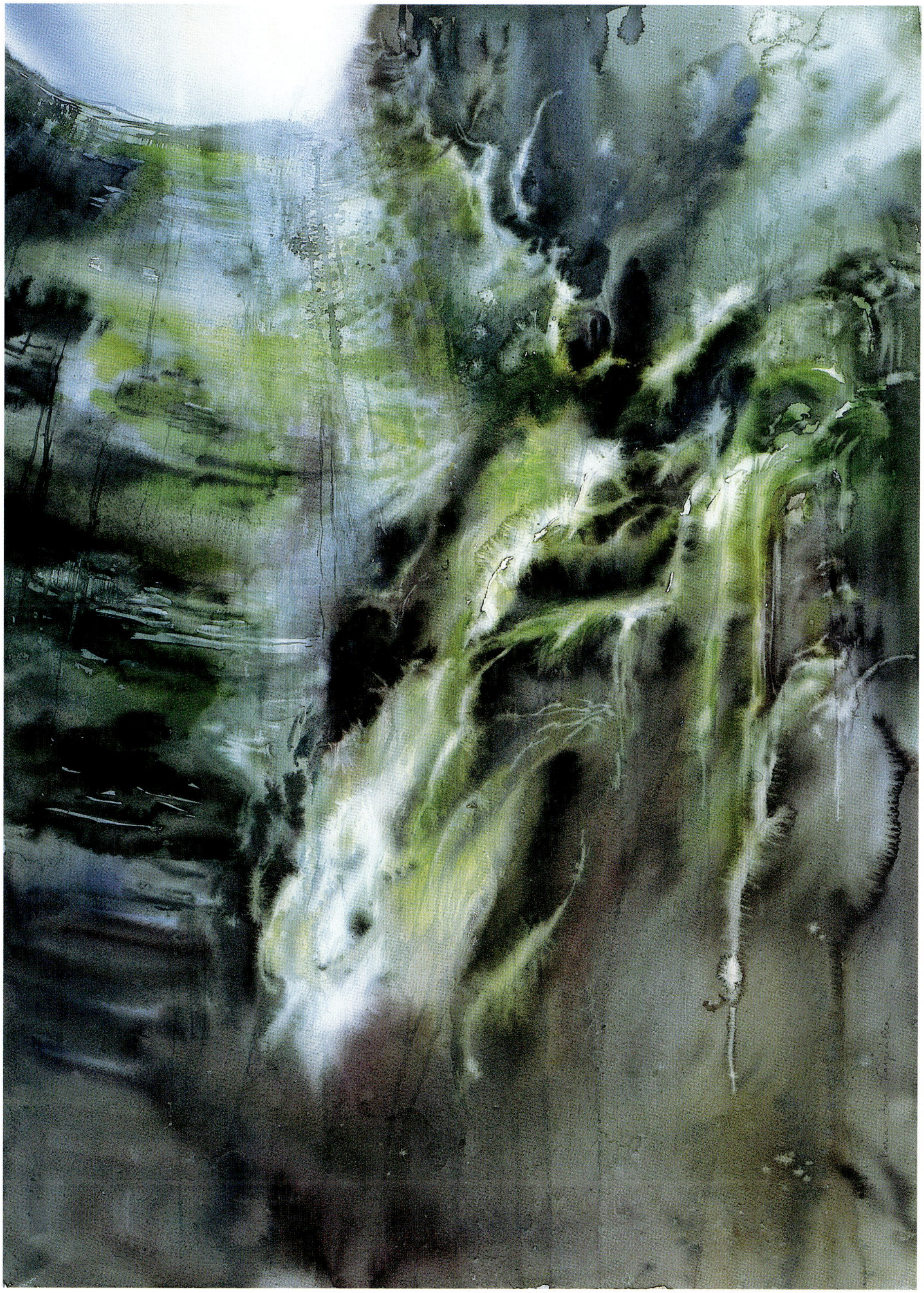

▲ *Le gouffre*, 72 x 100 cm.

16 Rendre flous les sertis en lisière de la surface mi-mate

Il s'agit du travail au « double pinceau ». Utilisez l'eau ou la couleur très diluée. Sans toucher le travail précédent, étendez une pellicule d'eau sur une zone quatre à cinq fois plus large que celle sur laquelle vous prévoyez le fondu, en un geste moyennement rapide. Ne chargez pas trop votre pinceau (l'utilisation d'une brosse synthétique peut simplifier le dosage). Exercez une pression relativement importante : c'est le milieu du ventre du pinceau qui distribue l'eau.

Les cycles d'eau doivent se dérouler de façon simultanée sur les deux surfaces. Quand le terrain est suffisamment préparé, rompez la digue : le bord s'estompe, fuse, le serti disparaît. Le contour devient flou. Cette phase du cycle de l'eau étant extrêmement courte, il ne faut surtout pas la manquer.

La suite du cycle de l'eau se déroule au 6, avec toutes les interventions possibles.

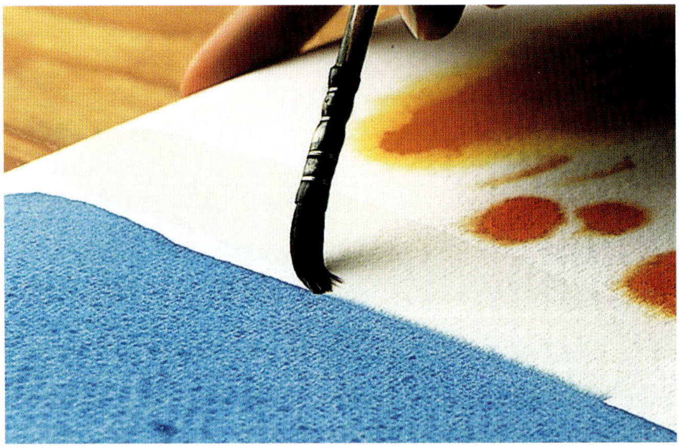

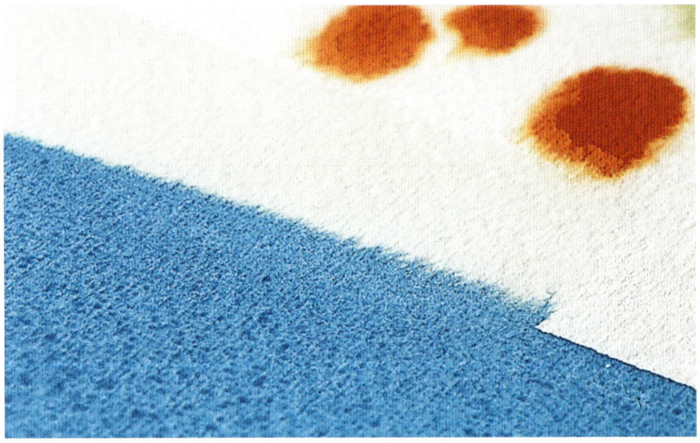

◀ Un pinceau chargé d'eau rompt le bord du serti.

17 Travailler en cloisonnant les teintes

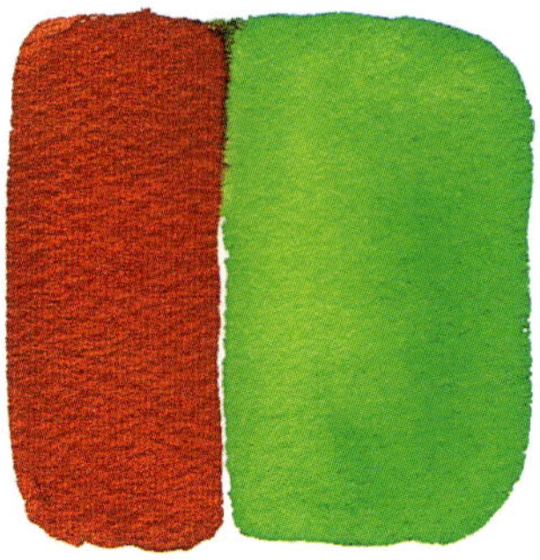

Lors de l'inondation partielle (cf.12), vous avez posé des lentilles de couleurs diluées ou crémeuses. Chacune des teintes a stagné, entourée de parcelles de papier sec, en passant par toutes les étapes du cycle de l'eau. Quand elles arrivent à l'étape de l'humidité mi-mate ou mate fraîche, un simple passage du pinceau humide crée la rencontre et la fusion des teintes. Parfois, il s'avère nécessaire d'insister un peu pour faire disparaître le serti déjà en place. Un exemple de ce travail est donné dans le pas à pas de la page 86.

18 « Dépigmenter » une surface sèche

Sachez qu'une goutte d'eau qui tombe et stagne sur un lavis suffit à éclaircir la surface peinte (surtout si le lavis est dense). Pour décolorer des surfaces plus importantes, placez la feuille sous un filet d'eau courante ou dans une baignoire, puis frottez délicatement.

Un nouveau cycle étant commencé, continuez au 4 ou achevez le cycle de l'eau au 8.

19 Humidifier le papier de nouveau sec pour superposer un glacis

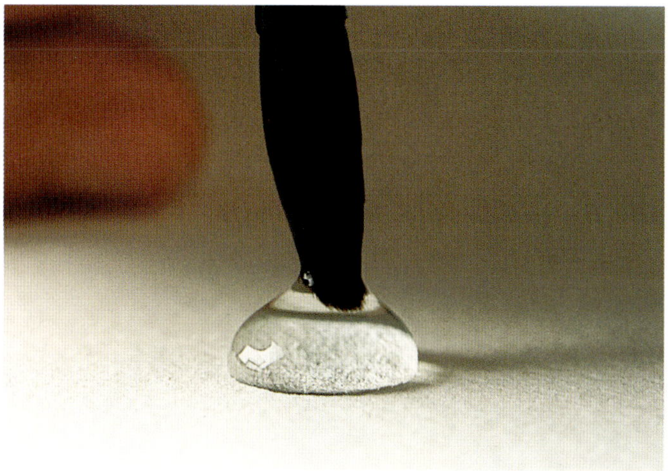

Posez une flaque d'eau sur un premier lavis déjà sec en un geste lent et large, sans hésitation, sans repentir.

Munissez-vous d'un gros pinceau « petit-gris ». Ne frottez pas la surface du papier (vous risqueriez de perturber les pigments des couches inférieures), mais conservez toujours une goutte d'eau entre la pointe du pinceau et le support. Reprenez à l'étape 1.

▶ *Le monstre végétal*, 46 x 61 cm.
Un léger glacis brun a été posé sur le fond en haut de la composition. L'épaisseur initiale en lentille d'eau sert à obtenir une surface sans perturbations. Le cycle de l'eau ainsi initialisé permet toutes les interventions appropriées.

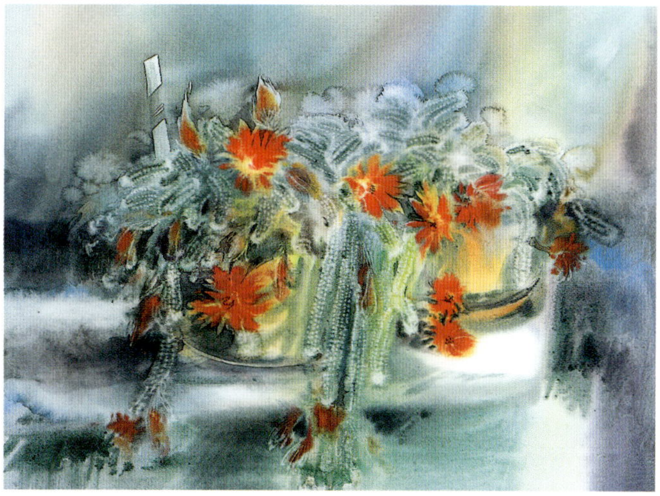

Tableau des effets

La vision intérieure que nous avons de notre sujet est généralement assez claire – parfois même très précise. Mais l'intuition ne suffit pas : comment obtenir sur le papier l'apparence de la matière que nous recherchons ? Ce tableau offre une synthèse des différents effets présentés tout au long de ce chapitre. Dans le feu de l'action, un simple coup d'œil sur ces pages vous indiquera le moment propice pour agir.

CHARGE DU PINCEAU

- IMPORTANTE
- MOYENNE
- FAIBLE
- TRÈS FAIBLE

DÉPOSER

SURFACE / DILUTION	MIROIR	BRILLANTE	MI-MATE	MATE-FRAÎCHE	MATE SÈCHE
DILUÉES			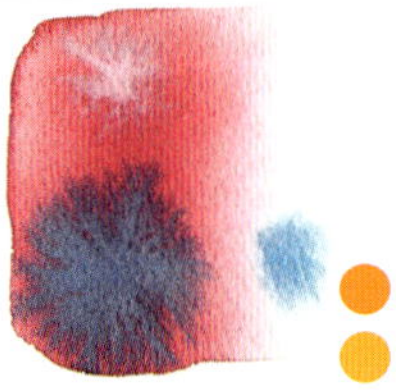	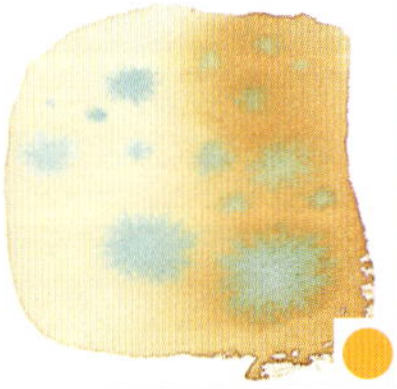	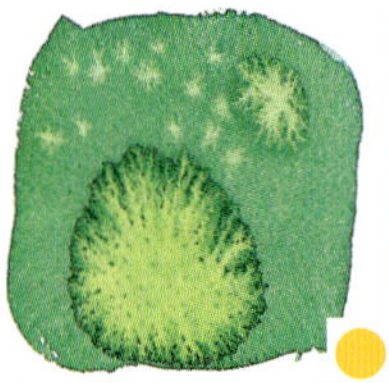
CRÉMEUSES			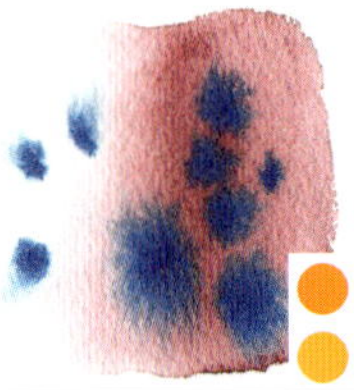	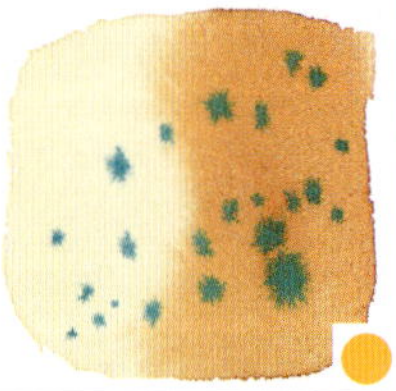	NON
PÂTEUSES	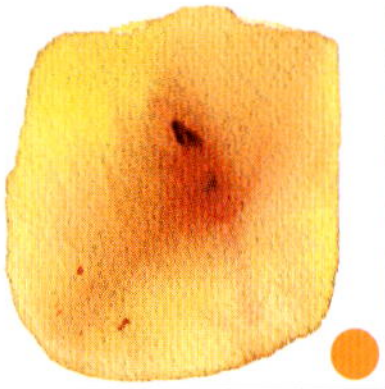	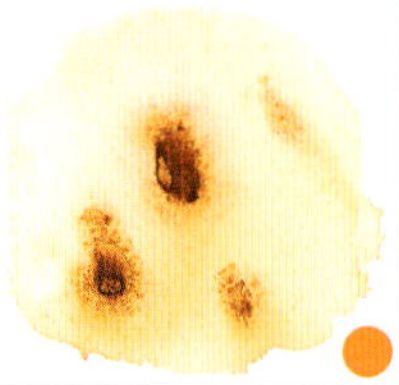	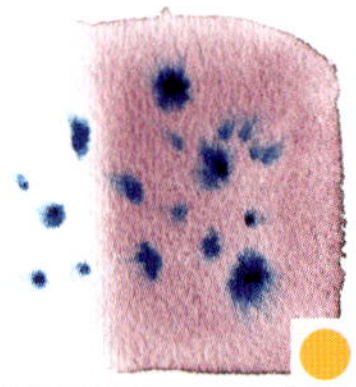	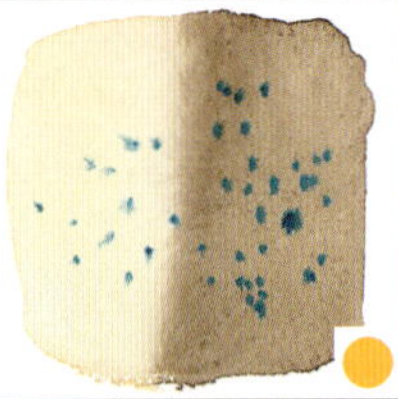	NON
EXEMPLE		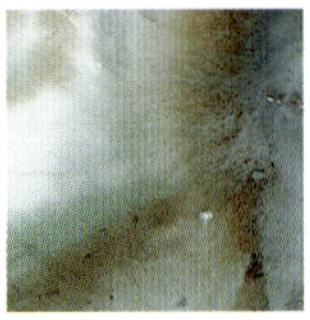 Page 112	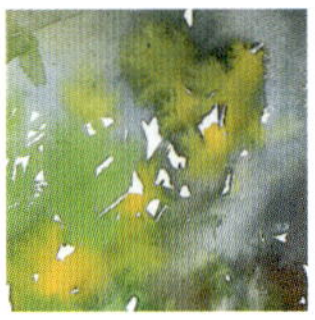 Page 122	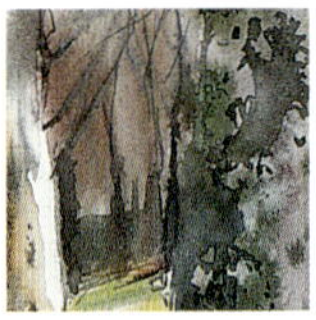 Page 69	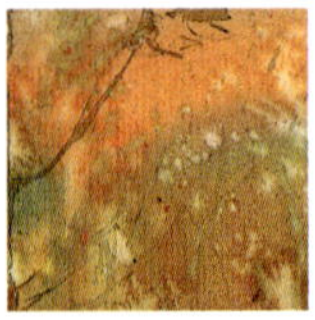 Page 120

RÉPARTIR PAR INCLINAISON

SURFACE / DILUTION	MIROIR	BRILLANTE	MI-MATE	MATE-FRAÎCHE	MATE SÈCHE
DILUÉES	INUTILE	INUTILE			NON
CRÉMEUSES	INUTILE		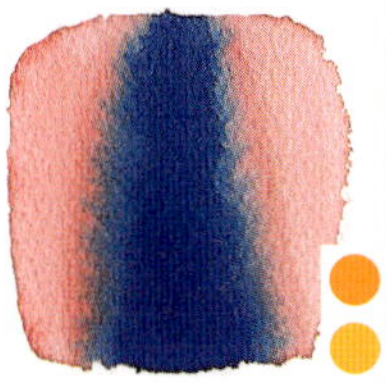	NON	NON
EXEMPLE		 Page 120	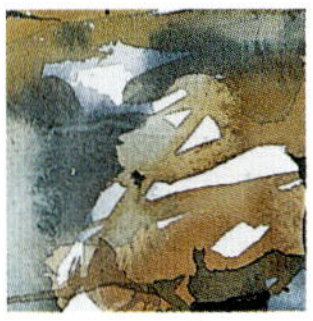 Page 104	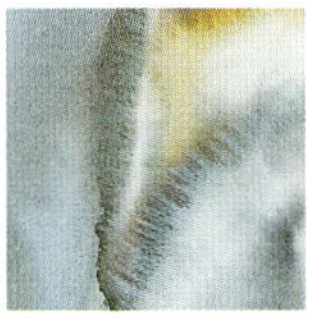 Page 100	

PATINER

SURFACE / DILUTION	MIROIR	BRILLANTE	MI-MATE	MATE-FRAÎCHE	MATE SÈCHE
DILUÉES	INUTILE	INUTILE	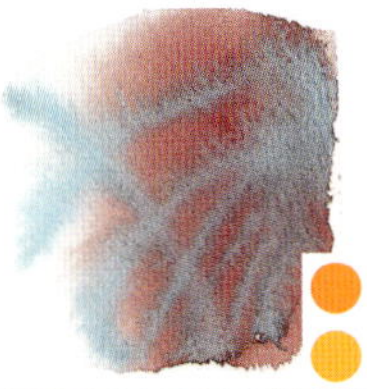		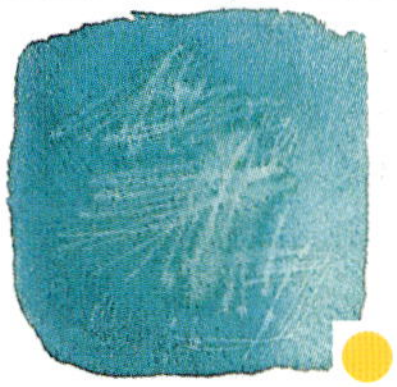
CRÉMEUSES	INUTILE	INUTILE	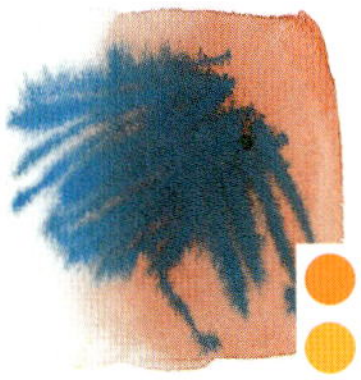	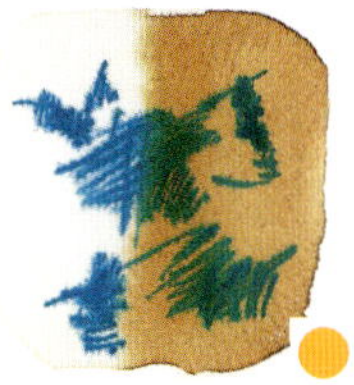	NON
PÂTEUSES			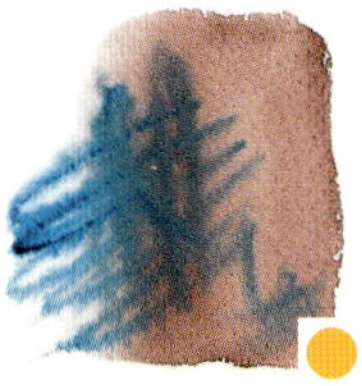	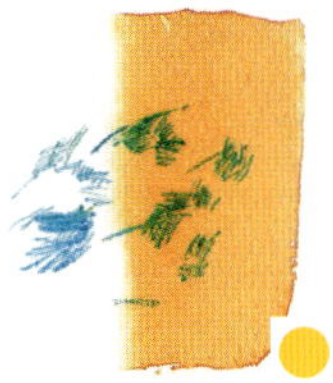	NON
EXEMPLE		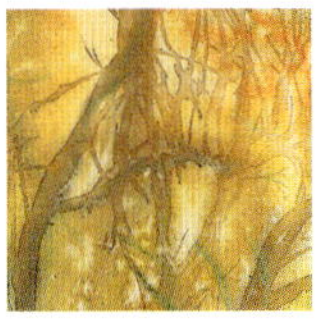 Page 120	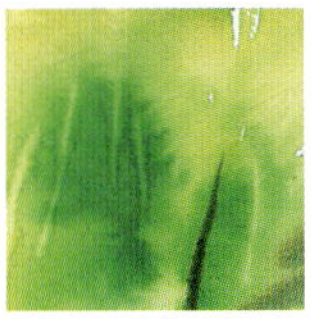 Page 116	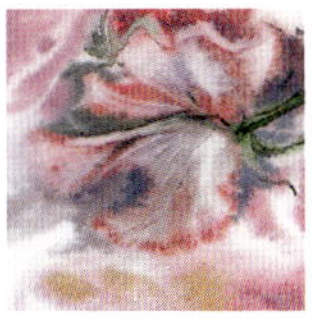 Page 118	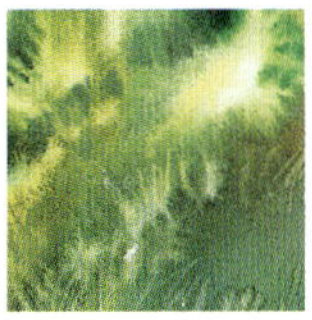 Page 102

GOUTTE EN LAISSE

SURFACE / DILUTION	MIROIR	BRILLANTE	MI-MATE	MATE-FRAÎCHE	MATE SÈCHE
DILUÉES	INUTILE	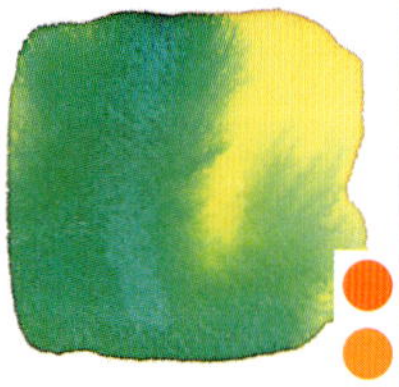		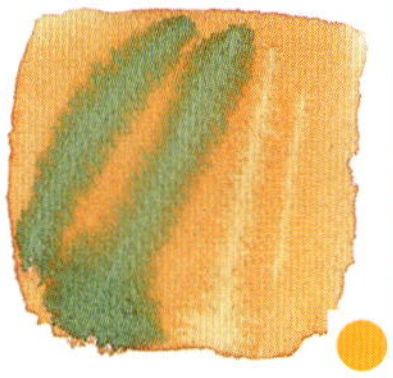	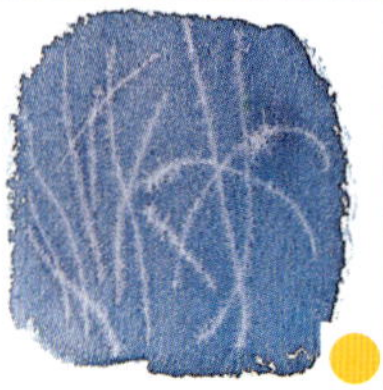
CRÉMEUSES		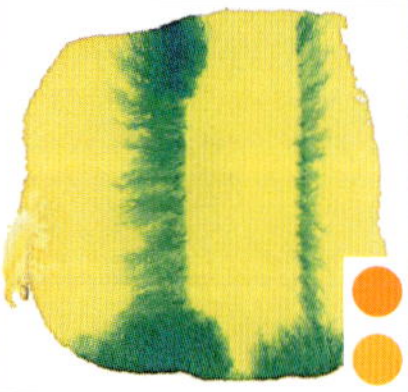	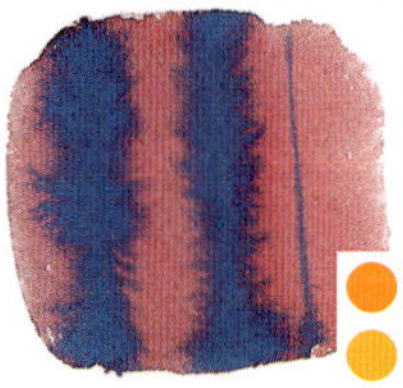	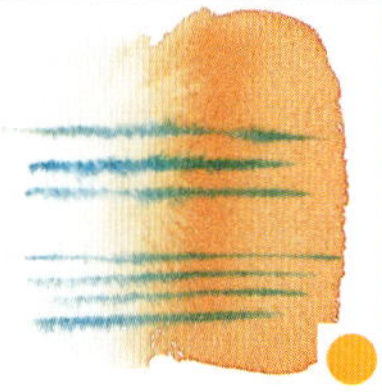	NON
EXEMPLE	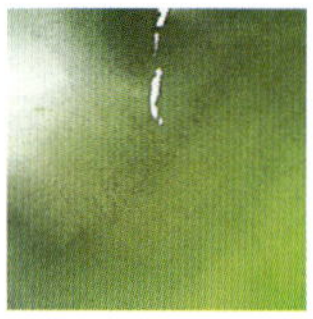 Page 116	 Page 100	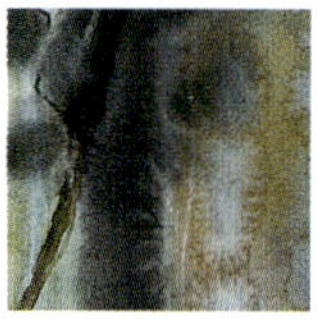 Page 122		

DESSINER

SURFACE / DILUTION	MIROIR	BRILLANTE	MI-MATE	MATE-FRAÎCHE	MATE SÈCHE
DILUÉES	INUTILE	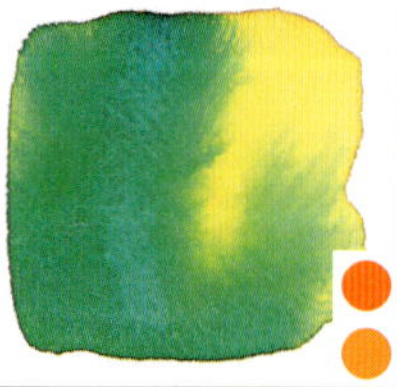	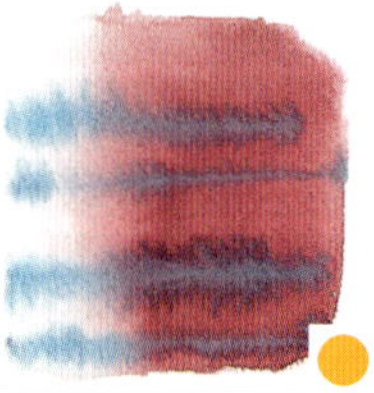	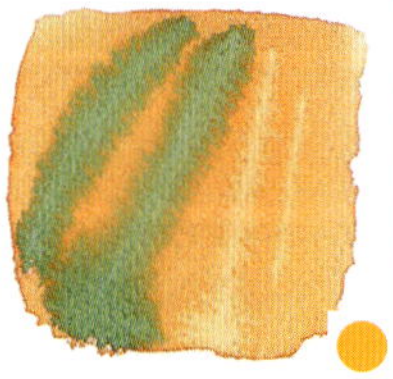	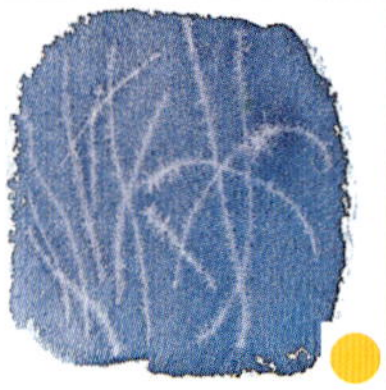
CRÉMEUSES		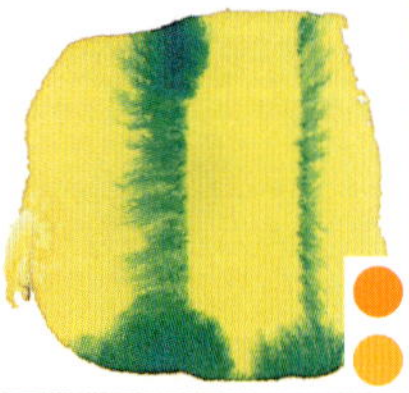	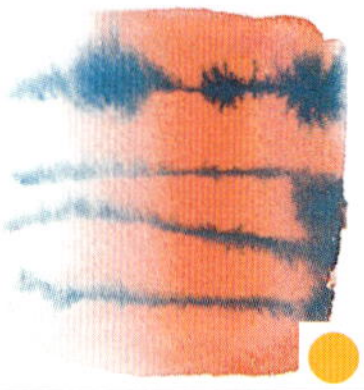	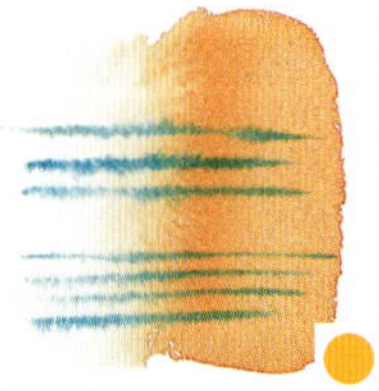	NON
PÂTEUSES	INUTILE	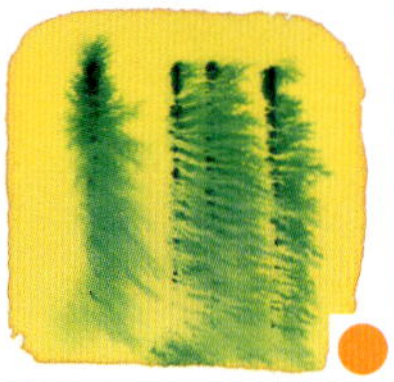	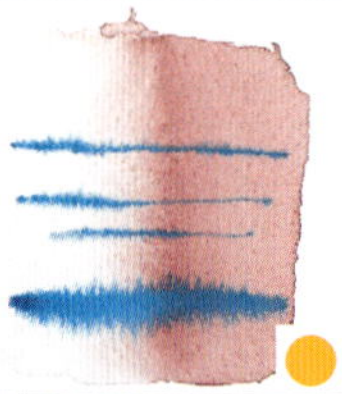	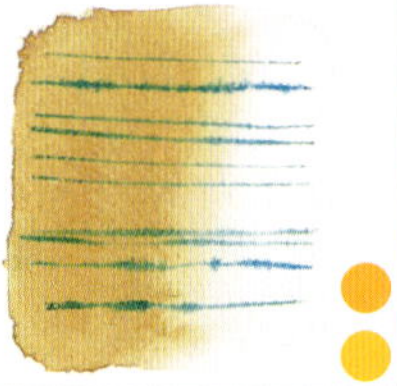	NON
EXEMPLE		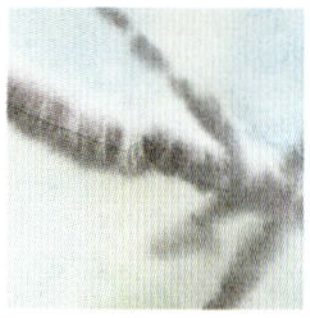 Page 106	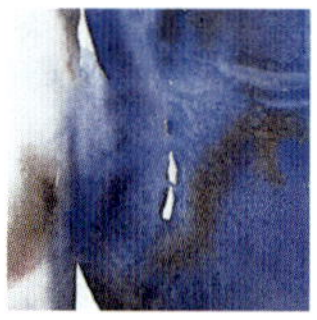 Page 110	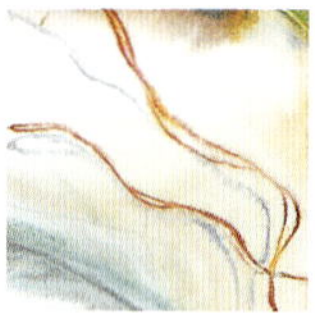 Page 100	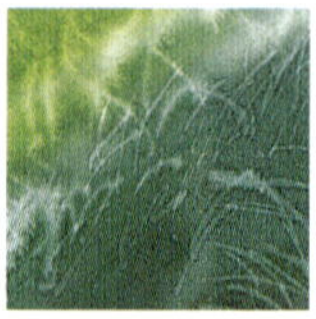 Page 102

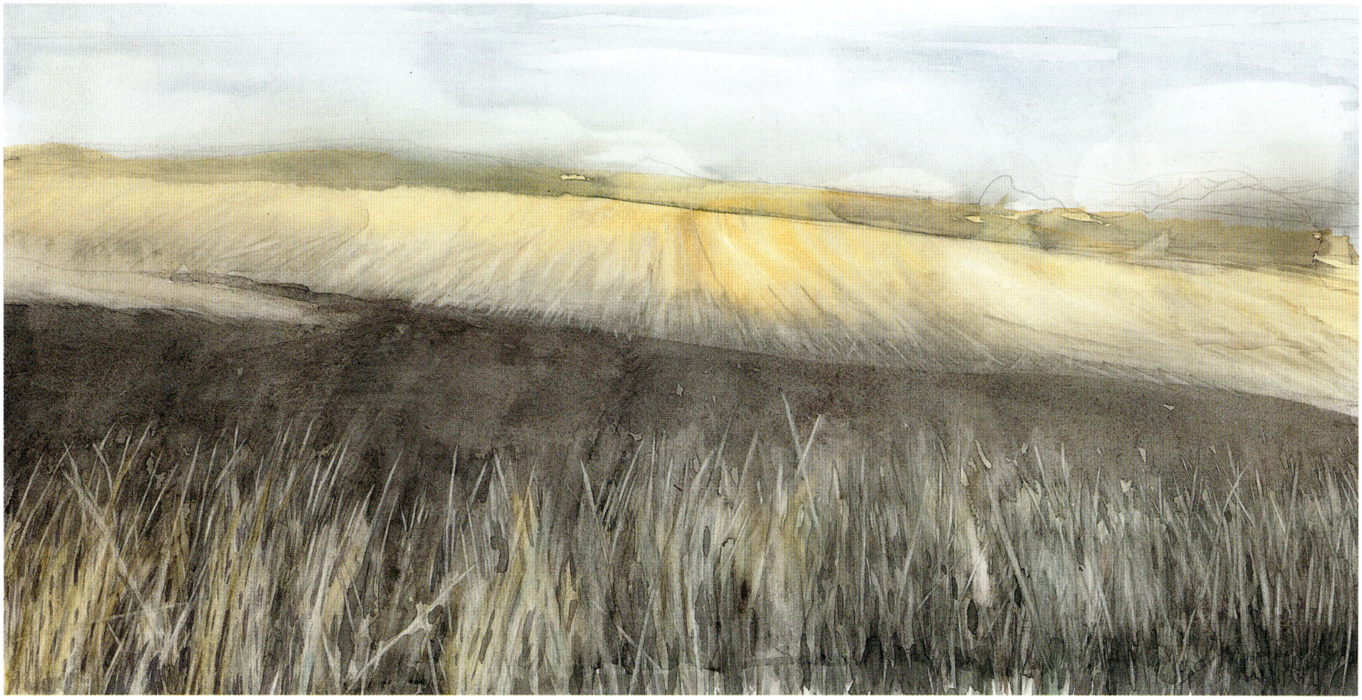

▲ **Dominique Dhervillez**, *Saint-Georges d'Espéranche, le champ labouré*

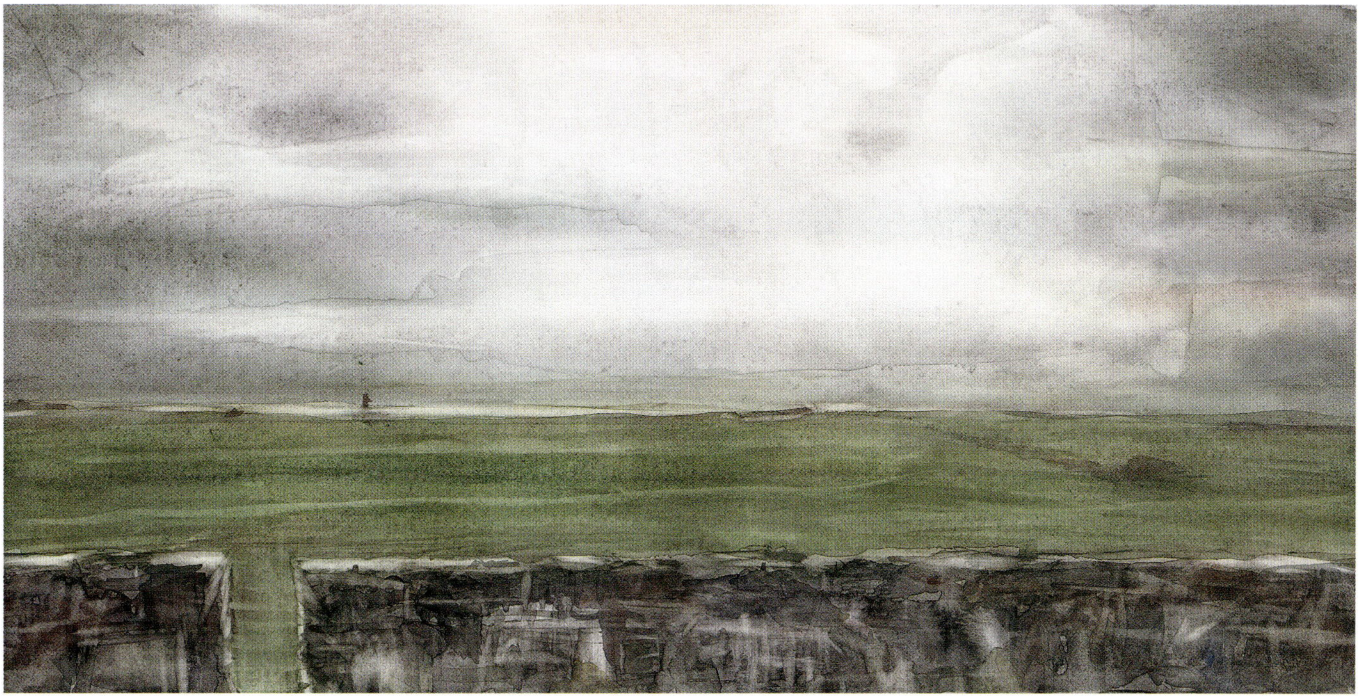

▲ **Dominique Dhervillez**, *Irlande, Galway*
Des compositions bâties autour d'horizontales : de grands lavis silencieux à dominantes de couleurs sédimentées où de vigoureux traits de brosse plate incisent et rythment la couverture pigmentaire.

VARIATIO

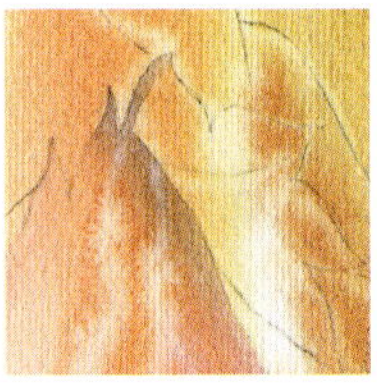

En observant avec attention le cycle de l'eau sur le papier, nous avons pu mettre en évidence les types d'intervention les mieux appropriés à l'état d'humidité du support. Mais il existe quantité de façons de concevoir un tableau : si vous choisissez de travailler en positif, vous ne mouillez le papier qu'aux endroits où vous déposerez de la couleur, jusqu'aux abords des contours du sujet ; si vous peignez en négatif, vous laissez le sujet en réserve et ne trempez que l'espace qui l'entoure. Vous pouvez également imbiber le support tout entier... Ces multiples possibilités d'intervention deviennent véritablement innombrables lorsque vous superposez deux lavis. L'incomparable richesse de cette technique vous apparaît alors...

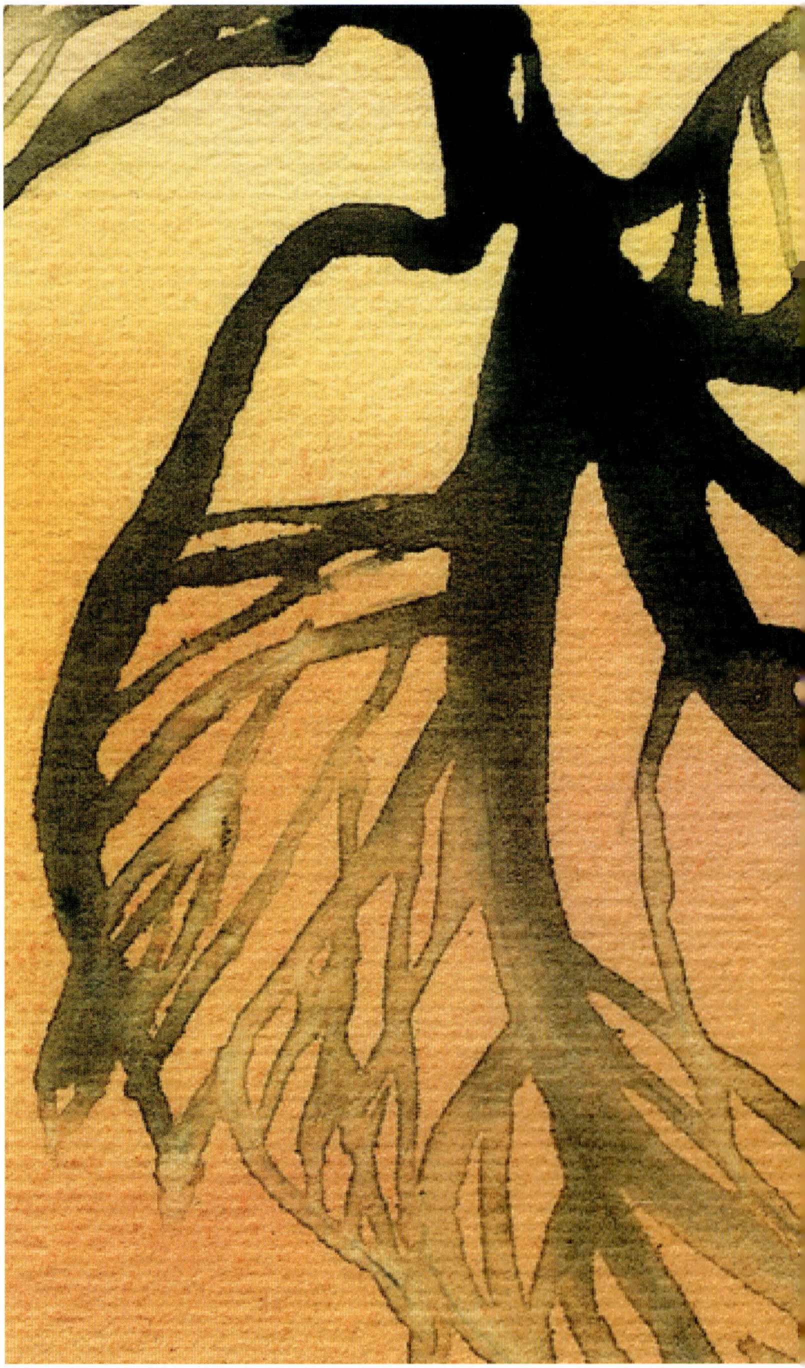

NS

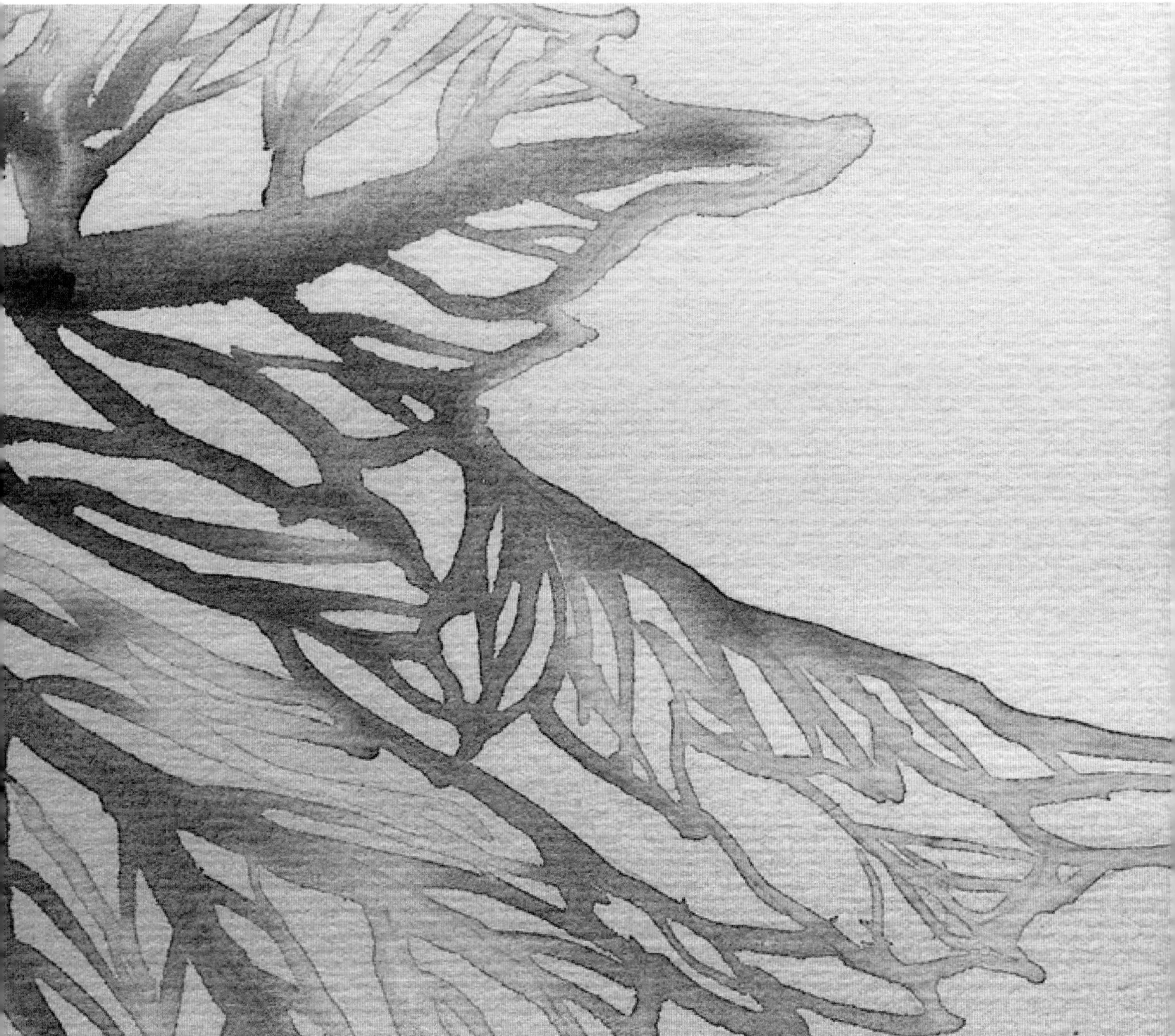

Surfaces humidifiées partiellement : travail en positif

Lorsque nous regardons un objet, nous en retenons par habitude le contour en premier. Pour représenter un sujet, sans doute est-il plus facile de commencer par sa silhouette. L'étendue des surfaces inondées étant limitée, vous apprivoiserez rapidement les flaques d'eau. Les numéros en grisé renvoient aux étapes expliquées au chapitre précédent.

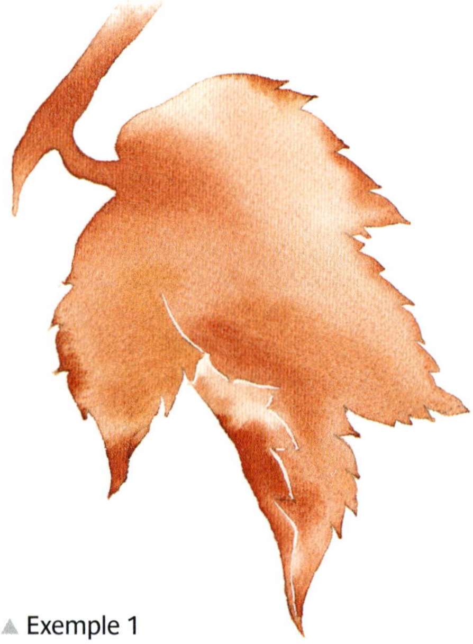

▲ Exemple 1

1^1 - 2 - 3 - 4

Dessinez la silhouette de votre sujet avec une goutte d'eau étirée. Alimentez-la, puis laissez stagner la flaque jusqu'à l'imprégnation complète du papier. Aspirez le surplus (15).

Déposez quelques gouttes d'une seule couleur (10), distribuez-les en inclinant le support puis aspirez le surplus (15). La dynamique de l'eau faiblissant peu à peu, certaines zones sont très pâles – voire totalement immaculées. Observez la fraîcheur des pigments déposés par sédimentation.

Terminez par 5 - 6 - 7 - 8.

▼ Exemple 2

1^2 - 2 - 3 - 4 - 15 - 10

La technique présentée à gauche permet aussi de travailler avec plusieurs couleurs (ici le jaune, le rouge et le vert de vessie). Observez les nuances qui se créent : le rouge et le jaune donnent de l'orange, le jaune et le vert de vessie un vert-jaune. Déposez vos couleurs l'une après l'autre, en tenant compte de la surface qu'elles occupent lorsqu'elles s'étalent dans l'humide : ne négligez pas l'espace que prend la fusion de deux teintes ! Plus la couleur est diluée, plus son expansion est grande.

Terminez par 15 - 5 - 6 - 7 - 8.

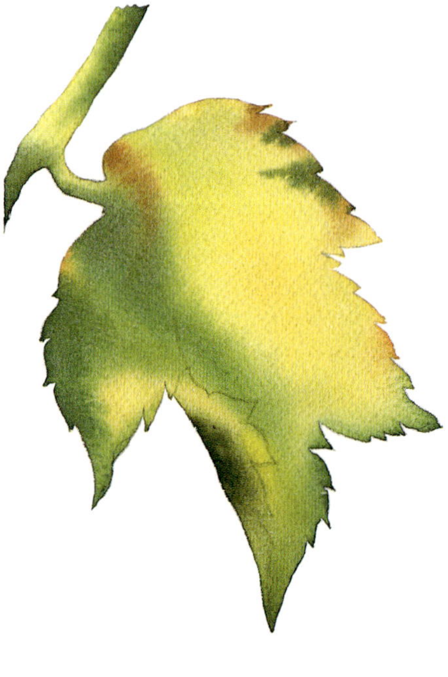

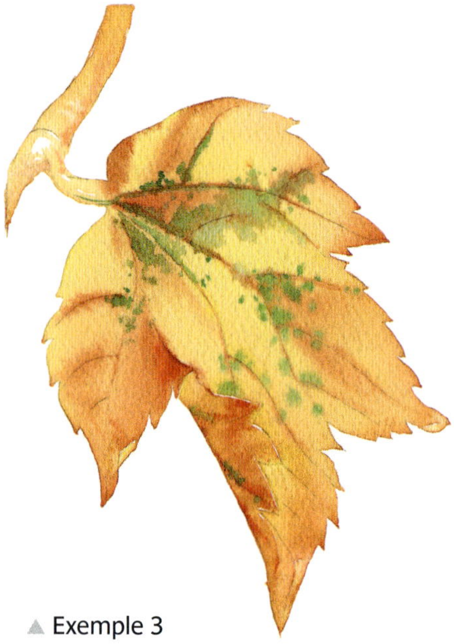

▲ Exemple 3

1^2 - 2 - 3

Préparez le papier. Appliquez un lavis jaune sur toute la surface de la feuille de vigne (9 - 4 - 5). Enrichissez votre teinte en injectant quelques touches de rouge qui, en se délayant, forment de délicates nuances orangées (11).

Au fur et à mesure du séchage (6), détaillez les nervures avec un pigment de plus en plus concentré (12). Posez quelques taches vertes juste avant que les pigments ne puissent plus s'étaler. Terminez par le 7 et le 8.

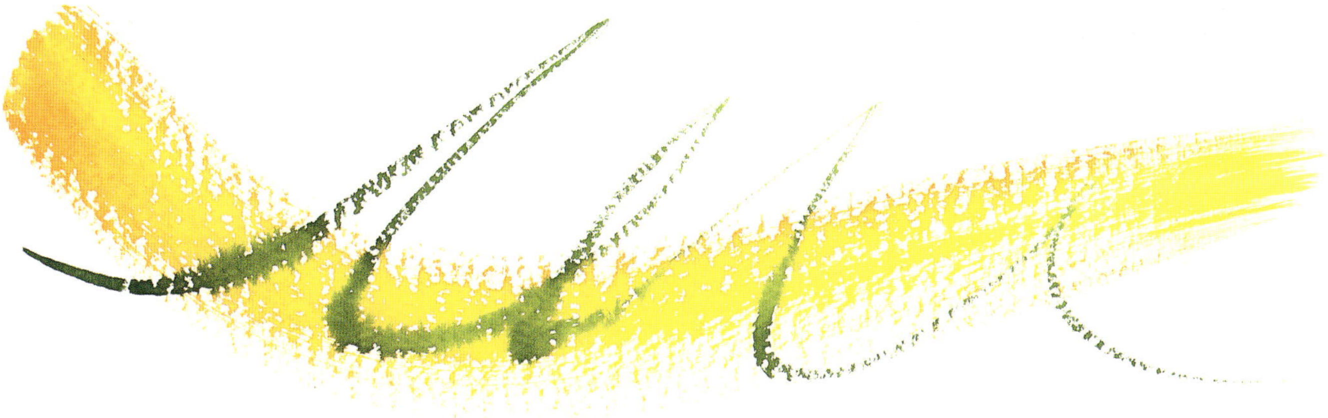

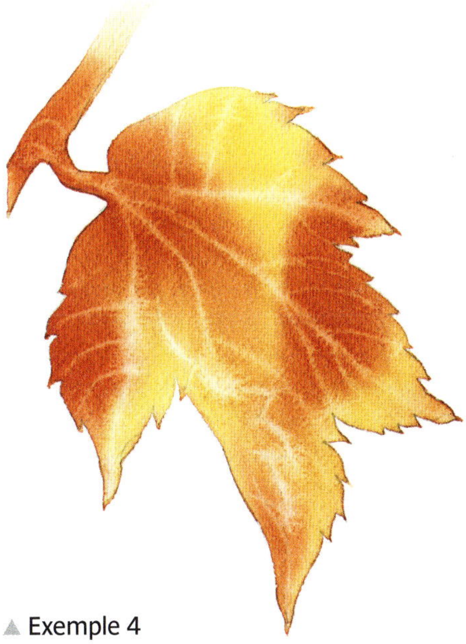

▲ Exemple 4

1^2 - 2 - 3 - 4

Débutez comme précédemment : distribuez le lavis de couleur jaune sur toute la surface de la feuille de vigne, mais en inclinant cette fois-ci le support (9 - 4). Posez le rouge en conduisant votre couleur « en laisse » (10 - 5 - 6). Placez quelques fines auréoles volontaires quand le lavis entre dans l'humidité mate fraîche (12 - 7) ; vous avez atteint la fin du cycle d'eau (8). Comparez le résultat avec celui du travail sur la surface entière.

▼ Exemple 5

1^2 - 2 - 3 - 4 - 10

L'apport, à l'humidité mate (5), d'une grosse goutte d'eau distribuée linéairement provoque un ravinement des pigments (14 - 6). Terminez par de fines auréoles (12 - 7 - 13) qui intègrent la zone ravinée au lavis mat sec environnant. Achevez par 8.

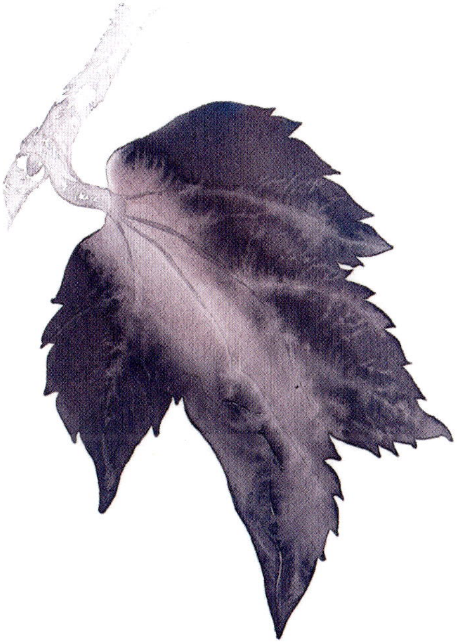

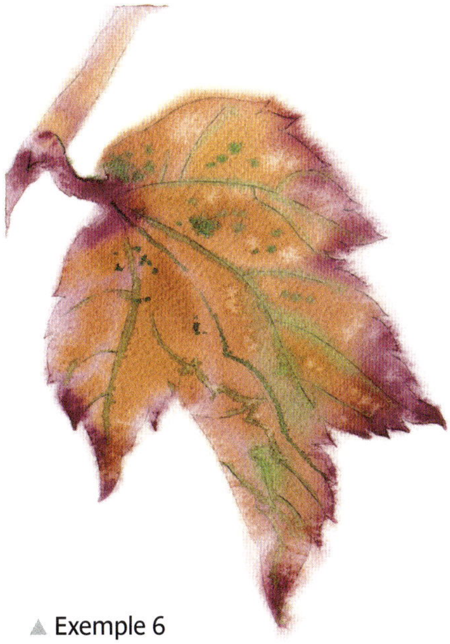

▲ Exemple 6

1^2 - 2 - 3 - 4 - 10

Il s'agit de travailler la couleur (rose, orange, magenta) à l'intérieur de la surface en l'accompagnant jusqu'à l'humidité mi-mate (5). Utilisez la technique du double pinceau sur les bords (16 - 11 - 6). Sur la surface mate fraîche, précisez quelques détails (les nervures, les taches vertes…) en employant les pigments denses en petite quantité (12). Votre papier entre alors dans un stade d'humidité mate sèche : il est temps d'ouvrir des auréoles volontaires (7 - 13). Terminez votre travail (8).

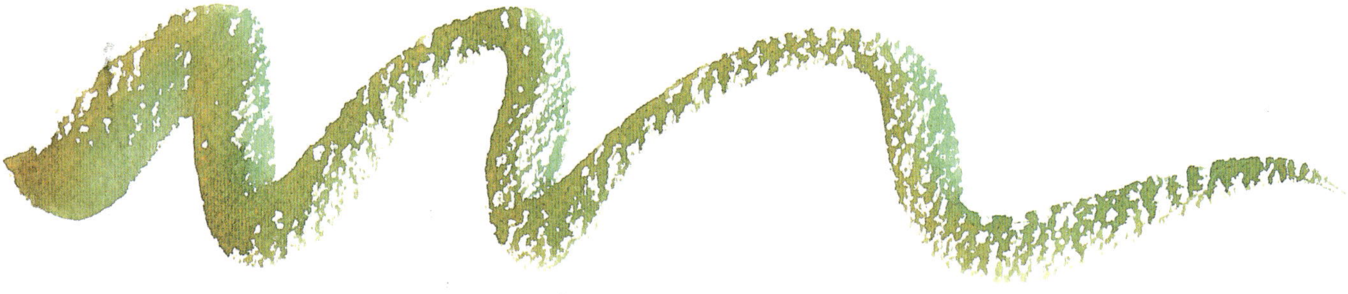

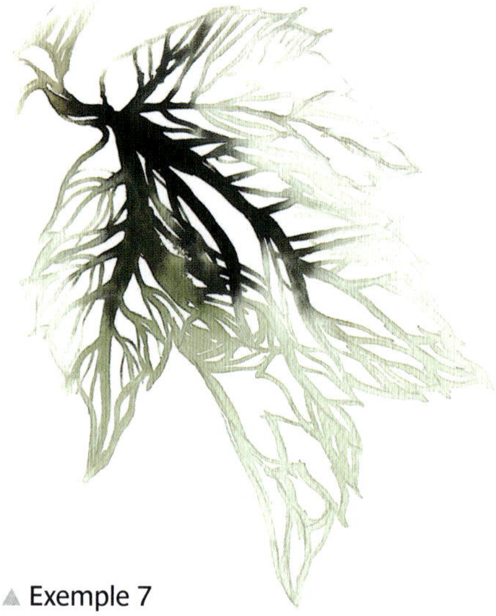

▲ **Exemple 7**

1.1 - 2 - 3 - 4

Dessinez à l'eau pure sur la surface sèche de votre support les nervures et les contours de la feuille. Ces lignes qui s'entrecroisent forment une sorte de réseau, un lacis. Injectez une goutte nourrie de pigment crémeux à un endroit précis, puis distribuez-la en inclinant légèrement le support (10).
Terminez par 5 - 6 - 7 - 8.

▼ **Exemple 8**

1.1 - 2 - 3 - 4 - 10 - 5 - 6

Procédez de la même manière que précédemment, mais en injectant également de l'eau pure dans les canaux que vous avez créés (12 - 7 - 8).

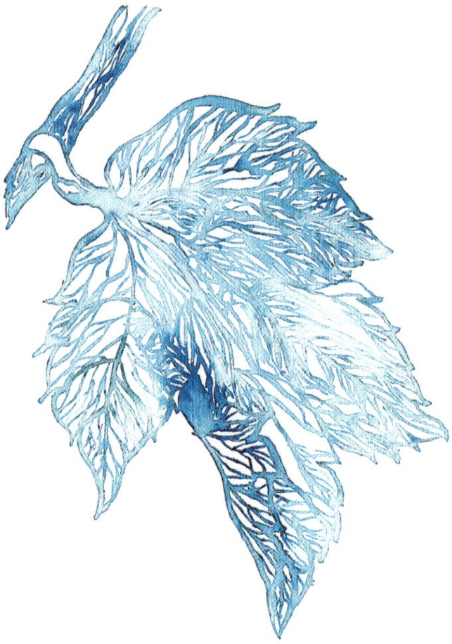

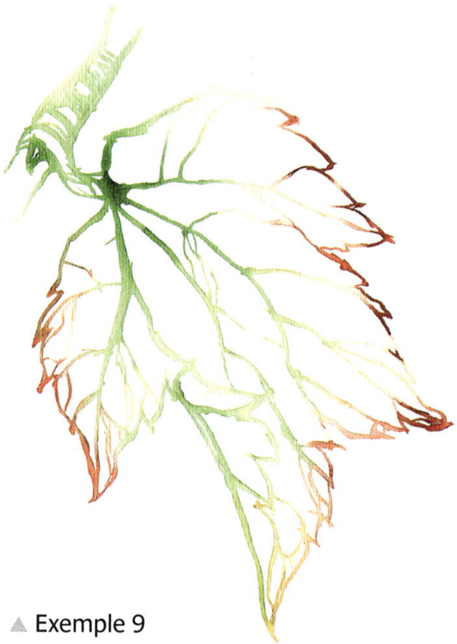

▲ **Exemple 9**

1.1 - 2 - 3 - 4 - 5

Travaillez avec plusieurs pigments. Ils ne fusent que dans des « cordons d'eau » (11).
Terminez par 6 - 7 - 8.

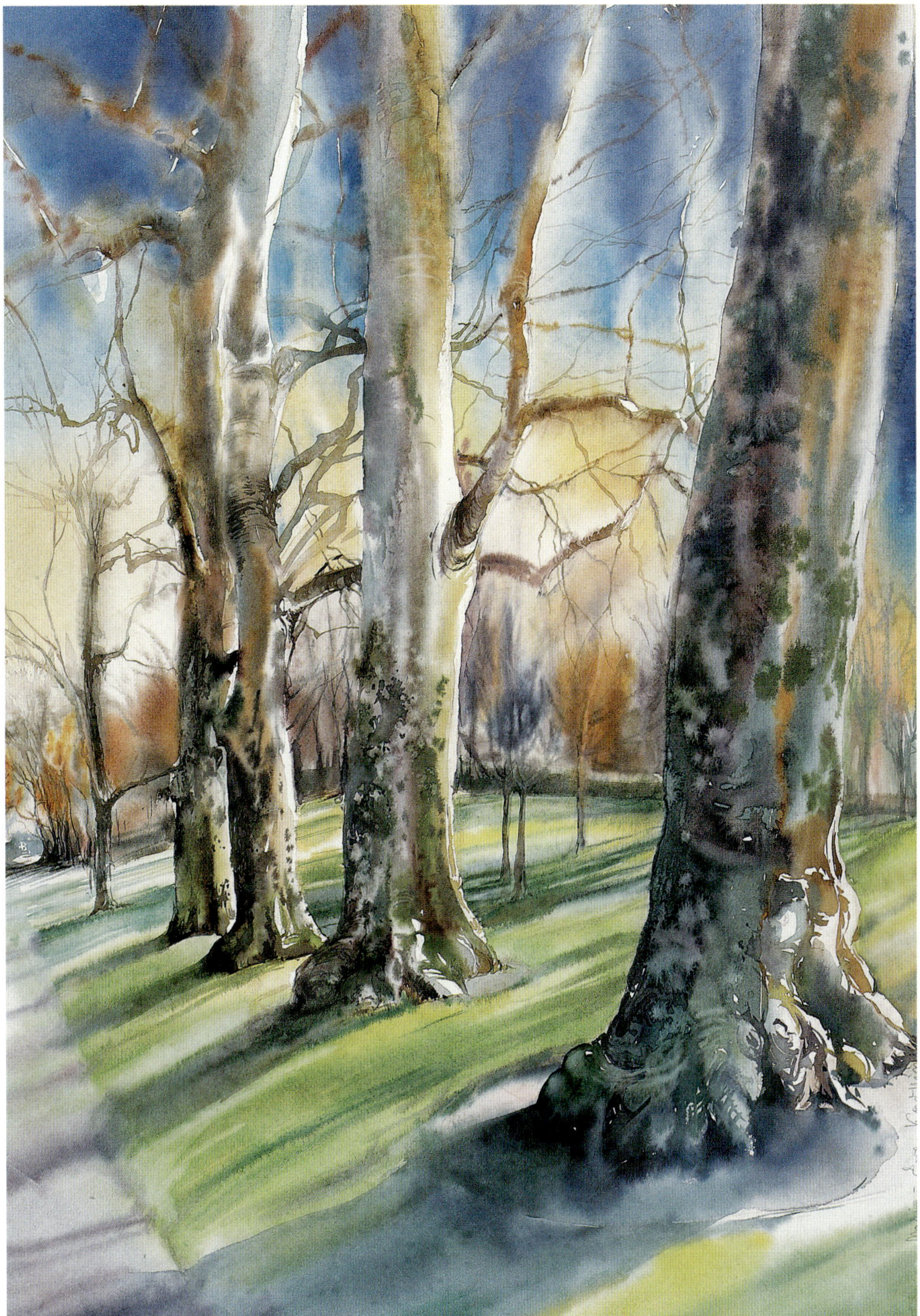

▲ *Platanes au parc du Raincy*, 61 x 40 cm
Dans une même aquarelle coexistent différentes solutions techniques :
elles peuvent se superposer, se chevaucher partiellement ou se toucher. Il faut veiller à rendre les jonctions entre elles invisibles, car seule compte l'unité de l'œuvre.
Aidé par les « Variations », essayez de découvrir quel traitement a été destiné à chaque parcelle du tableau...

Surfaces humidifiées partiellement : travail en négatif

Si peindre le négatif de formes simples s'avère relativement facile, travailler des éléments très détaillés (des brins d'herbe, par exemple) devient franchement ardu ! Cette façon d'aborder le sujet demande avant tout une éducation du regard. L'expression s'en trouve considérablement enrichie.

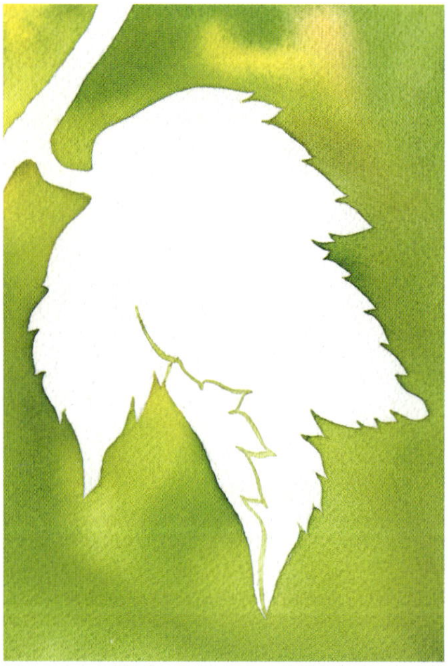

▲ Exemple 1

1^2 - 2 - 3 - 4 - 10

Le sujet est peint « en négatif », c'est-à-dire que sa silhouette apparaît en réserve sur un fond coloré. Les pigments sont distribués par inclinaison du support et par fusion. Le serti continu du contour donne un aspect un peu dur à l'ensemble : l'image manque d'unité, de finesse. Mieux vaut chercher une meilleure correspondance entre le sujet et l'arrière-plan. Terminez par 5 - 6 - 7 - 8.

▼ Exemple 2

1^2 - 2 - 3 - 4 - 10 - 5

Pour créer plus d'unité, employez la technique du double pinceau (16). Veillez à ce que la surface du lavis ait la même brillance à contre-jour que la surface de la zone humidifiée. Attention à l'abondance d'eau dans cette zone : elle provoque une fusion inverse, c'est-à-dire des auréoles. Terminez par 6, 7 et 8.

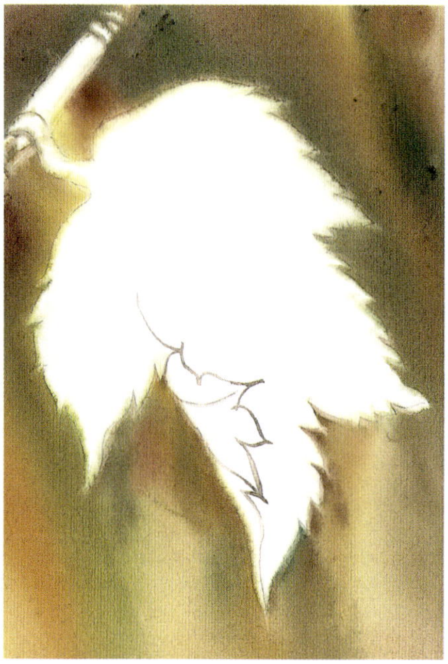

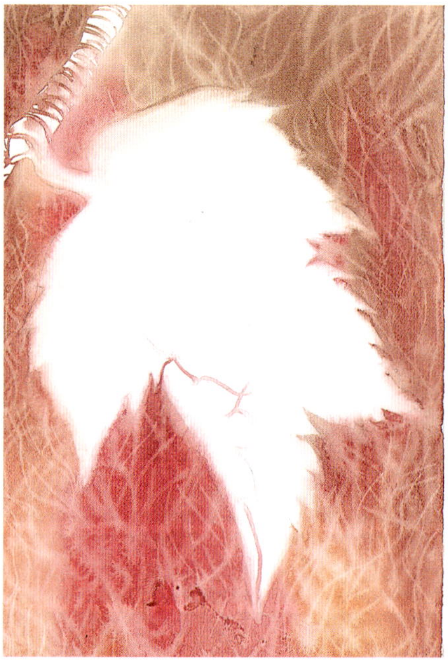

▲ Exemple 3

1^2 - 2 - 3 - 4 - 10 - 5

Préparez votre travail comme précédemment. Faites fuser le serti du bord (16 - 6). Animez l'espace entourant votre sujet par les auréoles volontaires (12 - 7 - 13 - 8).

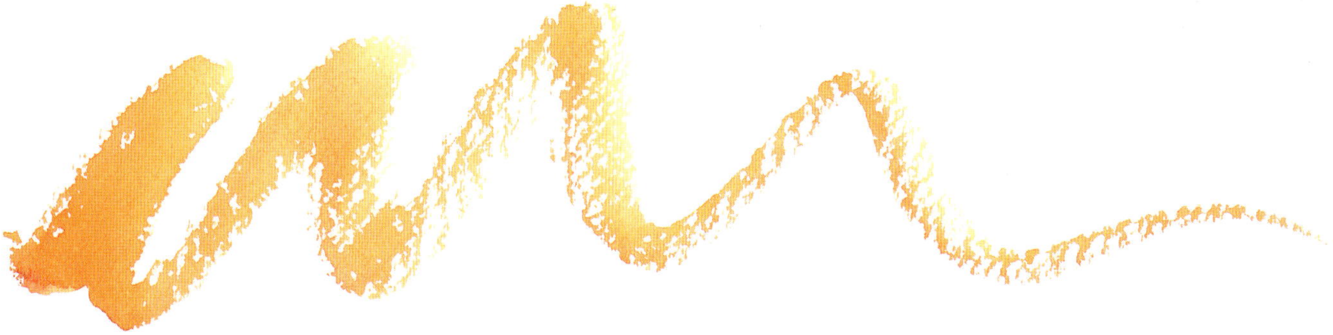

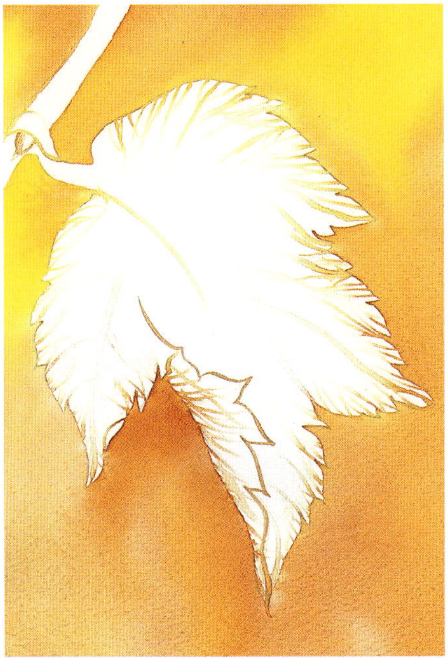

▼ Exemple 5

1^2 – 2 – 3 – 4

Préparez le papier en humidifiant le négatif de votre sujet et en faisant déborder votre flaque au-delà du contour (pour préparer la fusion des bords). Attendez patiemment que la surface soit uniformément mi-mate (5).

Commencez à peindre sur les extérieurs avec des couleurs pâteuses, en laissant suffisamment d'espace entre les différents graphismes pour que les fusions ne se rejoignent pas entièrement (11). Posez les couleurs le long des contours du sujet (6 – 7). Séchez tout (8).

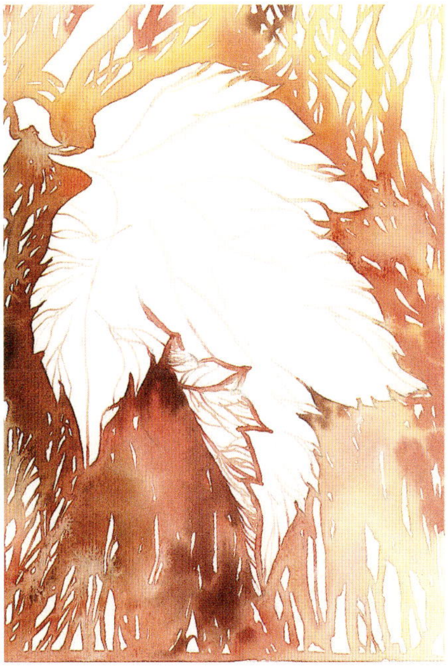

▲ Exemple 4

1^2 – 2 – 3 – 4 – 10 – 5

Travaillez de la même manière que précédemment. Quand votre lavis entre en phase mi-mate, faites-le correspondre avec les graphismes en « cordon d'eau » (11). Observez la migration du pigment pendant le séchage : plus le lavis initial abonde en eau, plus l'espace de fusion doit être large, donc plus les cordons d'eau déposés doivent être longs. Contrôlez l'équilibre entre l'eau apportée et celle présente dans le lavis : si vous en déposez trop, vous risquez de créer des auréoles – soit une fusion partant dans le sens inverse de celui que vous escomptez.

Terminez par 6, 7 et 8.

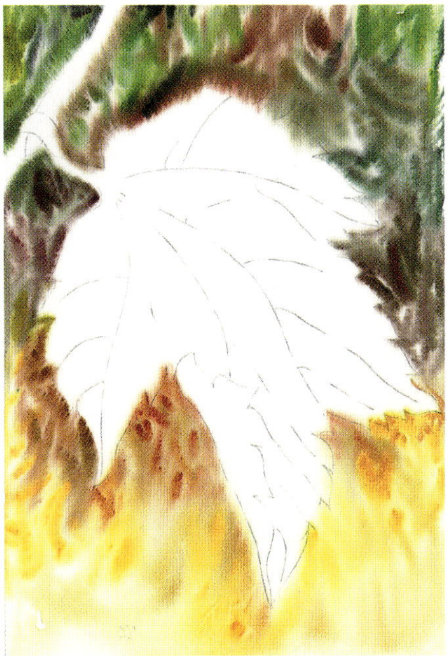

▲ Exemple 6

1^1 – 2 – 3 – 4

Préparez votre papier en posant des graphismes sur la surface sèche. Ces lignes qui s'entrecroisent forment une sorte de lacis. Déposez des gouttes de peinture crémeuse, distribuez-les par inclinaison, aspirez le surplus (10 –15). Terminez par 5 – 6 – 7 – 8.

Surfaces humidifiées entièrement

La préparation du fond est identique dans tous les exemples qui suivent : il s'agit de créer une sorte d'ambiance colorée, résultat de la fusion de plusieurs couleurs. Les compositions diffèrent suivant la quantité d'eau utilisée lors de la phase finale du travail. Attention, souvenez-vous que l'action de l'eau n'est pas immédiate.

▲ Exemple 1

1^3 - 2 - 3

Mouillez la totalité de votre papier à l'eau pure. En attendant son imprégnation, préparez vos couleurs crémeuses. Appliquez vos teintes sur le papier brillant (4 – 10). Inclinez votre support : le jeu de la gravitation distribue les pigments. Vous obtenez des surfaces colorées importantes. Stabilisez votre lavis en aspirant le liquide en surplus (15).

Pour nuancer la surface par de larges fondus, conduisez la couleur « en laisse » (10). Attendez patiemment (5 – 6 – 7), puis séchez tout (8).

▼ Exemple 2

1^3 - 2 - 3 - 4 - 10 - 15

Travaillez la surface de la même façon que précédemment. À la fin du cycle, le lavis entre dans une phase d'humidité mate sèche (5 – 6 – 7). Dessinez alors à main levée, avec une eau à peine teintée ou à l'eau pure, les nervures et les contours de la feuille (13). Utilisez de petites quantités d'eau, suffisantes toutefois pour repousser les pigments et révéler le sujet. Attention : il est facile de laisser passer le « bon moment » par inadvertance ! Le travail est enfin sec (8).

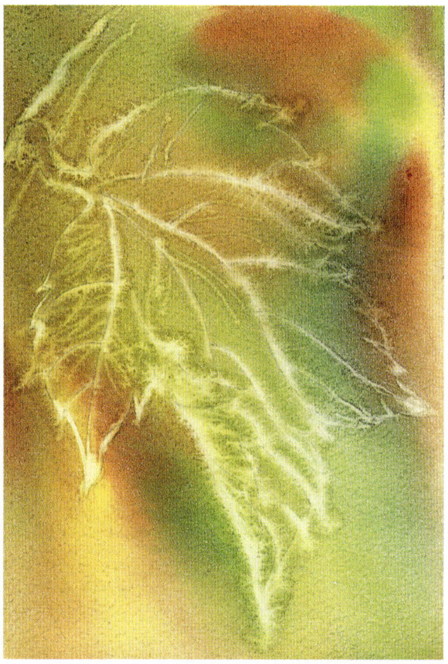

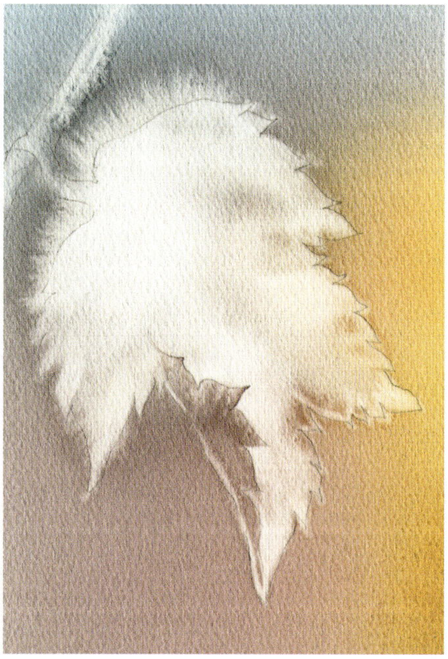

▲ Exemple 3

1^3 - 2 - 3

Appliquez les couleurs (9), stabilisez le lavis (4 – 5) puis repoussez les pigments à l'aide d'une abondante goutte d'eau teintée ou non (14). Cette goutte dessine la silhouette de votre sujet en positif. Quand elle atteint la dimension et la forme souhaitées, essorez rapidement le pinceau et aspirez le surplus d'eau (15 – 6).

Affinez le dessin (12) en employant au fur et à mesure de moins en moins d'eau. De cette manière, vous équilibrez le lavis initial et l'apport secondaire. Terminez le cycle d'eau (7 et 8).

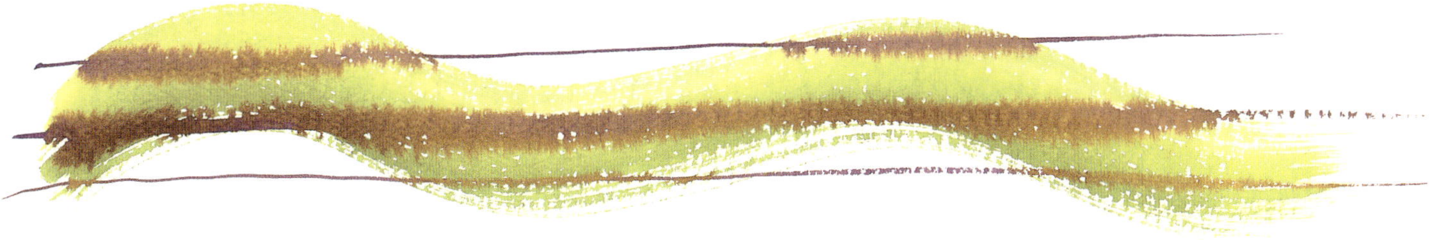

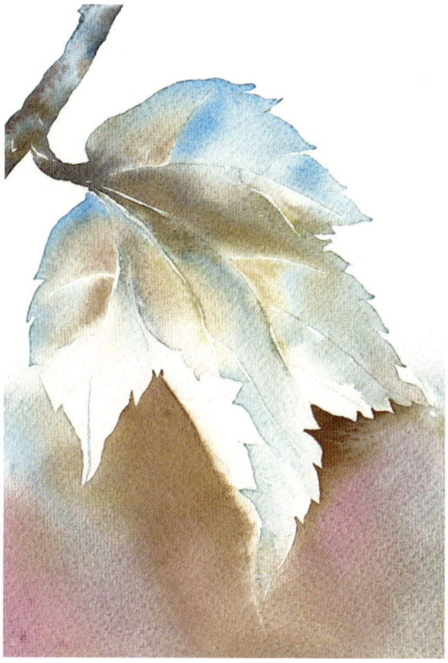

▲ Exemple 4

1^2 - 2 - 3 - 9 - 4 - 10

Le sujet est travaillé pour une part en positif (avec quelques réserves très fines le long des nervures de la feuille), pour l'autre en négatif. La jonction des deux parties est rendue harmonieuse par l'emploi du « double pinceau » au stade mi-mat (5 - 16). Nuancez les teintes (11 - 6). Terminez par 7 et 8.

▼ Exemple 5

1^2 - 2 - 3 - 9 - 15 - 4 - 10 - 5

Cette fois-ci, la séparation entre le positif et le négatif est réduite à quelques fines réserves de papier sec sur le contour. Les zones épargnées plus importantes présentent un bord continu (serti) et un autre estompé au « double pinceau » (16).

Lors de cette opération, la surface du papier a atteint l'humidité mate fraîche (6) ; il est temps d'employer des pigments denses (10 - 11) pour apporter les précisions en graphismes fondus : les nervures, les taches, etc. (12). Terminez par 7 et 8.

Notez les correspondances entre le lavis du négatif et celui du positif : la forme de la feuille demeure malgré tout bien lisible ! L'unité de la surface est soulignée par des fusions fraîches et sans ruptures.

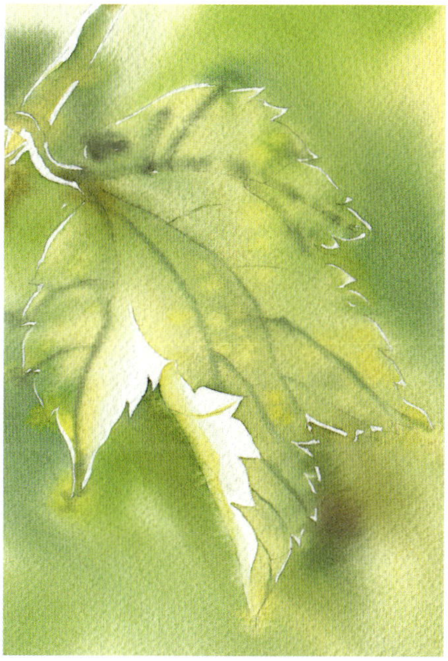

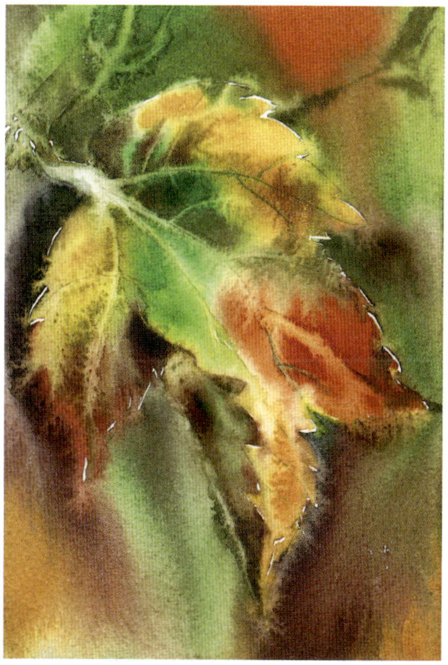

▲ Exemple 6

1^2 - 2 - 3 - 9 - 15 - 4 - 10 - 5 - 6

Travaillez de la même façon que précédemment, en utilisant cette fois-ci une plus grande quantité de couleur, puis posez quelques auréoles volontaires (12). Le serti autour de l'auréole volontaire en haut à gauche montre bien la fin des possibilités d'ouverture. Terminez le cycle d'eau en séchant tout le travail (7 - 8).

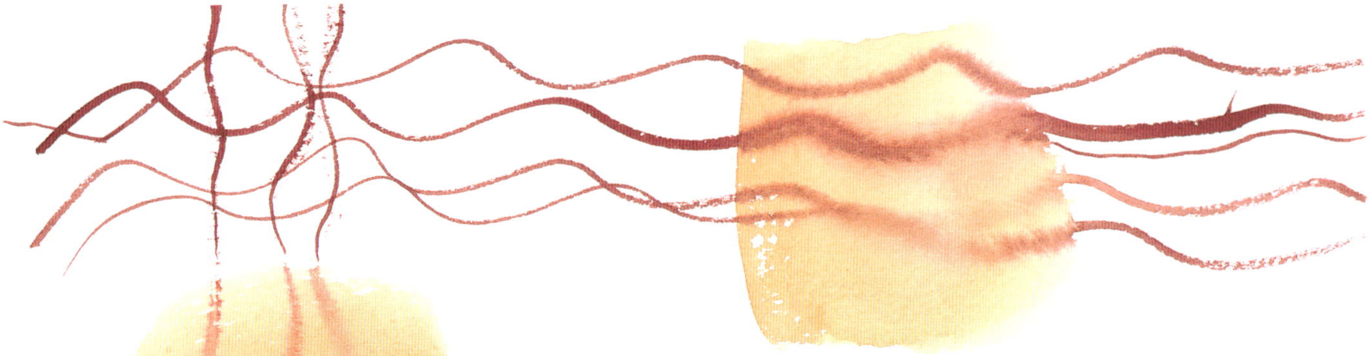

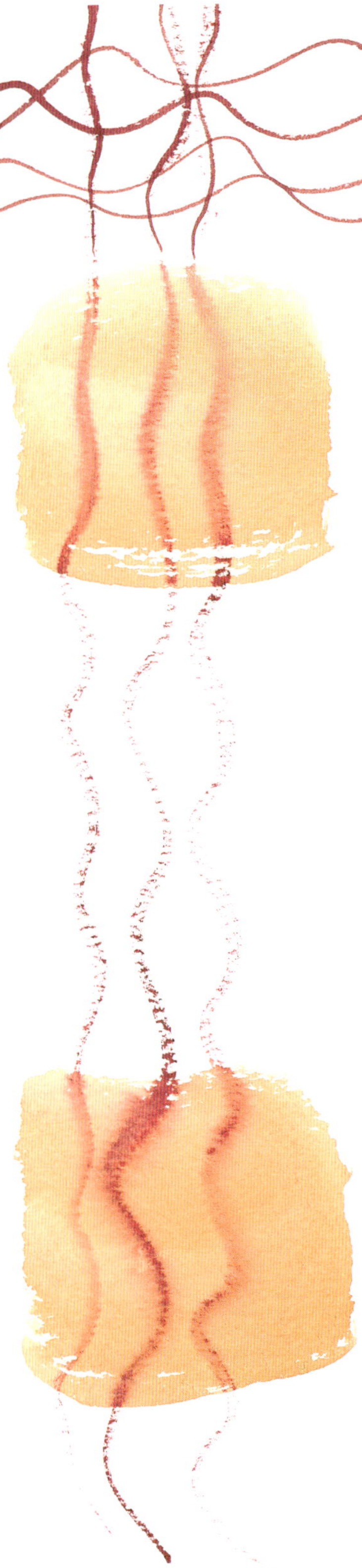

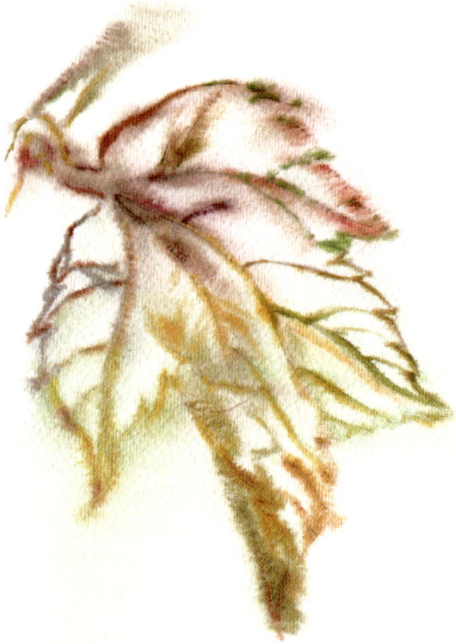

▼ Exemple 8

1^3 - 2 - 3 - 4

Humidifiez votre papier à l'eau pure. Attendez son imprégnation, puis évacuez le surplus d'eau. La surface de votre papier est brillante. Appliquez les couleurs en les conduisant « en laisse » (10). Asséchez ensuite vos mélanges pour obtenir des graphismes fondus. Accompagnez le cycle d'eau jusqu'à sa fin en aspirant des éventuels surplus de liquide (15 - 5 - 6 - 7 - 8).

▲ Exemple 7

1^3 - 2 - 3 - 4

Préparez votre papier à l'eau pure. Attendez son imprégnation. Évacuez le surplus d'eau ; la surface de votre papier est brillante. Dessinez le contour et les nervures de la feuille avec des couleurs pâteuses (10). La surface est à présent mi-mate (5). Ajoutez quelques détails, toujours avec des couleurs pâteuses qui se diluent directement sur le papier (11 - 6). Les couleurs s'étalent de moins en moins. Stabilisez votre lavis en accompagnant l'eau dans son cycle (7 - 8).

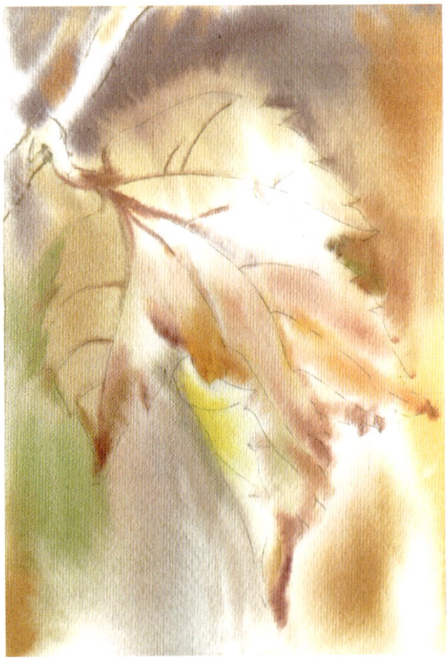

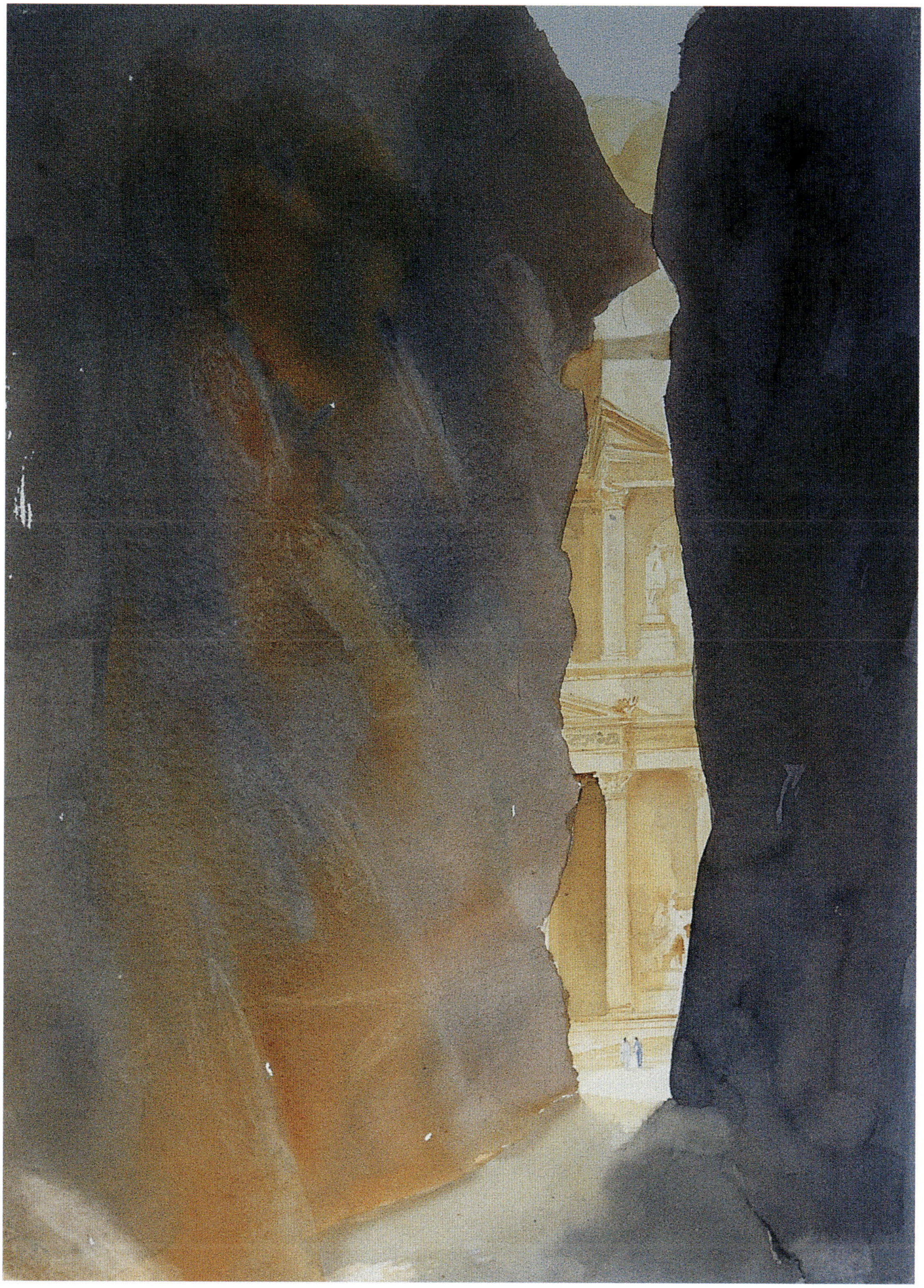

▲ **Michel Montigné**, *Pétra*
Bouger. Crapahuter. Combattre la routine. Voyager pour se laisser surprendre par des couleurs, des saveurs nouvelles. Les aquarelles de Michel Montigné, aux formes épurées, aux flaques sédimentées, hiérarchisent la lumière.

Vous avez pu découvrir au cours des pages précédentes quantité de variations autour d'un même sujet. À vous de choisir l'approche qui convient le mieux à votre œuvre. Mais rien ne vous empêche d'enrichir encore votre gamme en superposant deux lavis travaillés selon des méthodes différentes… Voici un échantillon de ce que vous pouvez obtenir.

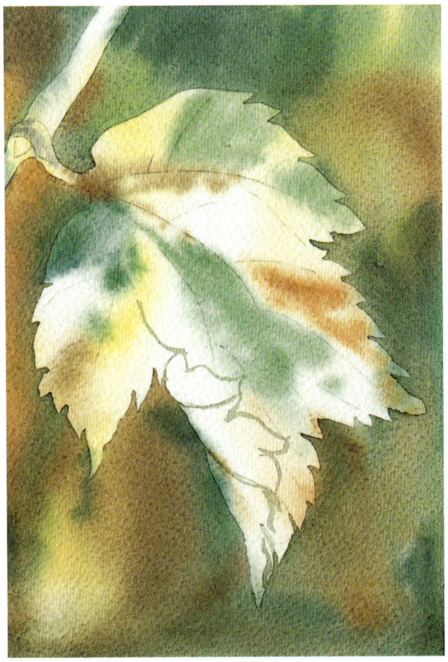

a

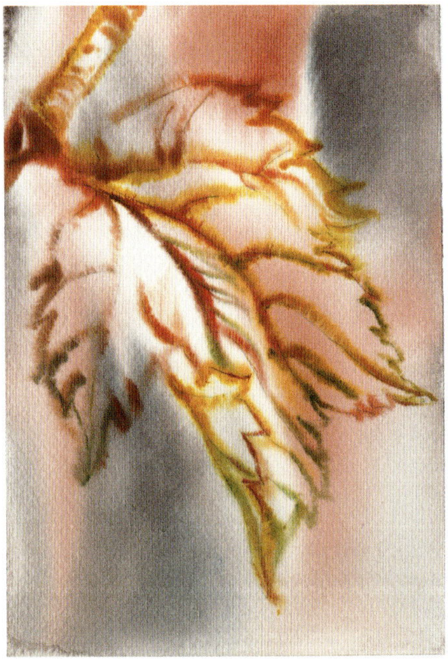

b

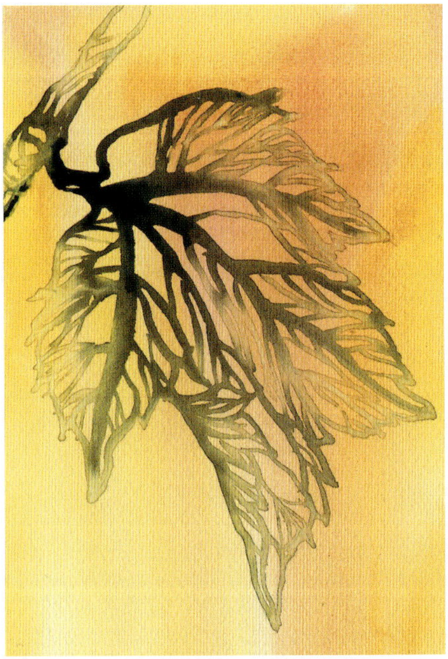

c

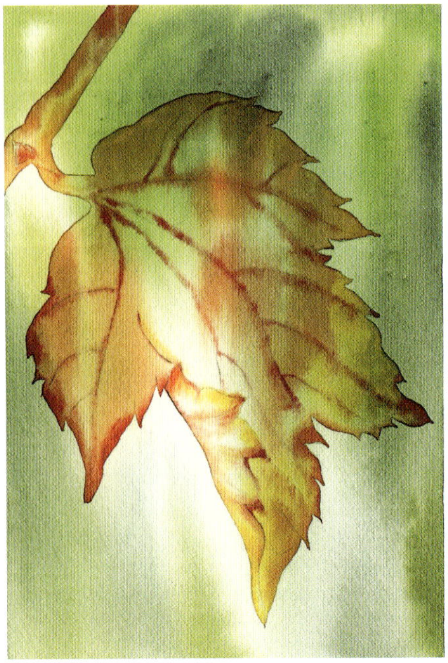

d

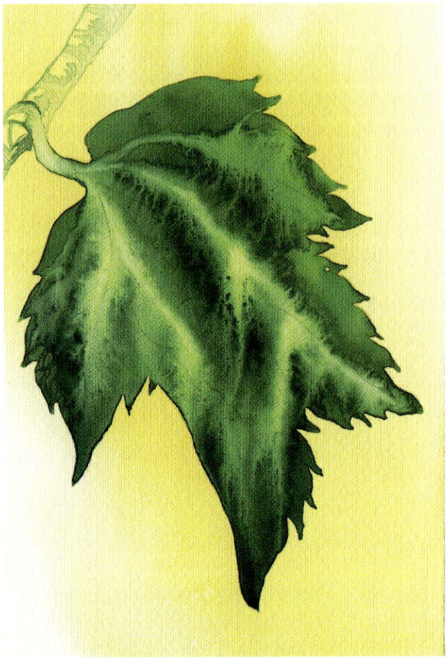

e

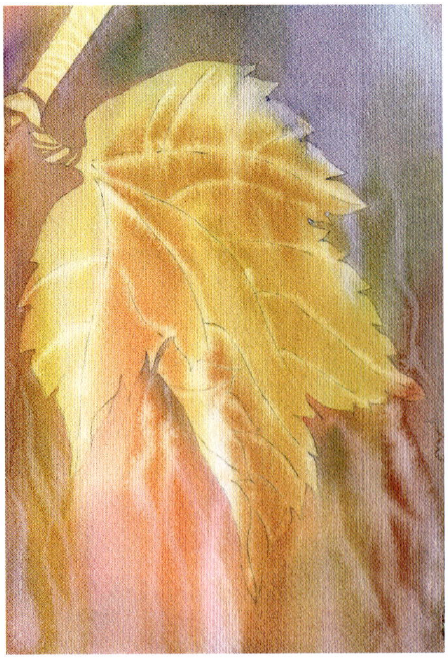

f

a Surface humidifiée entièrement n° 1 + négatif n° 1
b Surface humidifiée entièrement n° 1 + surface humidifiée entièrement n° 7
c Surface humidifiée entièrement n° 1 + positif n° 7
d Surface humidifiée entièrement n° 1 + positif n° 3
e Surface humidifiée entièrement n° 1 + positif n° 5
f Surface humidifiée entièrement n° 2 + négatif n° 1
g Surface humidifiée entièrement n° 5 + positif n° 7
h Surface humidifiée entièrement n° 1 + surface humidifiée entièrement n° 4
i Surface humidifiée entièrement n° 1 + variante du négatif n° 6
j Surface humidifiée entièrement n° 3 + positif n° 6
k Surface humidifiée entièrement n° 5 + surface humidifiée entièrement n° 8
l Négatif n° 3 + positif n° 2

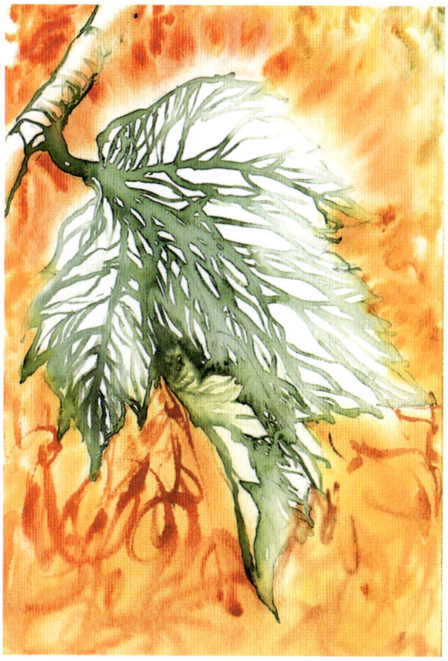

g

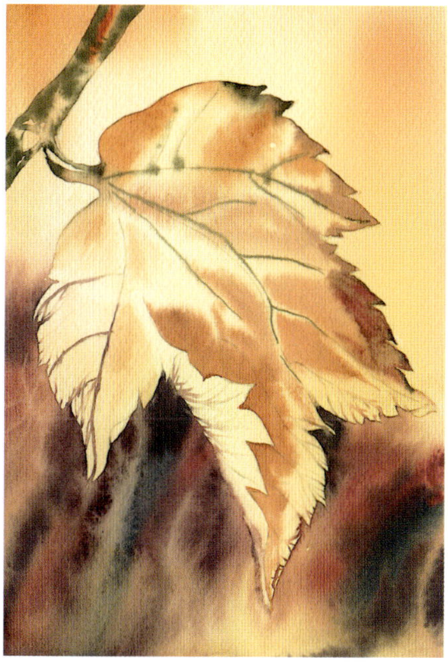

h

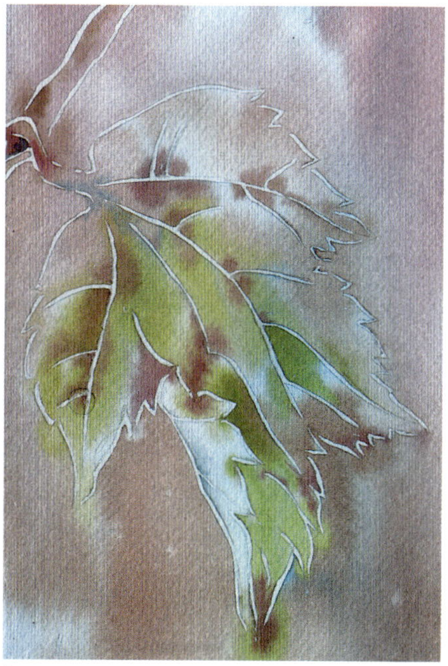

i

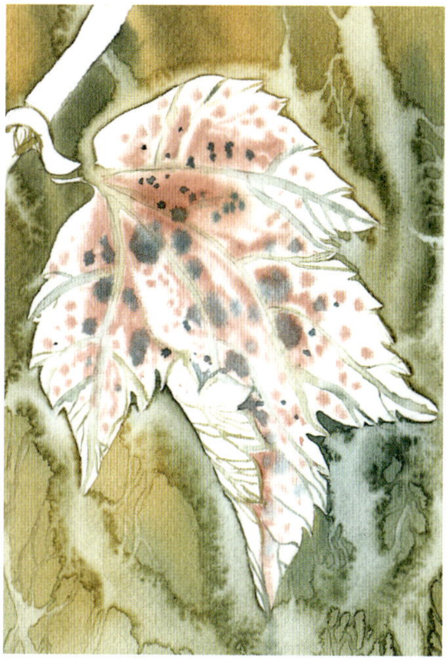

j

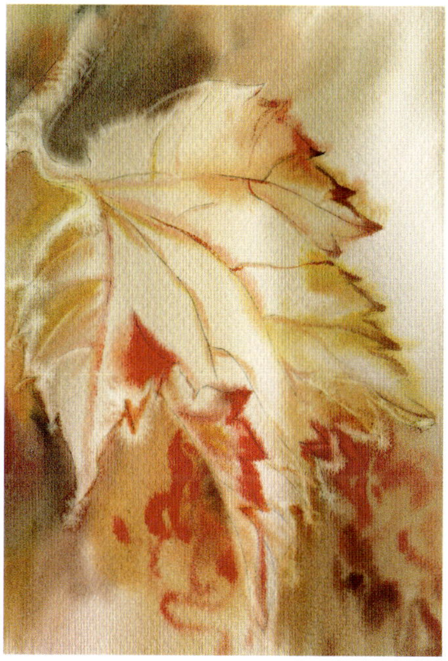

k

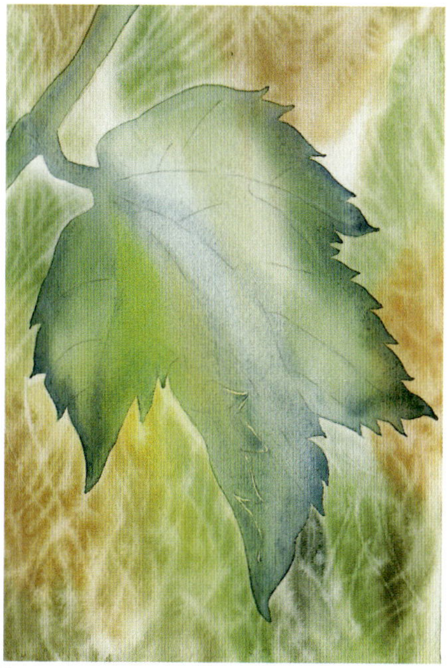

l

LES PAS À

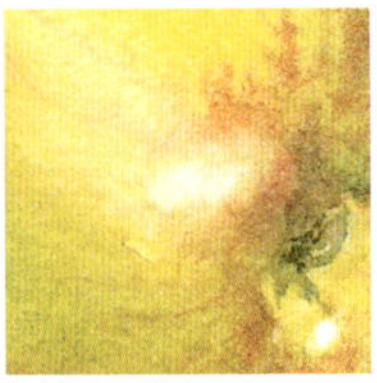

Les «variations» présentées dans le chapitre précédent sont autant d'invitations à multiplier les expériences pour découvrir toutes les potentialités de la technique «humide sur humide». Celui-ci propose de suivre étape par étape l'élaboration d'une œuvre, pour mieux comprendre de quelle manière elle se construit. Toutefois, la copie fidèle de ces tableaux vous sera inévitablement difficile : comment reproduire un geste à l'identique, comment être sûr d'utiliser la même charge de pinceau sur un papier mouillé pareillement ? Ici encore, il vous faudra tâtonner, recommencer, éprouver... Une aide utile pour mieux saisir les intentions de l'artiste sera de suivre le dialogue qu'il entretient avec l'eau et de s'essayer à la «lecture» d'une aquarelle. Par la suite, seules vos sensations vous serviront de guide !

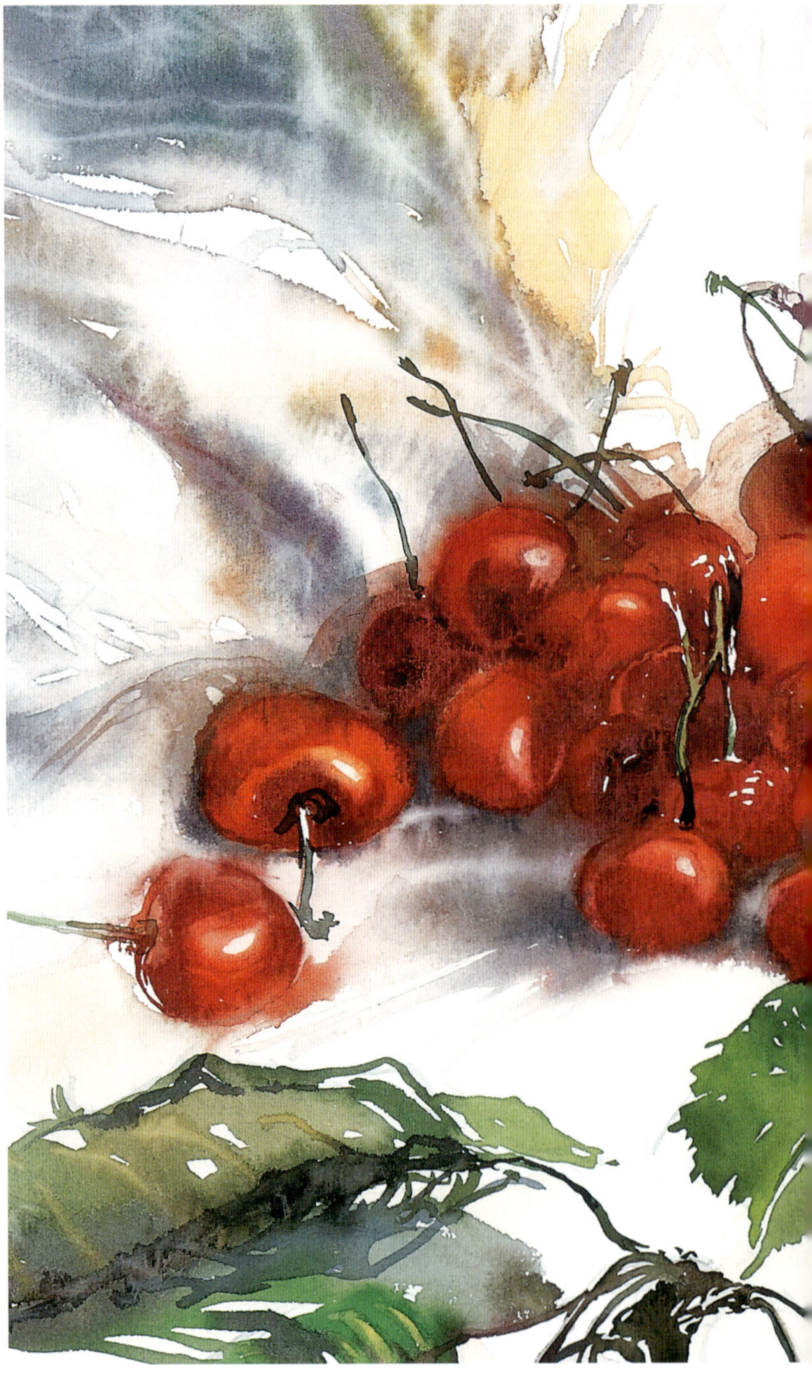

PAS

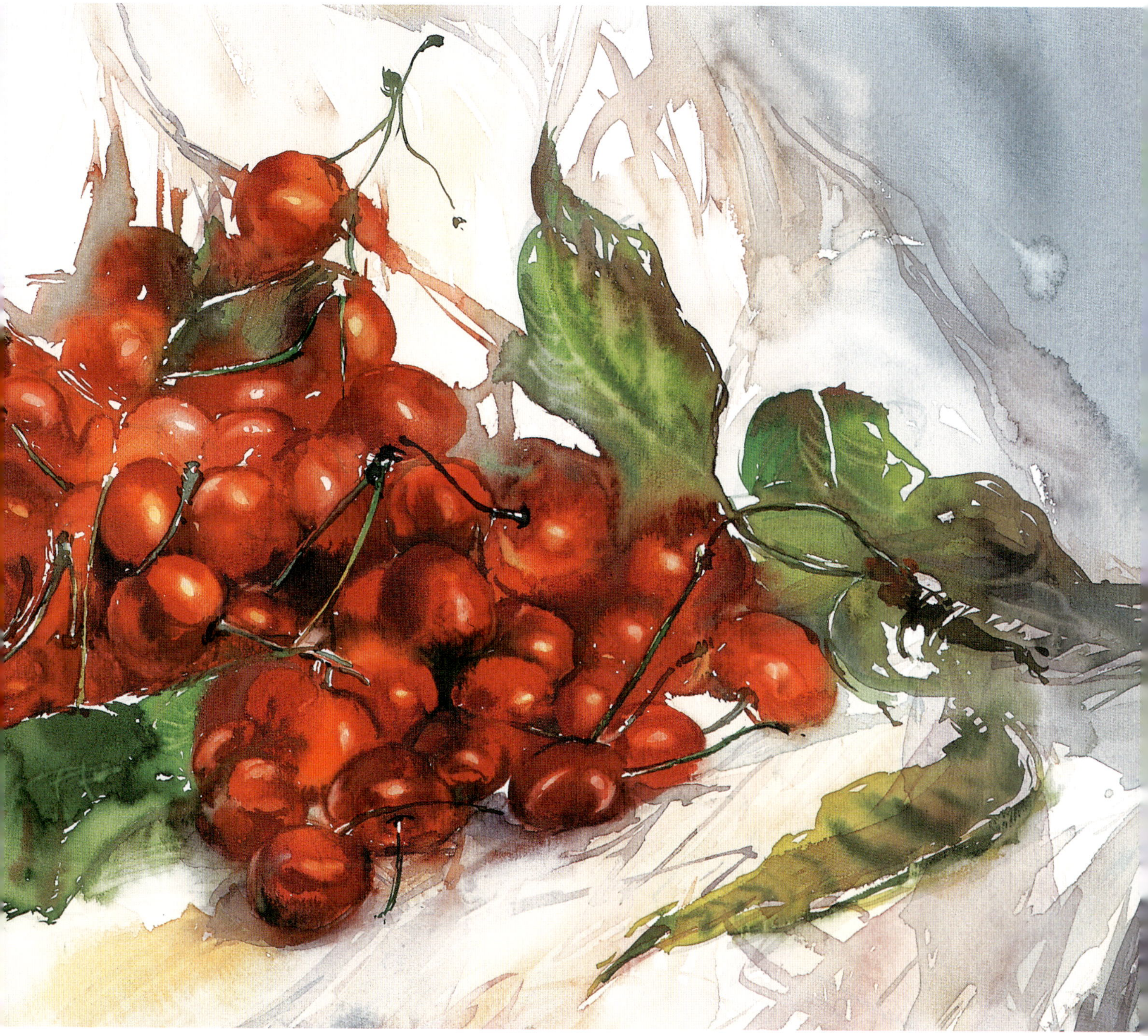

Les pommes jaunes

Couleurs utilisées : *Vert de phtalocyanine - Jaune Blockx - Rose permanent Winsor - Marron de Pérylène*
Papier Langton *300 g - 10 x 14 cm*

1 Esquissez très légèrement la composition au crayon HB. Votre trait doit être le plus discret possible. Mouillez le papier en réservant l'emplacement des pommes. Appliquez sur le papier brillant un lavis jaune très léger, nuancé de marron de Pérylène. Distribuez les pigments en inclinant le support. Laissez stagner quelques instants, puis aspirez le surplus de liquide.

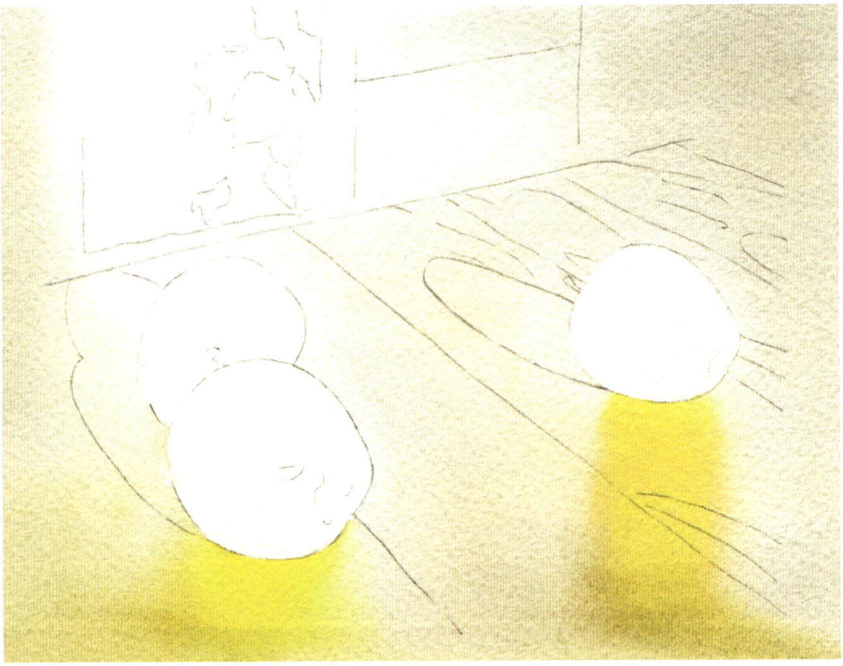

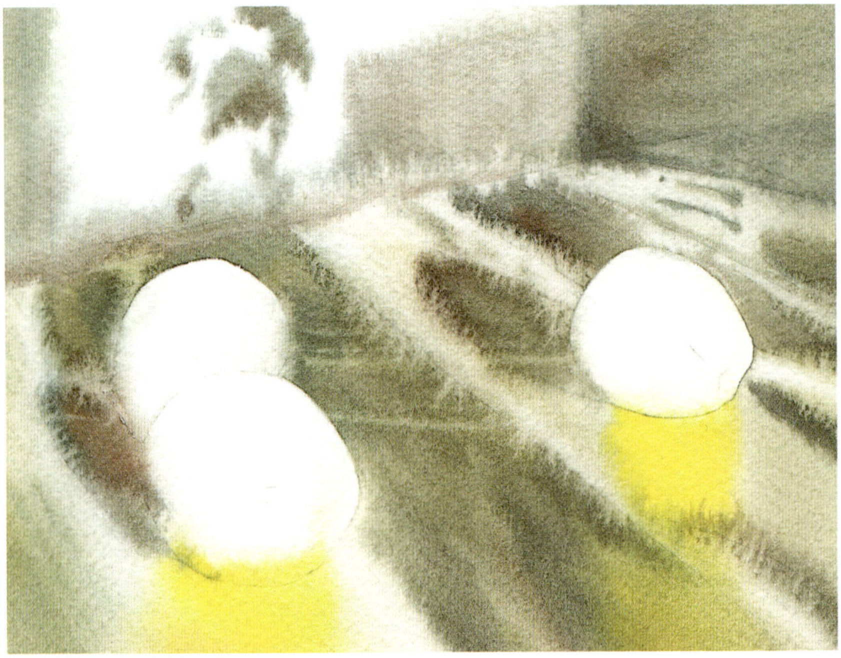

2 Préparez un jaune Blockx à consistance crémeuse. Déposez-en une goutte à la base de chaque pomme, puis inclinez le papier vers le bas. Observez la progression du pigment et aspirez le surplus en bas de la feuille. Ne séchez surtout pas votre travail à cette étape ! Le papier est dans une phase d'humidité mate.

Préparez un mélange de rose et de vert. Travaillez les plans ombrés du fond en commençant par le haut de la composition. Intensifiez le jaune-orangé à gauche et à droite de la table. Précisez la forme des ombres par des auréoles volontaires. Estompez certains sertis avec la technique du double pinceau. Posez quelques stries sur les ombres avec des auréoles volontaires linéaires. Laissez sécher.

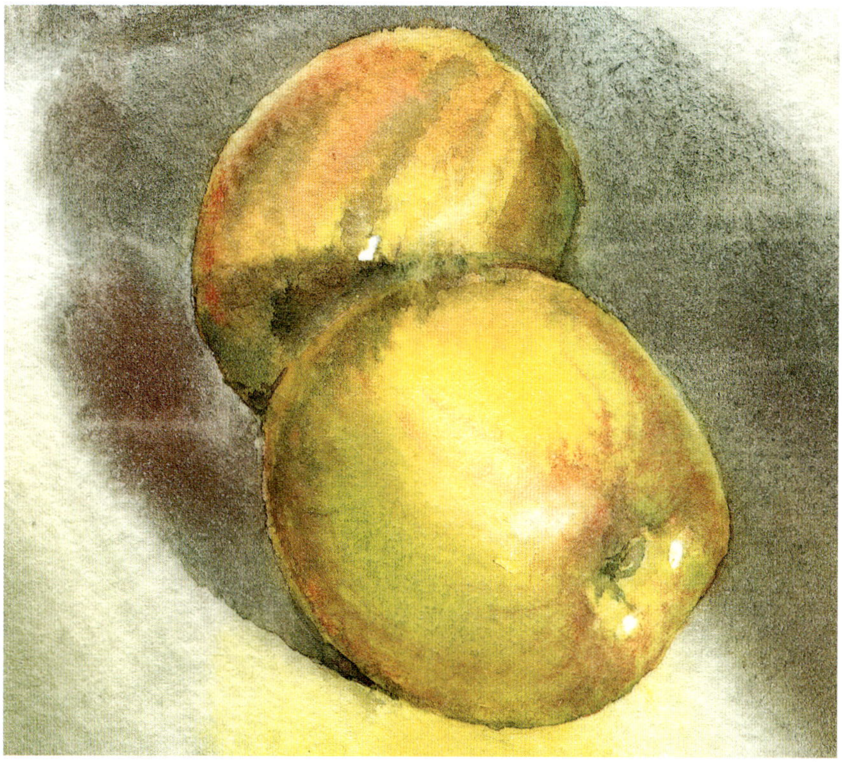

3 Travaillez les fruits séparément, en commençant par la pomme du premier plan : posez un lavis jaune en réservant quelques éclats de lumière. Aspirez les éventuels surplus. Modelez la surface avec des couleurs pâteuses orange (rose et jaune), vert et violet (rose et vert) cassés. Estompez les bords au double pinceau. Renforcez les ombres à leur naissance.

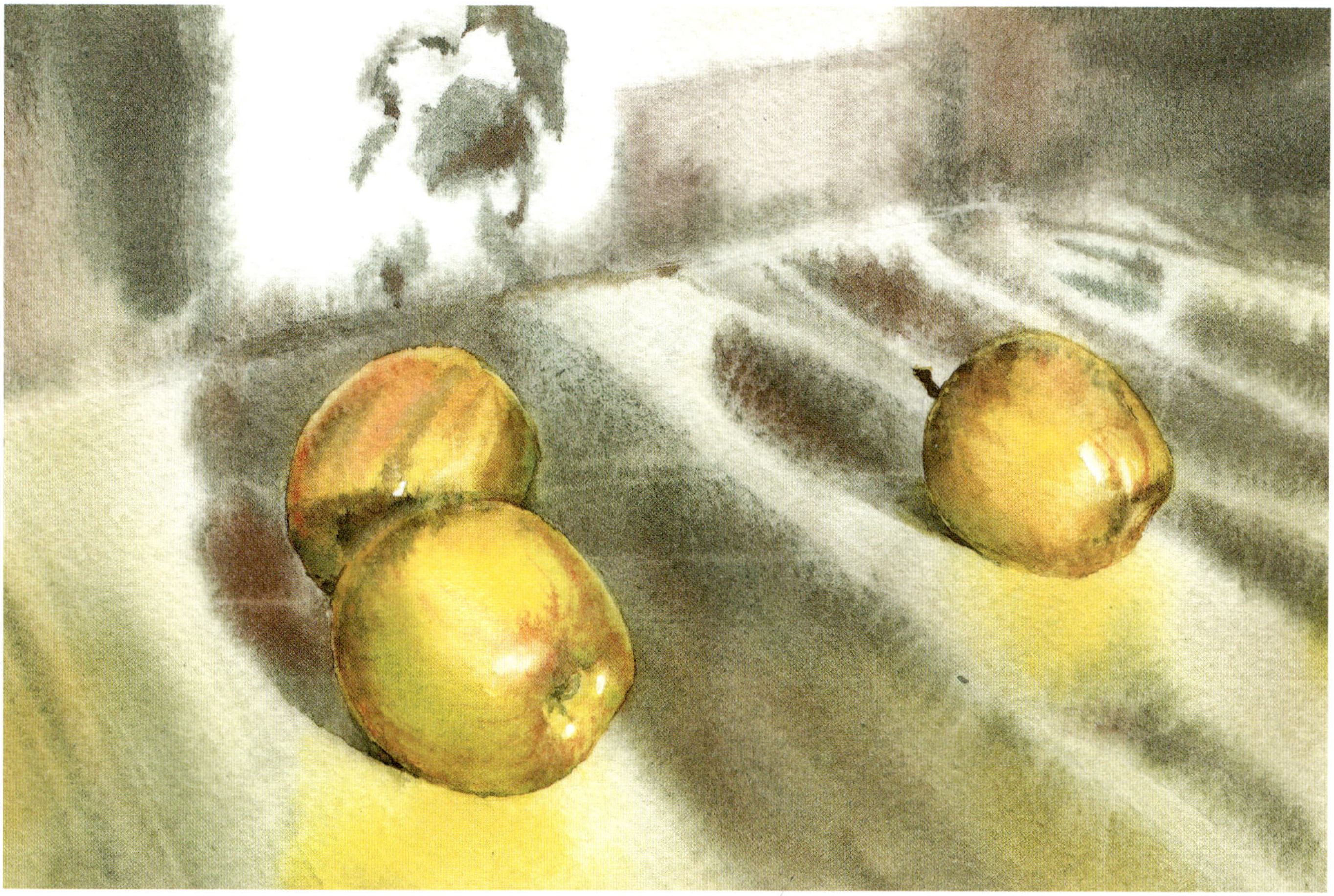

La feuille de rose

Couleurs utilisées : *Vert de phtalocyanine - Bleu de phtalocyanine - Jaune Blockx - Gomme-gutte - Rose quinacridone - Rouge Blockx*
Papier Langton *300 g - 14 x 10 cm*

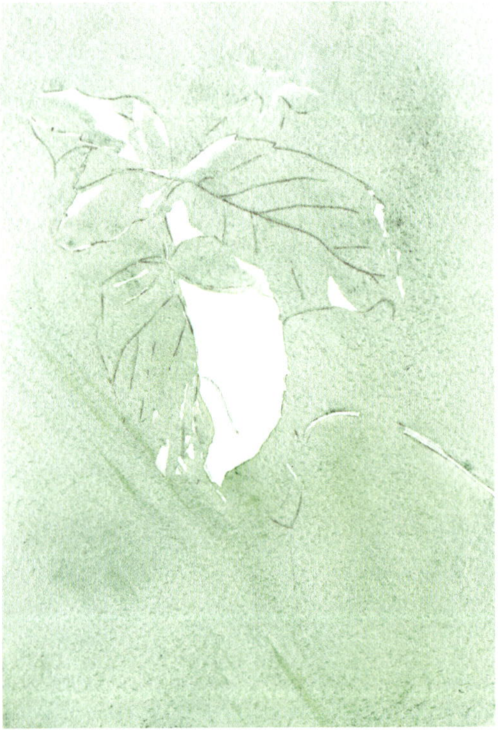

1 Humidifiez la surface de votre papier avec un lavis à peine teinté, en réservant quelques éclats sur les feuilles. Laissez le papier s'imprégner. Aspirez le surplus.

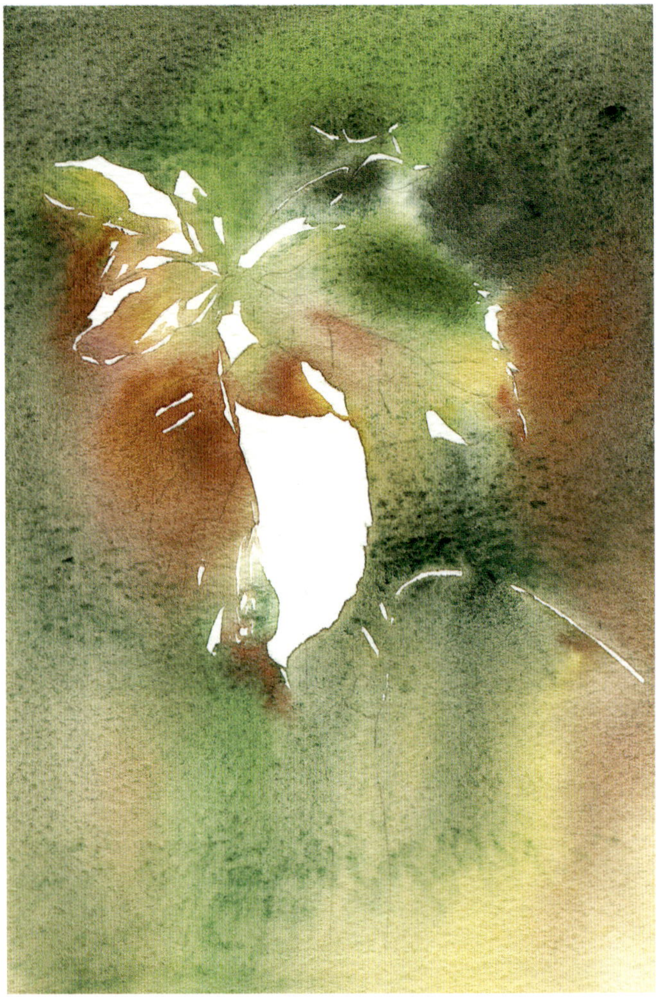

2 Composez vos teintes avec le vert de phtalocyanine, le jaune et le rose quinacridone. Utilisez des couleurs assez liquides, pour qu'elles fusent librement. Inclinez le papier et aspirez encore une fois le surplus.

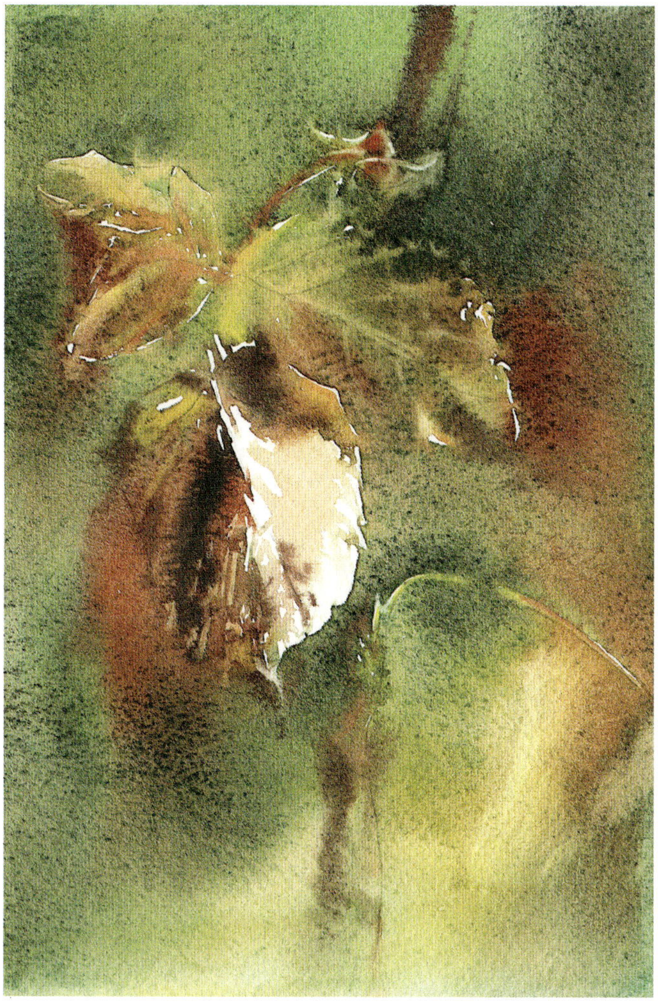

3 Précisez les détails sur la surface mate fraîche : dessinez les pétioles en orange, la tige en violet rompu de jaune. Estompez certaines zones blanches avec des lavis clairs à base de gomme-gutte. Composez un brun-noir avec le rouge Blockx, le bleu de phtalocyanine et la gomme-gutte. Nuancez les folioles jusqu'au moment ultime où les teintes denses ne fondent plus ; le papier garde cependant une humidité fraîche. À ce moment précis, dessinez les nervures des feuilles à l'aide d'un pinceau peu chargé d'orangé très dilué. Estompez les bords trop marqués. Arrêtez-vous lorsque l'eau achève son cycle. Séchez.

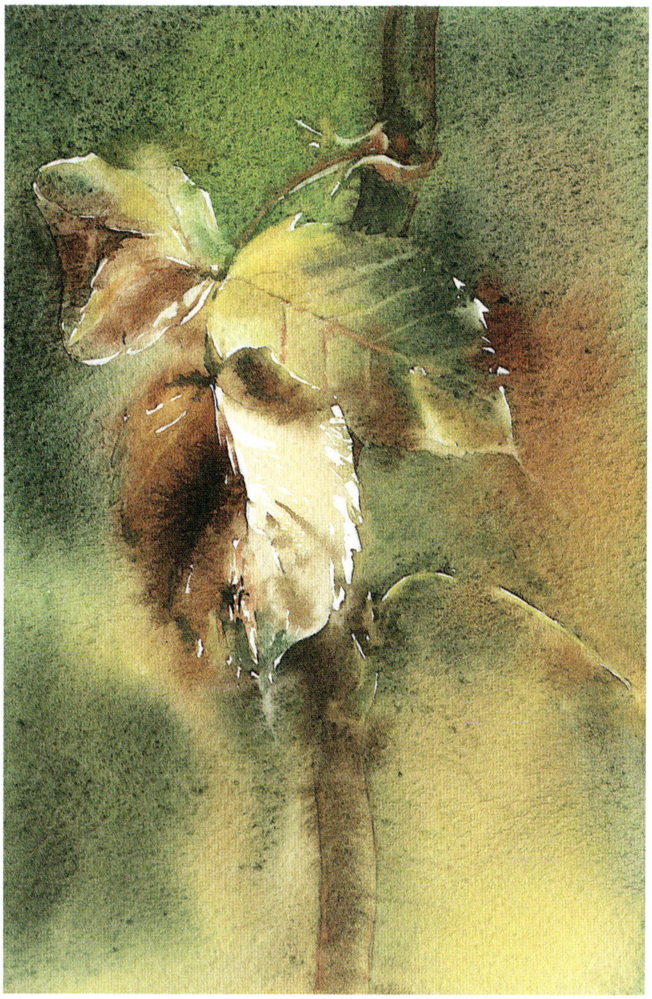

4 Préparez des lavis très dilués : vert-bleu cassé (vert de phtalocyanine et rouge Blockx), orangé (rouge Blockx et gomme-gutte) et vert clair (vert de phtalocyanine et gomme-gutte). Travaillez en précisant une partie du contour des feuilles et de la tige par des aplats nuancés, soit en négatif, soit en positif. Utilisez sur certains bords le double pinceau.

En bordure du Pirot

Couleurs utilisées : *Jaune de cadmium - Ocre jaune - Bleu de cobalt - Outremer clair - Rose permanent*
Papier Fontenay à grain fin *300 g - 50 x 61 cm*

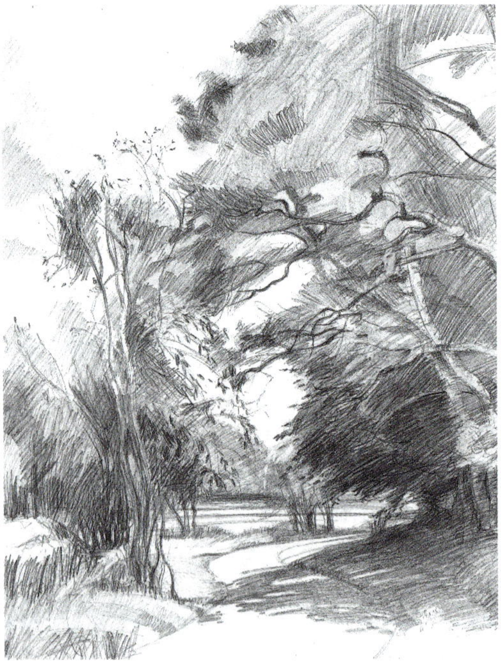

1 Esquissez votre sujet au crayon sur une feuille de papier à dessin. Observez les masses principales, le rythme qui sous-tend la composition.

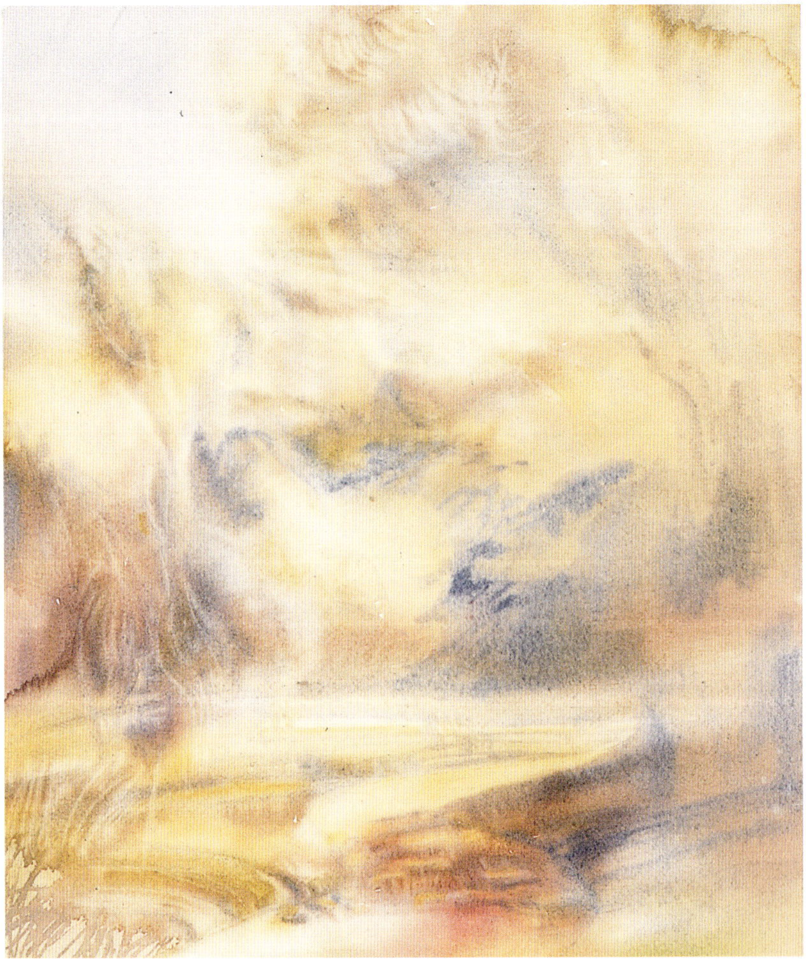

2 Humidifiez entièrement la surface du papier aquarelle. Posez vos couleurs avec vivacité, afin de ne pas amollir vos touches. Commencez par le bleu de cobalt, nuancé par des jaunes, des orangés et des ocres. Densifiez progressivement vos teintes. À la fin du cycle d'eau, dégagez les blancs du buisson du premier plan, éclaircissez le haut des cimes et posez des stries horizontales dans la prairie. Laissez sécher.

3 Composez des bruns-roux et des gris bleutés avec le bleu, le rose et une pointe de jaune. Appliquez les couleurs très diluées sur la surface sèche en dessinant des graphismes et des taches. Faites correspondre les différents éléments. Terminez par l'ombre sous les chênes en contournant les ocelles de lumière. Aspirez les gouttes. Nuancez les différentes teintes puis laissez sécher.

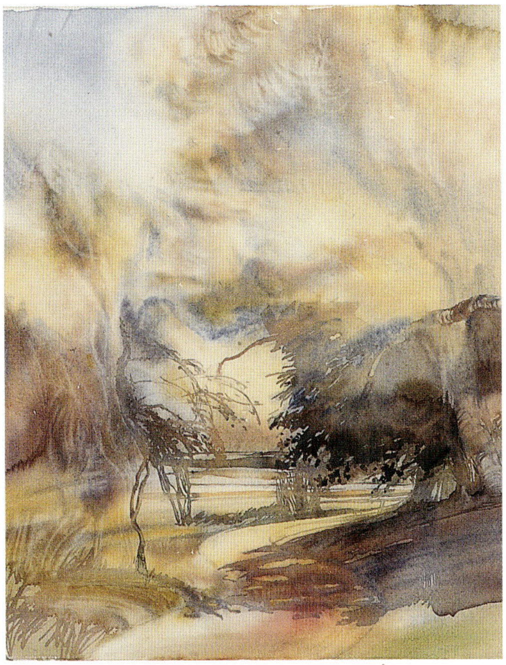

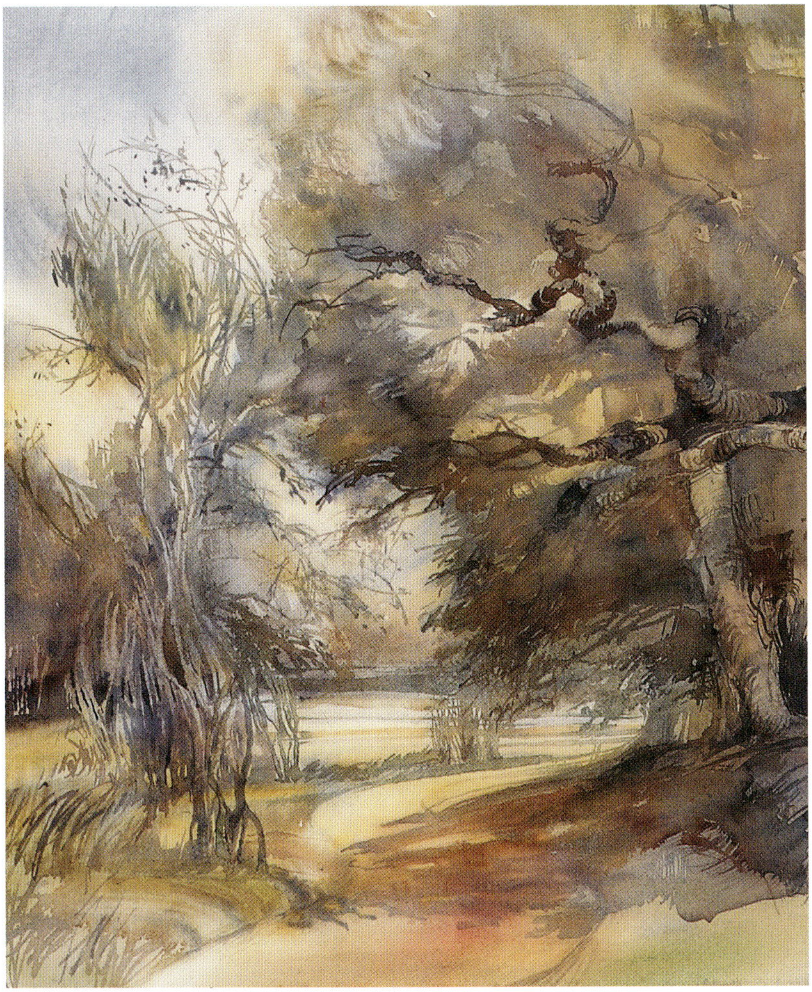

4 Dépigmentez très légèrement les feuilles du chêne. Teintez cette zone d'orange. Mouillez l'intérieur de l'arbre. Précisez les branches en travaillant en humide sur humide et en humide sur sec. Travaillez les branchages de l'arbuste au bleu de cobalt. Traitez la cime et la base des arbres en positif, et les branchages enchevêtrés en négatif. Laissez sécher.
Soulignez les ombres sur les branches et au premier plan par un jeu de petites touches très nerveuses, très graphiques.

Les cerises

Couleurs utilisées : *Rouge Blockx - Rose quinacridone - Marron de Pérylène - Magenta - Gomme-gutte - Bleu de phtalocyanine - Vert de vessie*
Papier Fabriano 5 *300 g - 61 x 46 cm*

1 Inondez votre papier à l'eau pure. Laissez-le entièrement couvert d'eau pendant 5 min, puis égouttez-le. Attendez la phase d'humidité mate sèche, puis peignez avec un apport d'eau modéré le groupe de cerises sur la droite. Variez les nuances des fruits avec des mélanges de rouge Blockx et de rose permanent ou de gomme-gutte, de magenta et de marron de Pérylène. Chaque nuance est posée dans ses «cloisons». Pensez à ménager de petits éclats de lumière sur les fruits. Posez les couleurs à leur intensité définitive dans une goutte d'eau épaisse, en réservant des cloisons extrêmement fines.

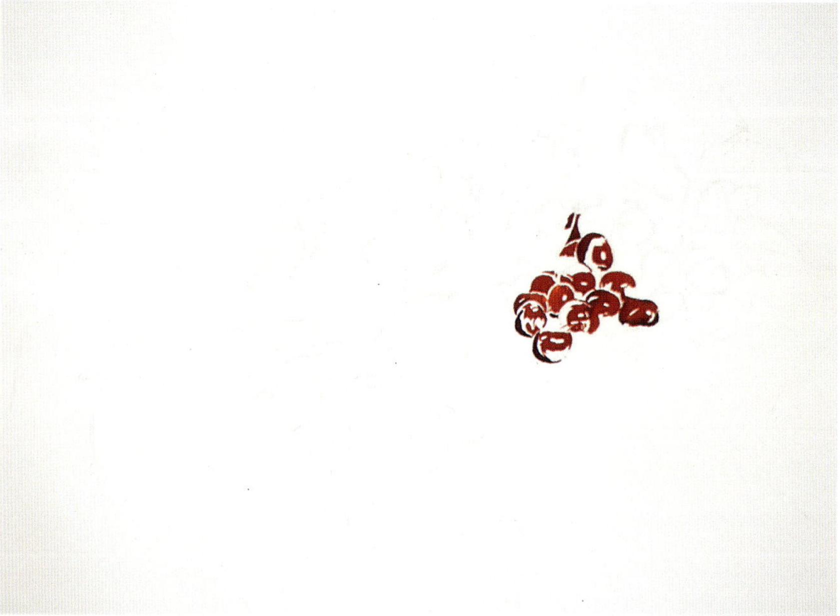

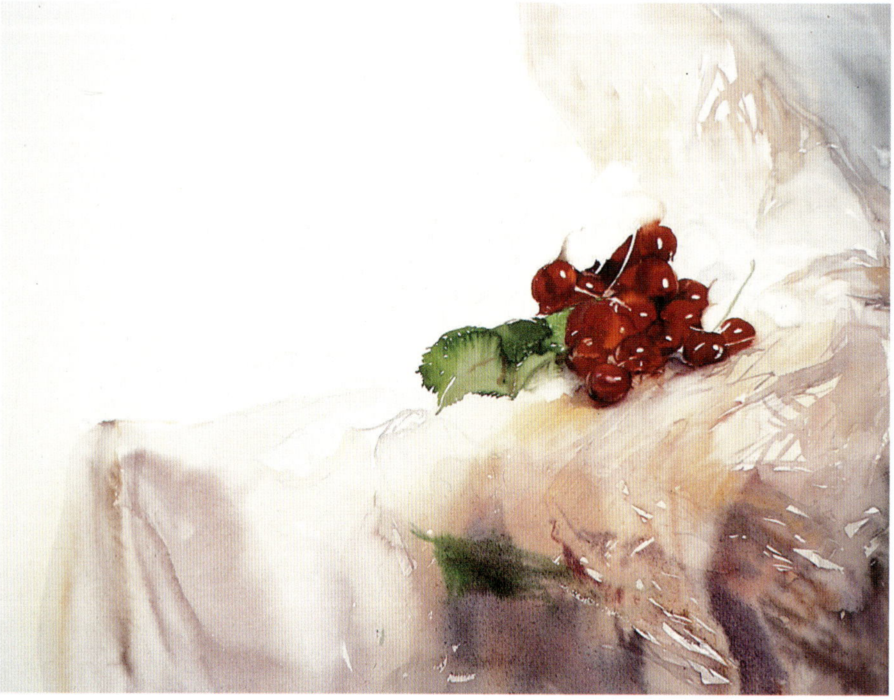

2 Peignez le drapé avec un mélange de gomme-gutte, de magenta et de bleu de phtalocyanine. Suggérez les plis du tissu par des touches énergiques. Travaillez la feuille avec du vert de vessie. Densifiez peu à peu le drap et suggérez les ombres. Amorcez le dessin de la feuille du dessous.
Décloisonnez les fruits. Avec de l'eau pure, liez les cerises à leur environnement. Déposez une grande goutte d'eau sur le bord de la feuille verte, en surveillant la progression de l'auréole. Stoppez-la en aspirant le surplus.

3 En prolongeant toujours le même cycle d'eau, affinez les feuilles du bas. Au moment où le tissu et les feuilles entrent en phase d'humidité mate, ouvrez des blancs dans le tissu et dans les nervures des feuilles du bas par des auréoles volontaires. Laissez sécher.

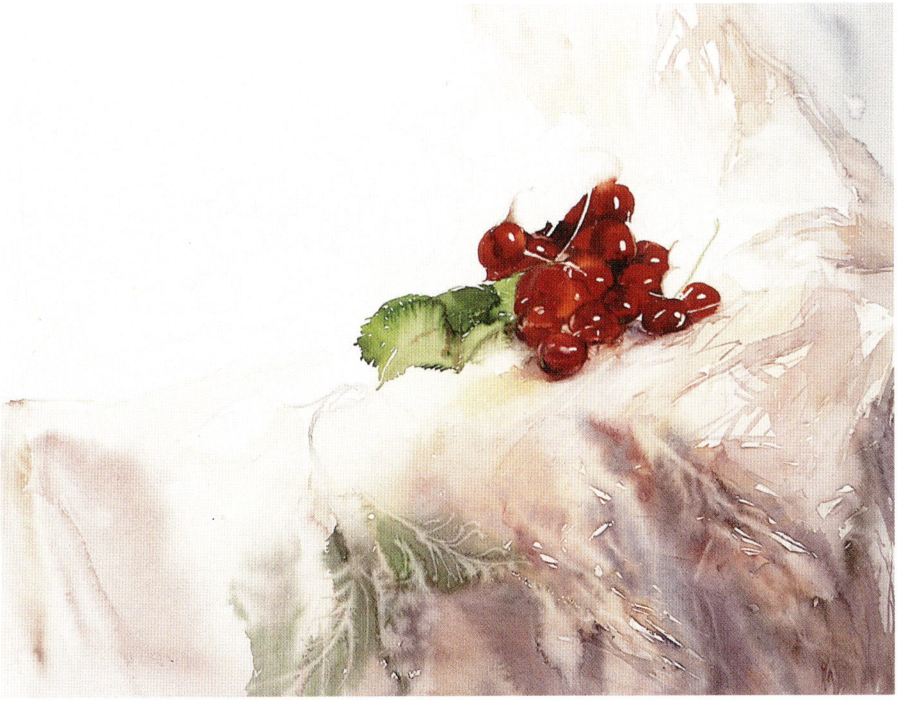

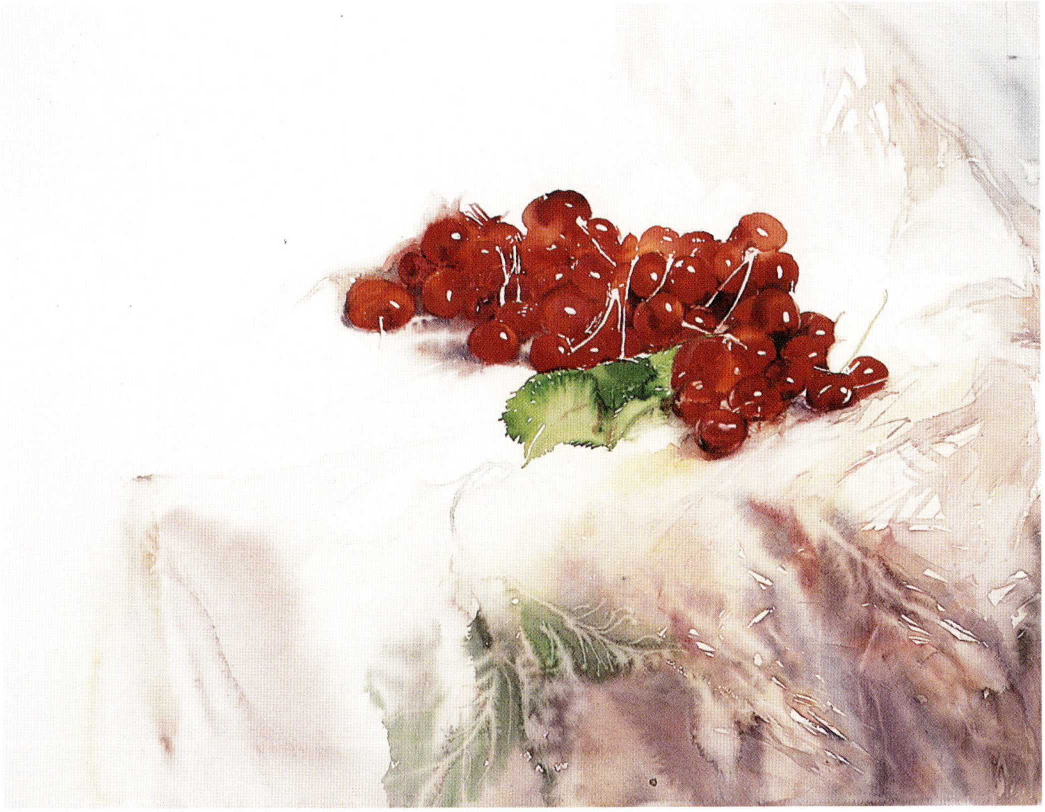

4 Peignez un nouveau groupe de cerises avec les mélanges et la technique expliqués à l'étape 1. N'oubliez pas de faire «fuser» les fruits avec les ombres, et d'ouvrir la composition, c'est-à-dire de rompre çà et là le serti du contour de la zone humide. Séchez.

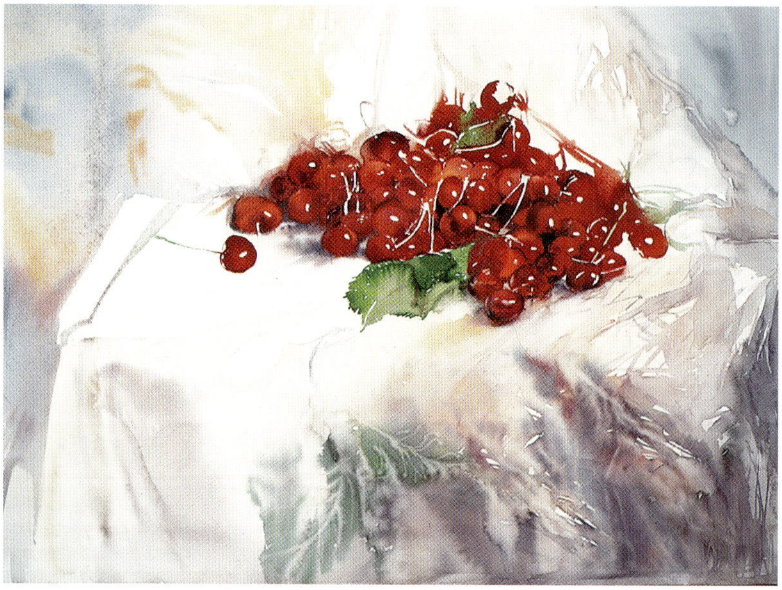

5 Continuez à peindre les fruits, notamment ceux qui se situent au sommet de la pyramide. Achevez le tissu en haut à gauche. Laissez sécher.

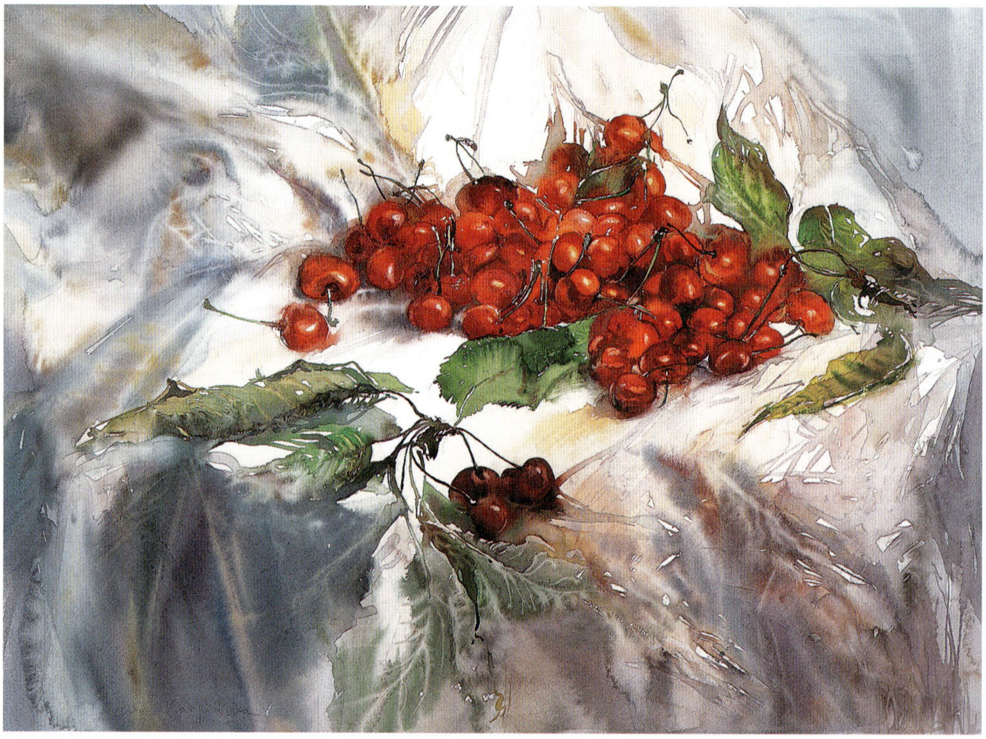

6 Peignez les cerises sombres du bas avec un mélange de marron de Pérylène et de rose quinacridone assombri d'une pointe de bleu de phtalocyanine. Indiquez les feuilles. Renforcez l'ombre sur le tissu à gauche avec le bleu de phtalocyanine et le magenta. Posez des auréoles volontaires au moment choisi avec un orangé très liquide. Laissez sécher. Estompez les bords des réserves. Teintez les queues des cerises. Achevez les autres feuilles.

La coupe de cerises - 10 x 14 cm

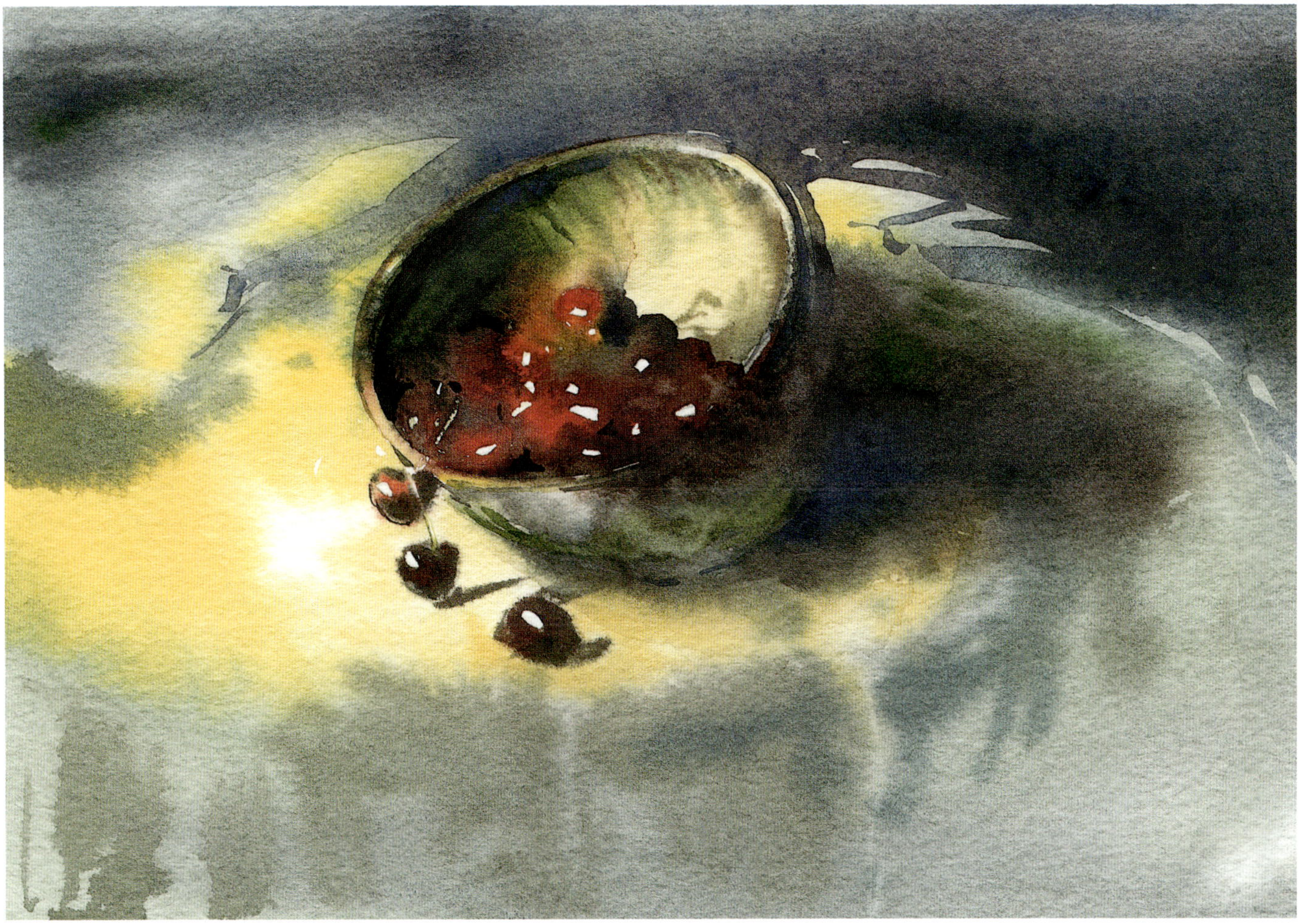

Il est très difficile d'obtenir des couleurs intenses dans les fusions – notamment des rouges. Un rouge dilué n'est plus un rouge, mais un rose, un rouge délavé. Pour qu'il garde sa richesse naturelle, il ne faut pas trop le délayer.

Pour représenter le volume d'un objet, le peintre utilise deux techniques, parfois simultanément :

– il emploie la même couleur à des intensités différentes (il fait donc varier la valeur de la couleur par le jeu de la dilution) ;

– il utilise les propriétés des couleurs du spectre (le jaune est plus lumineux que l'orange, lui-même plus lumineux que le rouge, lui-même plus lumineux que le violet, etc.) et joue sur les nuances.

Plus une couleur est sombre, moins elle réfléchit de lumière (le noir étant considéré comme une privation de lumière). Pour faire ressortir l'éclat d'un rouge dont la valeur est moyenne, il faut donc poser tout autour des valeurs plus sombres.

Dans l'exemple précédent, les nuances de rouge stagnaient sur le papier pour être mises en contact les unes avec les autres au dernier moment. Dans l'exemple ci-dessus, le pigment rouge à consistance crémeuse tombe dans un lavis mi-mat et repousse les autres pigments pour se frayer sa place. Les fusions périphériques font naître d'autres nuances : il faut par conséquent les prévoir à l'avance (sur un fond jaune, le rouge déposé donnera logiquement naissance à des orangés, etc.). Cette technique très spontanée demande une bonne habitude des mélanges et une grande capacité d'analyse pour agir au bon moment car, outre les difficultés liées au cycle de l'eau, il faut savoir qu'une couleur intense exige une fraîcheur du dépôt : la moindre hésitation ou retouche salit la teinte, lui ôte sa transparence.

Le rideau noué

Couleurs utilisées : *Gomme-gutte - Rose permanent - Bleu Blockx - Magenta - Vert de vessie permanent*
Papier Fontenay à grain fin *300 g - 100 x 72 cm*

1 Esquissez votre sujet au crayon. Trempez la feuille dans l'eau pendant 5 à 7 min, puis clouez-la sur le châssis. Travaillez avec des aquarelles directement sorties du tube. Vous ne pourrez apprécier la teinte de vos mélanges qu'au moment où les couleurs se dilueront sur le papier : c'est pourquoi il vaut mieux les tester sur une chute de papier humide. Ne posez qu'un tout petit peu de couleur sur le support, avec la pointe de votre pinceau. Les graphismes se fondent, le papier devient très vite complètement mat, mais reste humide en profondeur. Si des sertis se forment, rendez flous les contours extérieurs du sujet afin de mieux l'intégrer plus tard à la composition. Repoussez les pigments par des auréoles pour représenter les plis du drap. Séchez tout.

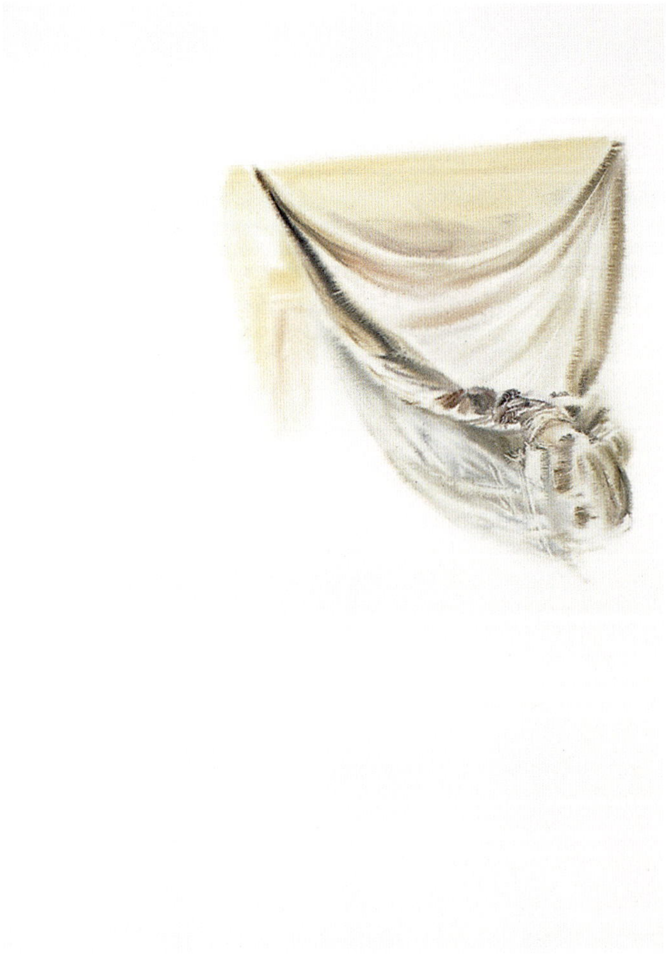

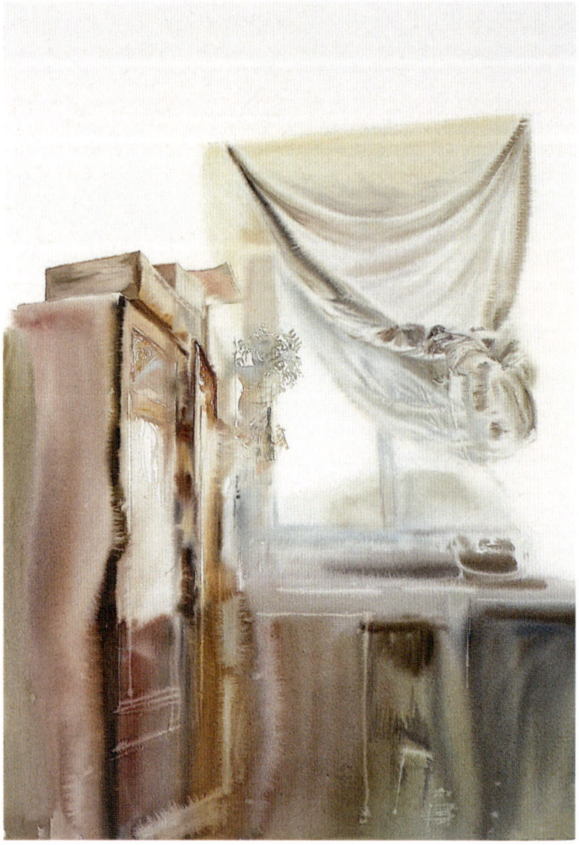

2 Humidifiez le bas de la composition, en vous approchant tout près du tissu. Dessinez les contours nets des caisses en bois, réservez quelques fins fragments de papier sec. Inclinez le châssis du haut vers le bas. Posez de larges aplats nuancés sur l'armoire et sur le dessous de la fenêtre. Densifiez vos mélanges et précisez les formes avec des couleurs crémeuses sur le papier mi-mat. La porte et l'espace sous la fenêtre fusent l'un dans l'autre. Dessinez à l'eau les fragments «manquants» du contour et les autres éléments qui «accrochent» la lumière. Séchez.

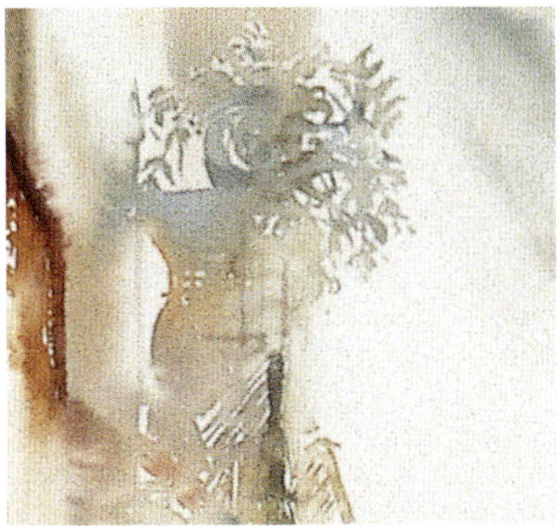

3 Travaillez à présent l'espace entre l'armoire et le rideau. Sur la surface sèche, posez la silhouette de la plante, de son cache-pot, de l'étagère, en faisant communiquer tous les éléments, qui, par endroits, filent même dans les ombres. Gardez les contours nets. Une fois le réseau en place, aspirez le surplus. L'ensemble reste couvert d'une mince pellicule d'eau. Déposez de fines gouttes de couleurs crémeuses, en prenant soin de ne pas en déposer trop et de varier les nuances. Stabilisez, séchez.

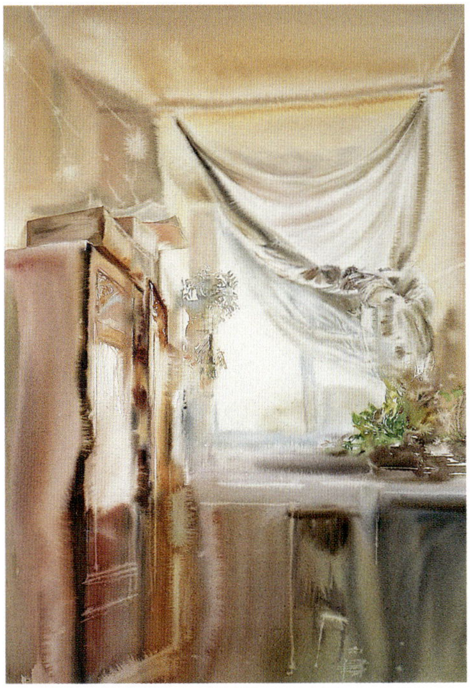

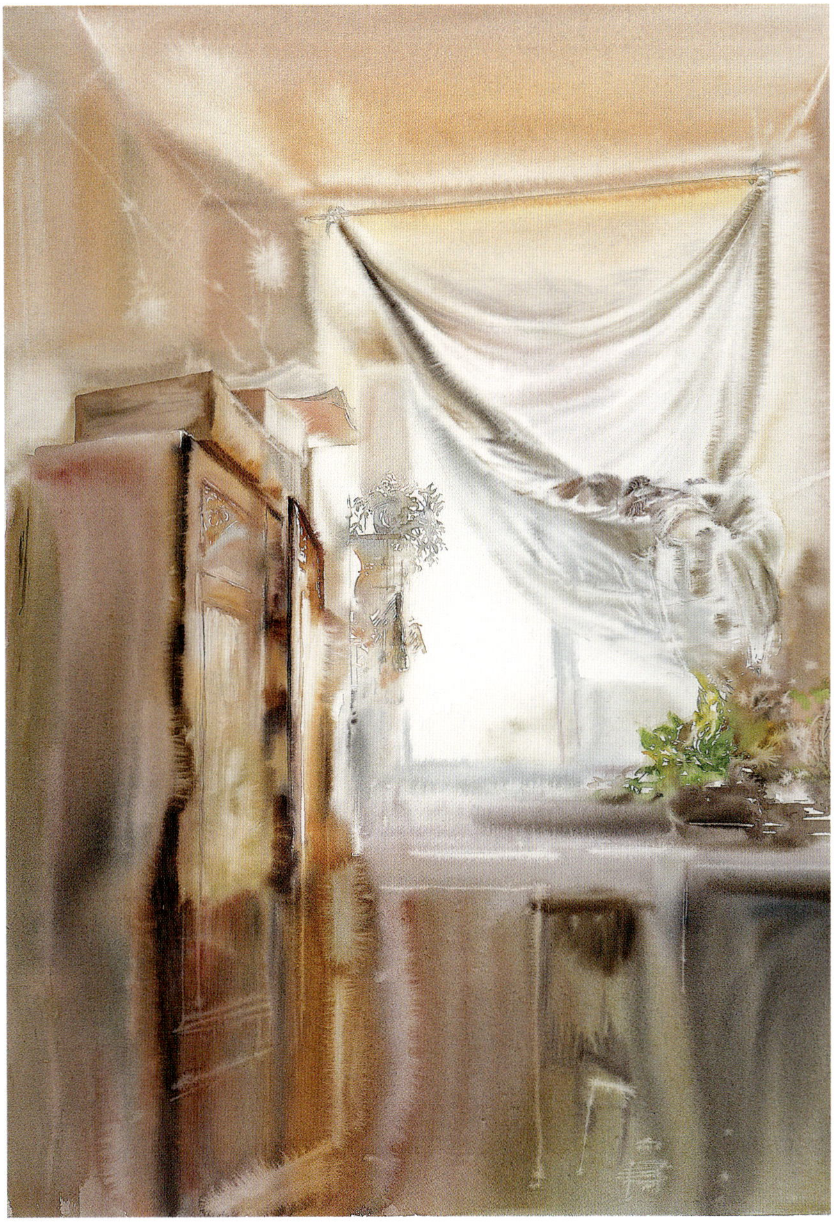

4 Humidifiez le haut et le côté droit de l'aquarelle, en préservant les éclats de papier sec sur les plantes. Posez dans l'humidité brillante les plans ombrés des murs et du plafond. Précisez les détails à l'humidité mi-mate. Dégagez les faisceaux de lumière en créant des auréoles le long de la barre et à gauche de celle-ci. Estompez les sertis de cette flaque au «double pinceau» pour joindre les deux phases du travail. Le papier est mat frais : utilisez à présent des couleurs crémeuses. Vous avez tout juste le temps de prendre un autre pinceau, faiblement chargé en eau, et de poser de fines auréoles pour dessiner les câbles et les spots à gauche, les tiges à droite… Séchez tout.

5 Travaillez le reflet sur l'armoire. Cet endroit doit rester lumineux, mais il ne doit pas lutter avec la clarté de la fenêtre. Utilisez des couleurs diluées, posées en «trace humide». Animez cette surface par quelques auréoles. Estompez le bord de l'intervention au «double pinceau». Sur le papier sec, dessinez les nœuds qui attachent le tissu à la barre.

La bouteille violette

Couleurs utilisées : *Jaune citron Rowney - Gomme-gutte - Rose permanent Winsor - Rouge oxyde transparent - Bleu de phtalocyanine à tendance verte Rembrandt - Outremer clair Rembrandt*
Papier Fabriano 5 *300 g - 46 x 32 cm*

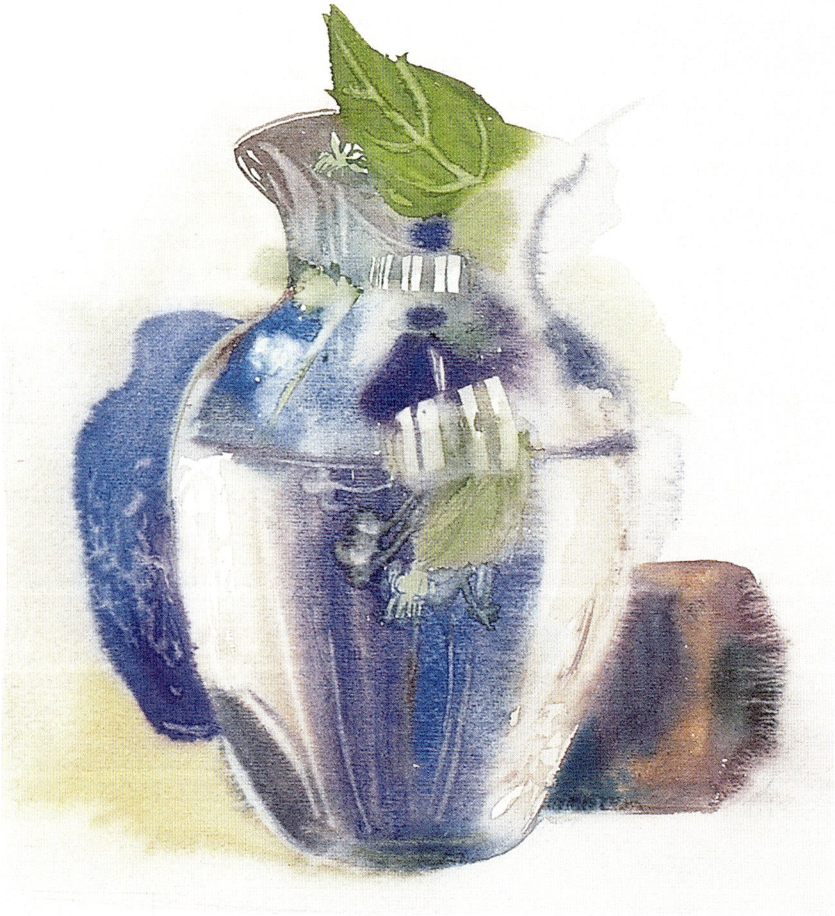

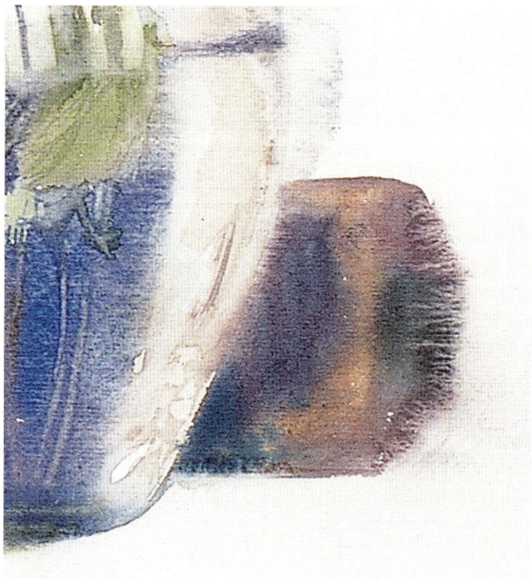

2 Peignez le petit pot de bois à droite avec un brun sombre (rose, gomme-gutte et bleu de phtalocyanine) nuancé d'orange (rouge oxyde transparent et gomme-gutte). Posez à côté une abondante flaque d'eau claire et observez de quelle manière l'eau se fraye un chemin à travers le pigment. Stoppez l'auréole au moment désiré en aspirant l'eau.

1 Mouillez entièrement le papier. Laissez-le sécher en surface (phase d'humidité mate sèche). Peignez en « traces humides », en juxtaposant les grandes taches : commencez par la zone droite du vase transparent avec un mélange de jaune citron, de rose permanent et de bleu de phtalocyanine. Ébauchez la zone bleue avec un outremer clair, nuancé au niveau des feuilles de rose et de vert (bleu de phtalocyanine et gomme-gutte). Continuez par la zone grise à gauche, puis par la silhouette bleue du vase au second plan. Travaillez en humide sur humide, en densifiant peu à peu vos mélanges.

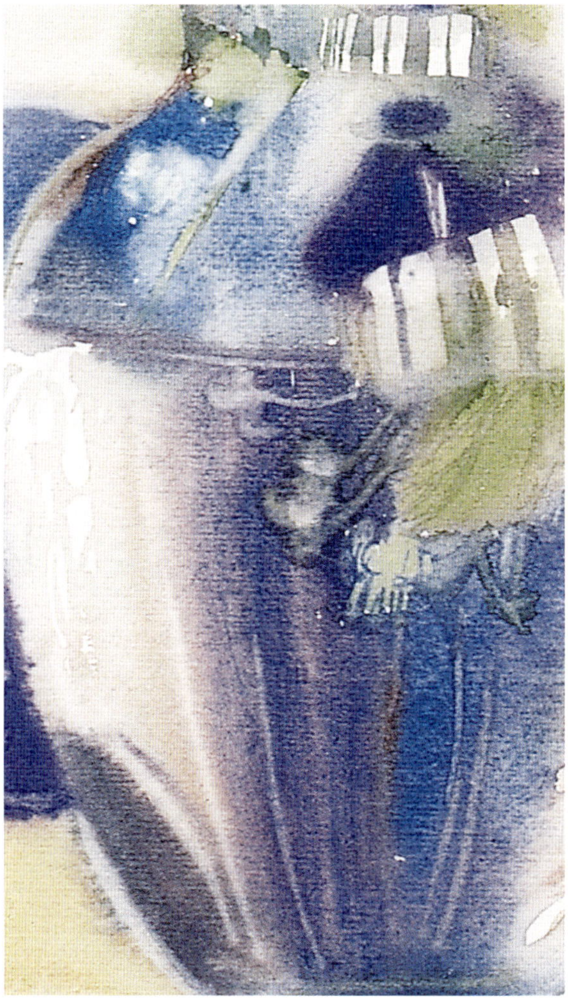

3 Travaillez la couleur de la table avec de la gomme-gutte et du rouge oxyde très dilués. Estompez presque tous les sertis avec la méthode du « double pinceau ». Avec un mélange vert tilleul très liquide (gomme-gutte et outremer), « ouvrez » les fleurs. Ouvrez également les nervures des feuilles et les reflets dans le vase par des traits de pinceau énergiques. Séchez tout.

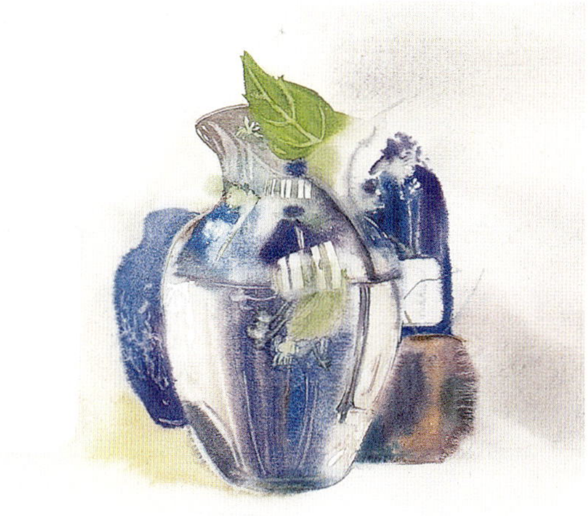

4 Mouillez le côté droit de la composition en commençant à la moitié du vase transparent, sur la surface déjà peinte. Inclinez le support vers la droite. Composez les différents gris (gris chaud, gris-beige, gris rosé, gris sombre, gris bleuté, etc.). Appliquez ces teintes en larges aplats sur la zone pré-humidifiée. Intensifiez-les. Profitez de l'humidité mate pour mettre en place la tige à l'intérieur du vase (mélange à dominante de rose) et la bouteille violette (attention, les couleurs doivent être très denses pour fondre sans fuser). Ménagez les emplacements des étoiles des fleurs et des reflets de lumière sur le verre. Séchez tout.

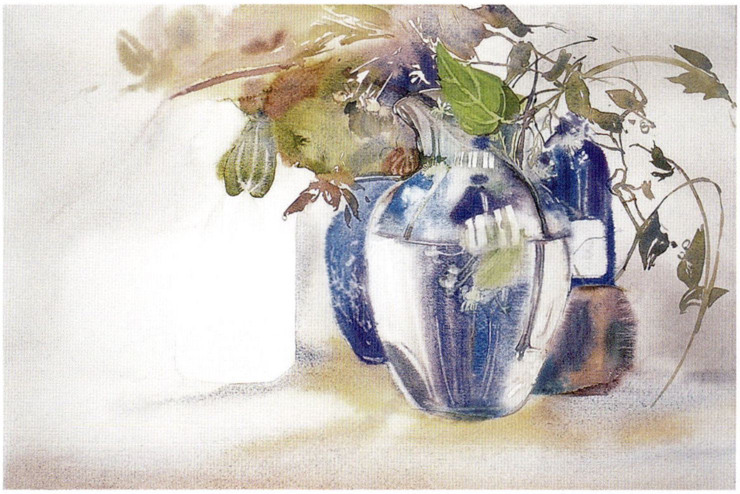

5 Dessinez les tiges, les feuilles et les pédoncules avec une teinte tilleul. Posez des cordons d'eau très graphiques en haut des vases. Déposez-y un peu de pigment orange. Étendez cette flaque à l'eau claire sur le reste du fond et sur la base. Teintez-la avec les gris comme précédemment. Avec les mêmes mélanges un peu plus denses, travaillez les graphismes dans le mouillé. Séchez.

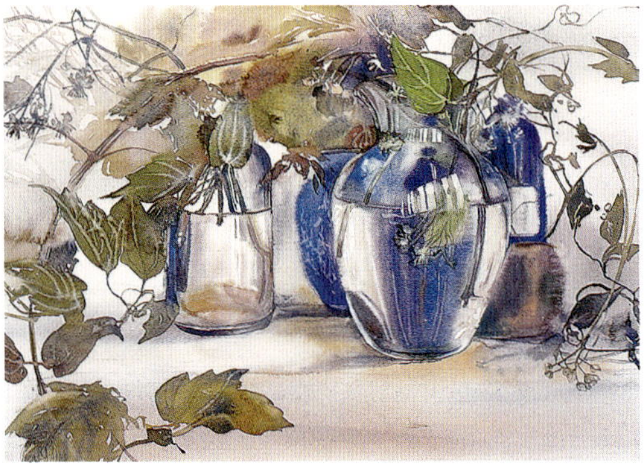

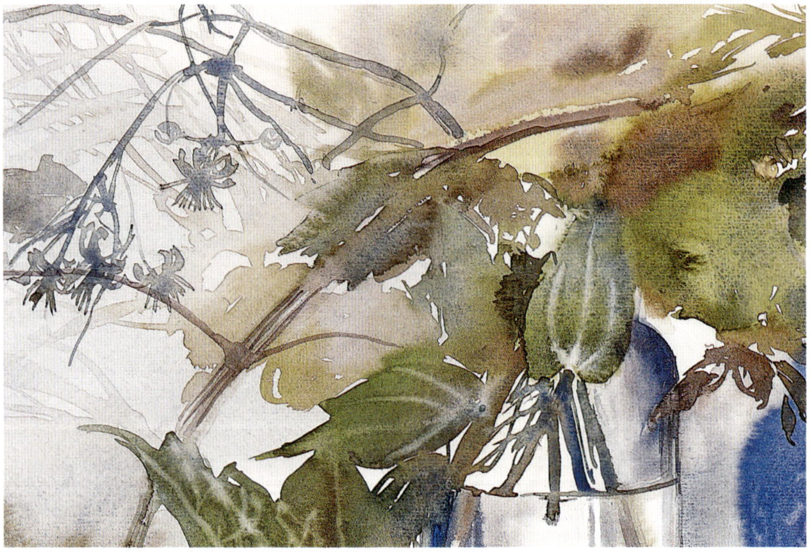

6 Utilisez toujours les mêmes mélanges en jouant avec les proportions. Travaillez librement, faites danser votre pinceau. Une clématite grimpe en enroulant les pétioles autour de n'importe quel support : le résultat est toujours passionnant à peindre. Saisissez la forme des folioles à l'aide d'une goutte d'eau étirée et colorée de pigment. Dans le même temps, peignez le dernier flacon transparent.

7 De temps en temps, faites fuser une flaque pâle du fond pour qu'elle forme un tout avec les feuilles ; préservez cependant quelques contours nets. Posez les ombres sur la table en touches estompées. Équilibrez la composition : ajoutez quelques tiges très graphiques dans une nuance verte où domine l'outremer. Dessinez-les avec un cordon d'eau. Laissez stagner. Inclinez le support, aspirez les gouttes superflues, séchez enfin.

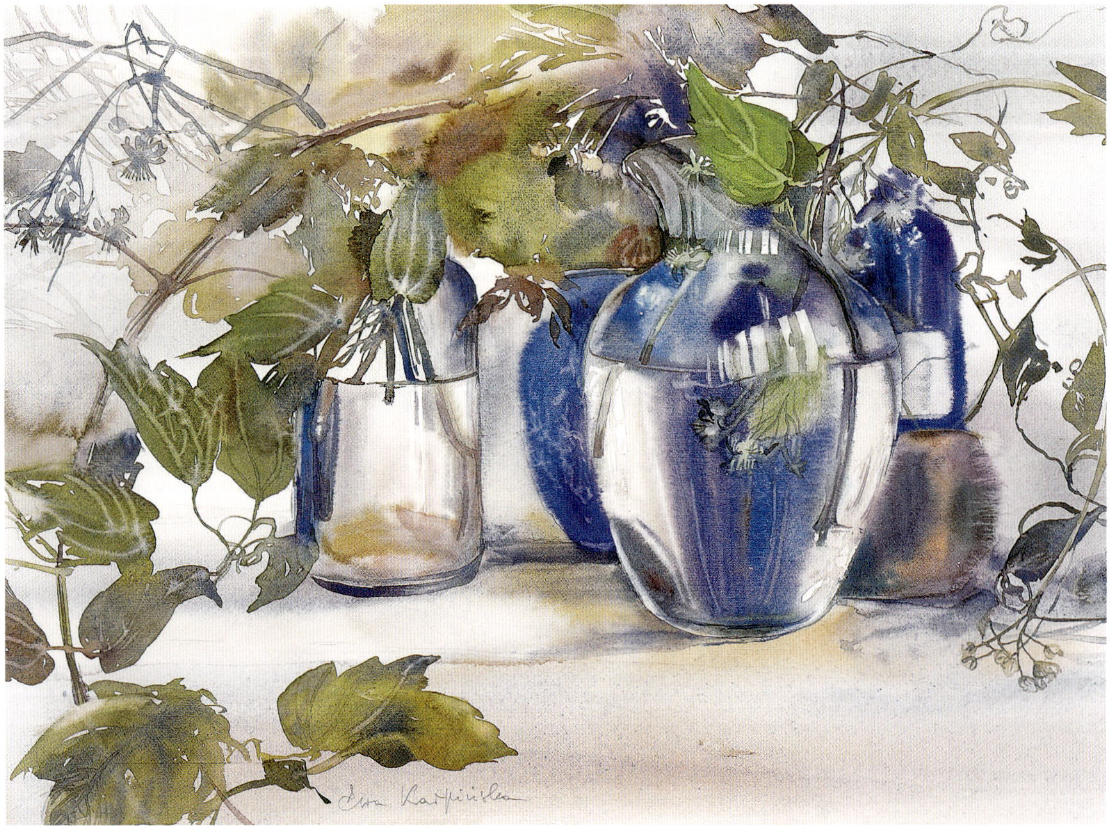

Les fruits de l'iris sauvage - 46 x 37 cm

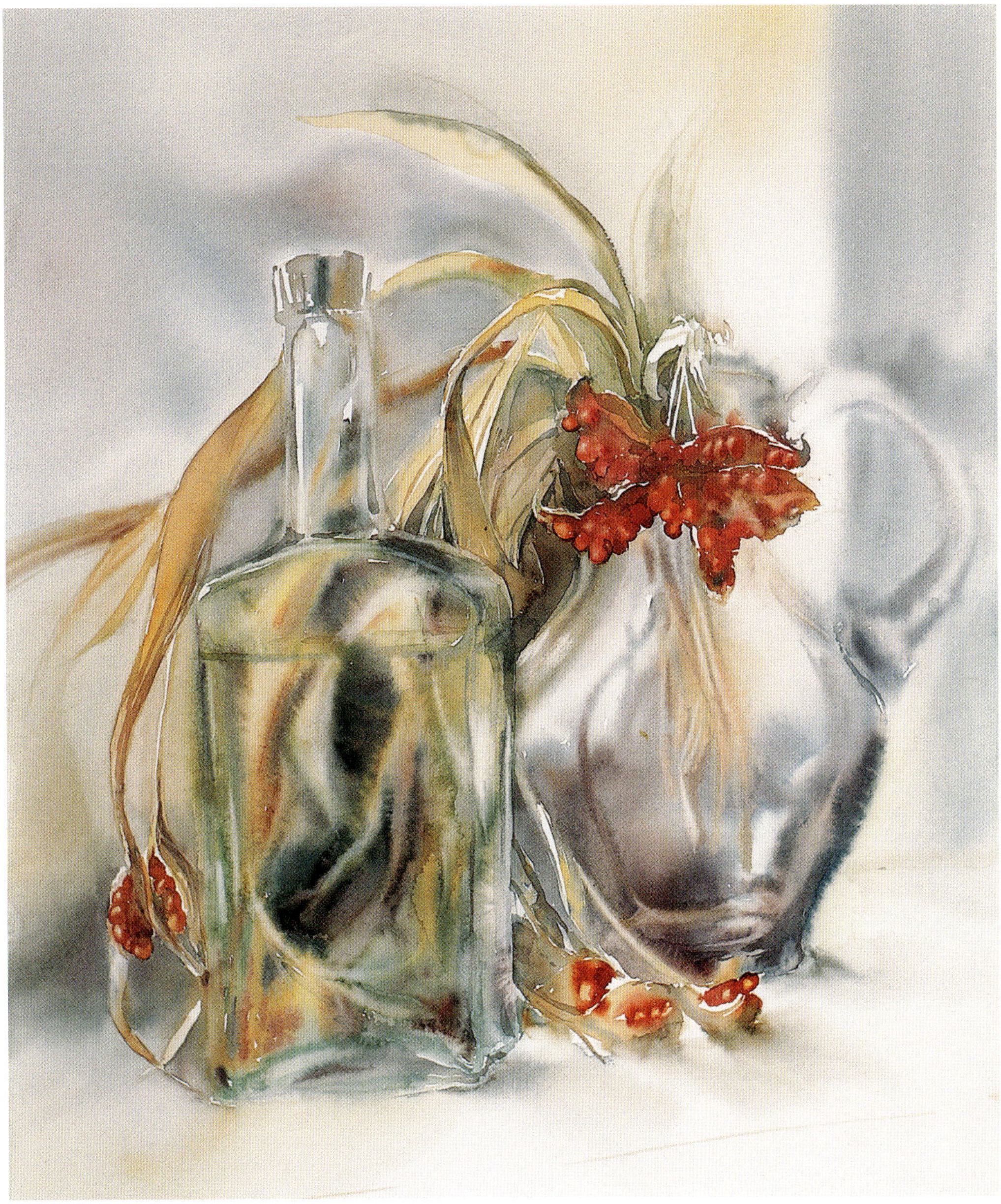

Un objet en verre enferme son contenu et l'ouvre à la vue. Un objet en verre emprunte à son environnement les couleurs, les formes, et les utilise, les recompose pour se rendre visible lui-même. Parfois le regard n'aperçoit de lui qu'une minuscule brillance. Il se fond avec l'environnement qui l'entoure. Qui ne s'est jamais cogné contre une vitre cristalline ? Un objet en verre est très matériel aussi. Il se laisse prendre dans la main, se laisse manipuler. La ligne enveloppe son contour sans discontinuité. Quelle expérience est la plus juste ? Celle qui privilégie la sensation, transmise par la vision, ou celle qui est dictée par l'expérience, le savoir et la raison ? Il me semble très périlleux d'entreprendre la peinture d'un objet en verre sans se rendre compte de ce que l'on voit, ni de ce que l'on veut voir.

Mes objets en verre, je les perçois comme des facéties : ils disparaissent, réapparaissent. Le monde autour est invité à s'unir à eux. Le départ de la peinture est la fusion entre l'objet et le fond, sans obstacle, sans frontière artificielle. La flaque s'étale au-delà des limites des objets, en contournant uniquement les éclats de lumière. Quand cette flaque atteint le stade d'humidité mi-mate, commence la précision de plages colorées aux couleurs crémeuses et pâteuses. Après le séchage, les glacis superposés délimitent les contours choisis, éléments entrant en résonance avec la totalité de la composition. Quelques graphismes suffisent.

L'alocasia

Couleurs utilisées : *Jaune Blocx - Rose permanent - Vert de vessie permanent - Vert de phtalocyanine*
Papier Fabriano 5 *300 g - 61 x 46 cm*

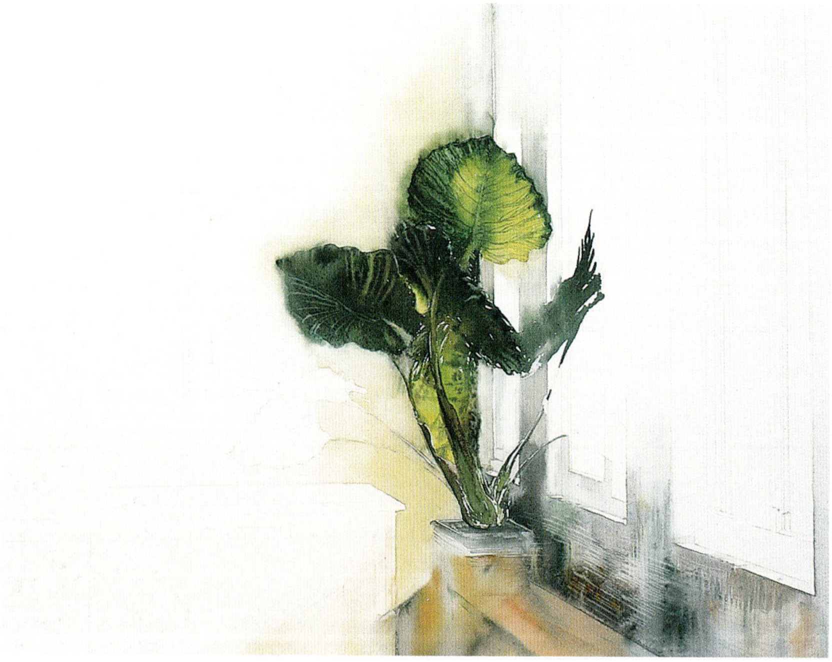

1 Le travail se déroule sur papier sec. Composez des teintes crémeuses : choisissez des verts intenses (vert de phtalocyanine et rose permanent enrichi d'une pointe de jaune) et un vert-jaune, mélange de jaune Blocx et de vert de vessie. Indiquez les premières feuilles et les pédoncules en réservant quelques blancs minuscules. Veillez au bon cloisonnement de teintes claires et foncées ; leur jonction se fera au dernier moment. Posez les taches sur la feuille en cornet en phase d'humidité mate. Pour mieux l'intégrer dans la composition, fusionnez par endroits son contour avec des lavis très liquides. Ouvrez les nervures. Laissez quelques feuilles en attente. Dessinez librement les reflets sur le mur dans le lavis mat. Séchez tout.

2 Détrempez le côté gauche en réservant l'éclat de lumière sur le mur et le poudroiement de lumière sur la table. Fabriquez un lavis à base de vert de phtalocyanine rompu de rouge élaboré avec du rose et une pointe de jaune. Attention : à cette étape, le fond ressemble à un brouillard coloré ! Commencez à nuancer : un peu d'orange sur la table donnera un reflet sur le mur en fusant vers le bas. Mettez en place le fond du tableau, assombrissez la table et les deux feuilles principales. Estompez au double pinceau quelques jonctions, puis les sertis de l'éclat lumineux sur le mur. Ajoutez quelques auréoles volontaires filiformes… Enfin, laissez sécher.

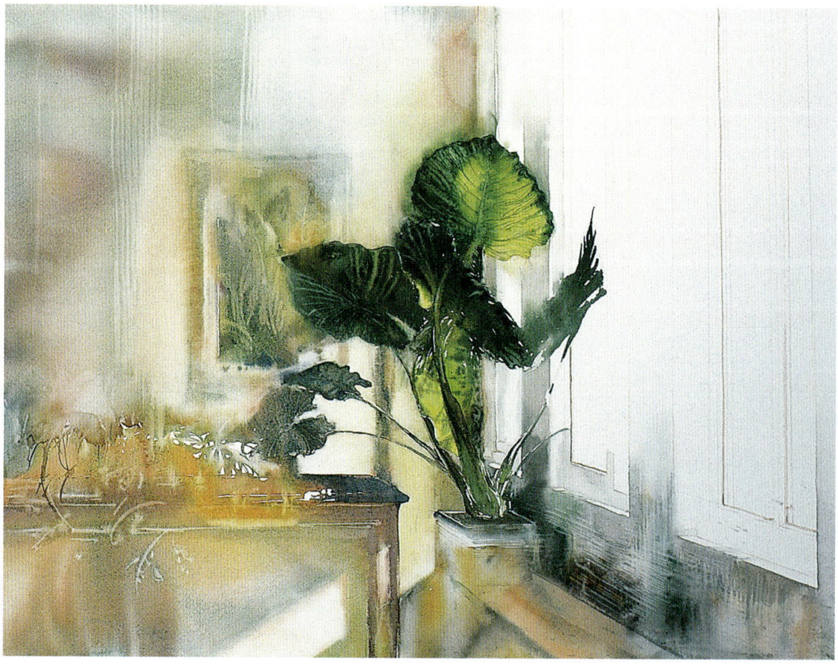

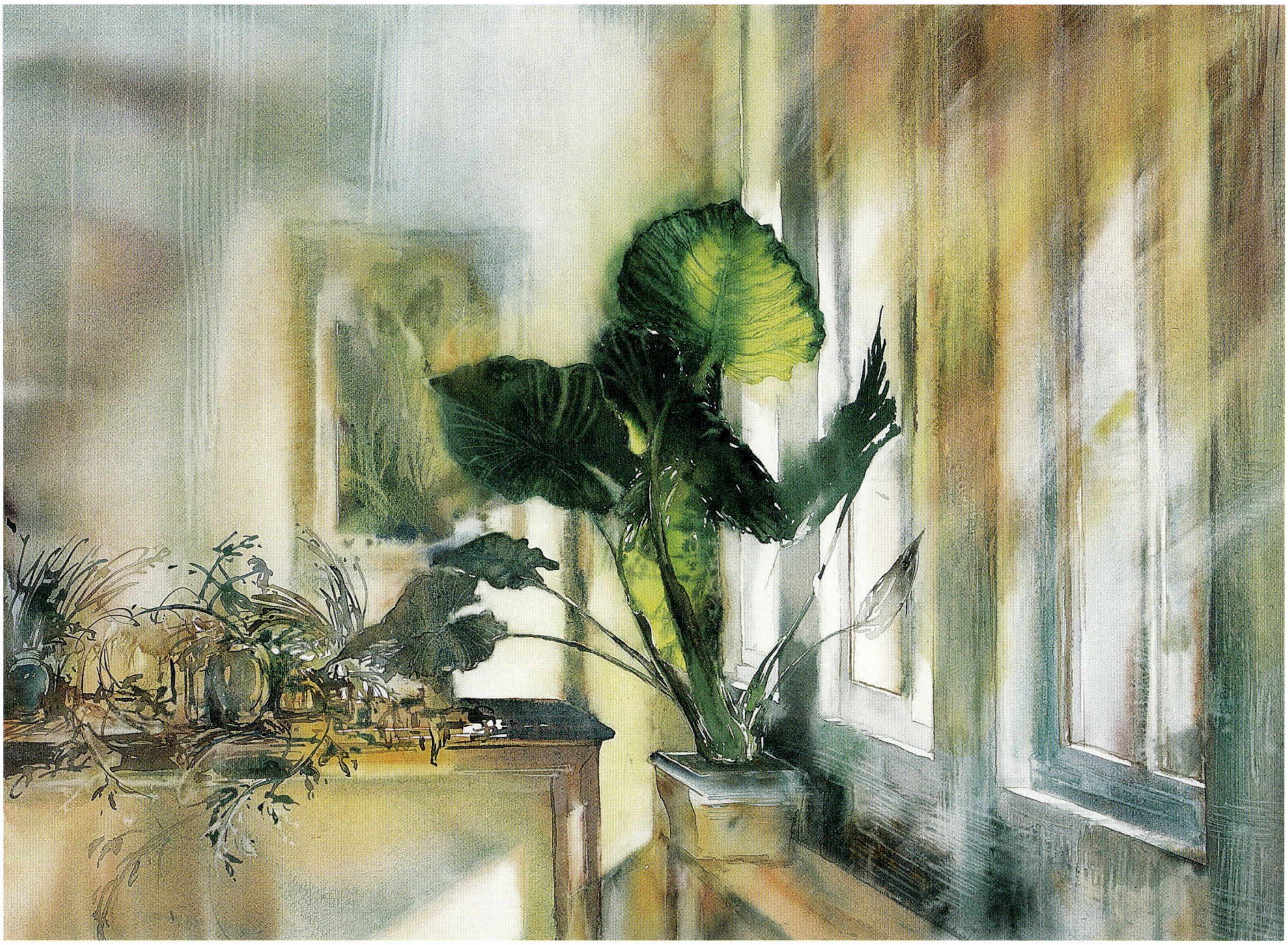

3 À présent, occupez-vous du mur à droite. Utilisez des couleurs très diluées, à base de vert de phtalocyanine. Posez des stries obliques avec différentes teintes d'orange et de violet rompu. Dépigmentez et fondez les teintes tout à la fois, à l'aide d'une brosse synthétique à peine humectée. Séchez tout. Pour peindre le côté gauche de la composition, laissez glisser la pointe de votre pinceau chargé de pigment très liquide. Ne cherchez pas à représenter trop fidèlement ce que vous voyez : soyez libre et spontané, en conservant quelques détails caractéristiques. Laissez communiquer tous les graphismes les uns avec les autres. Injectez les pigments plus denses. Aspirez le surplus d'eau, puis séchez.

LIRE UNE

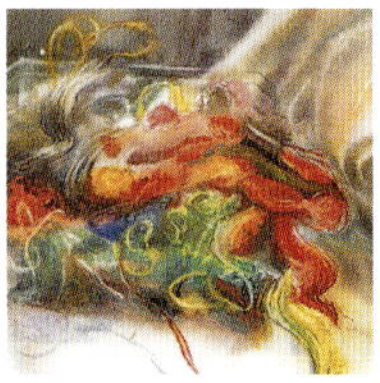

L'aquarelle invite à la lecture : elle est révélatrice de la démarche de chacun. Elle note les hésitations du peintre, ses repentirs, ses négligences… et ses bonheurs aussi. Elle n'est pas pour autant un médium extralucide ! Mais sa transparence lui permet de dévoiler sans tricherie la personnalité et la démarche de celui ou celle qui l'a créée. Il vous faut donc apprendre à voir. Dans le paysage d'une œuvre terminée, vous lancer sur les traces de l'eau disparue. Deviner la succession ou la simultanéité des glacis, les densités des teintes. Suivre, au moindre changement, les états d'âme du peintre. Envisager les solutions avec lui, chercher, supposer, penser… et rêver.

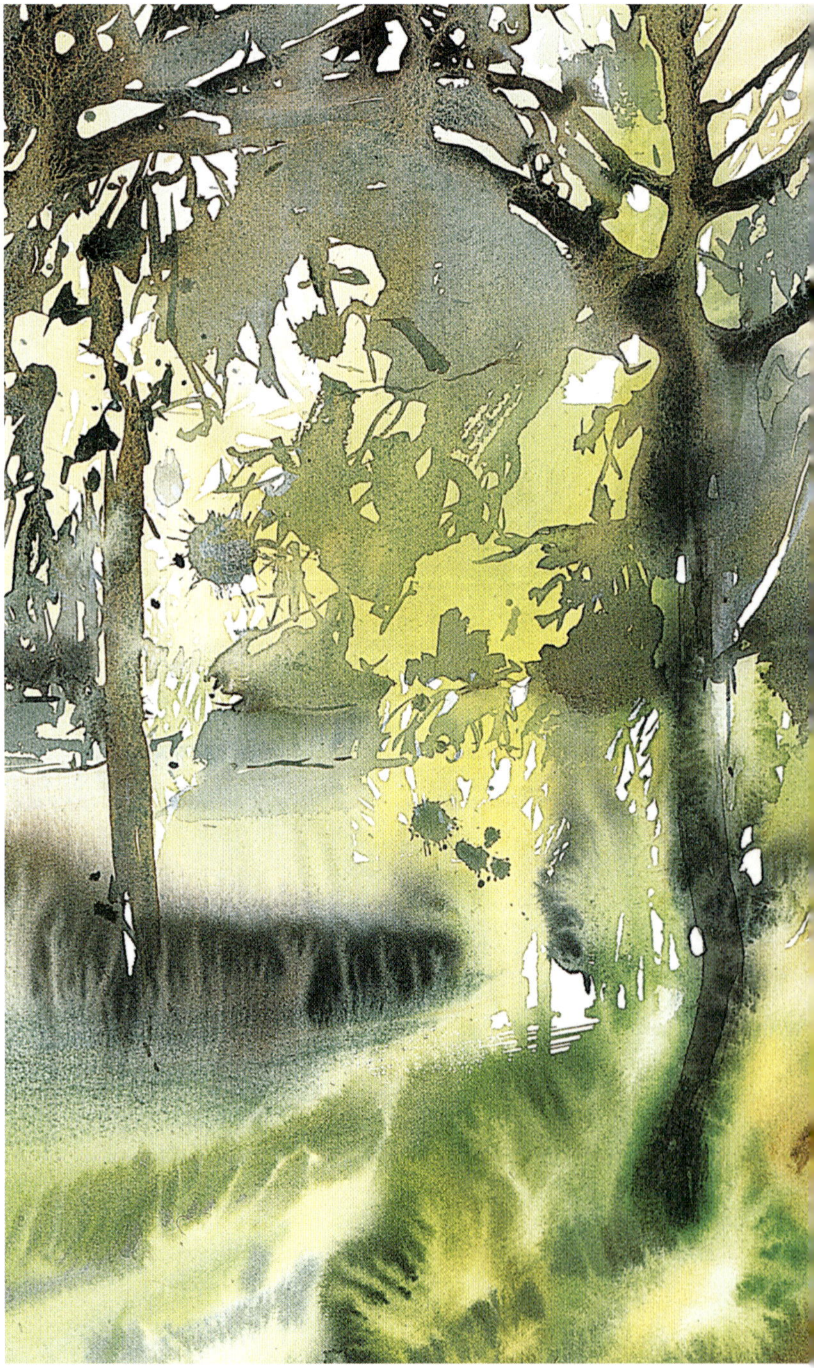

AQUARELLE

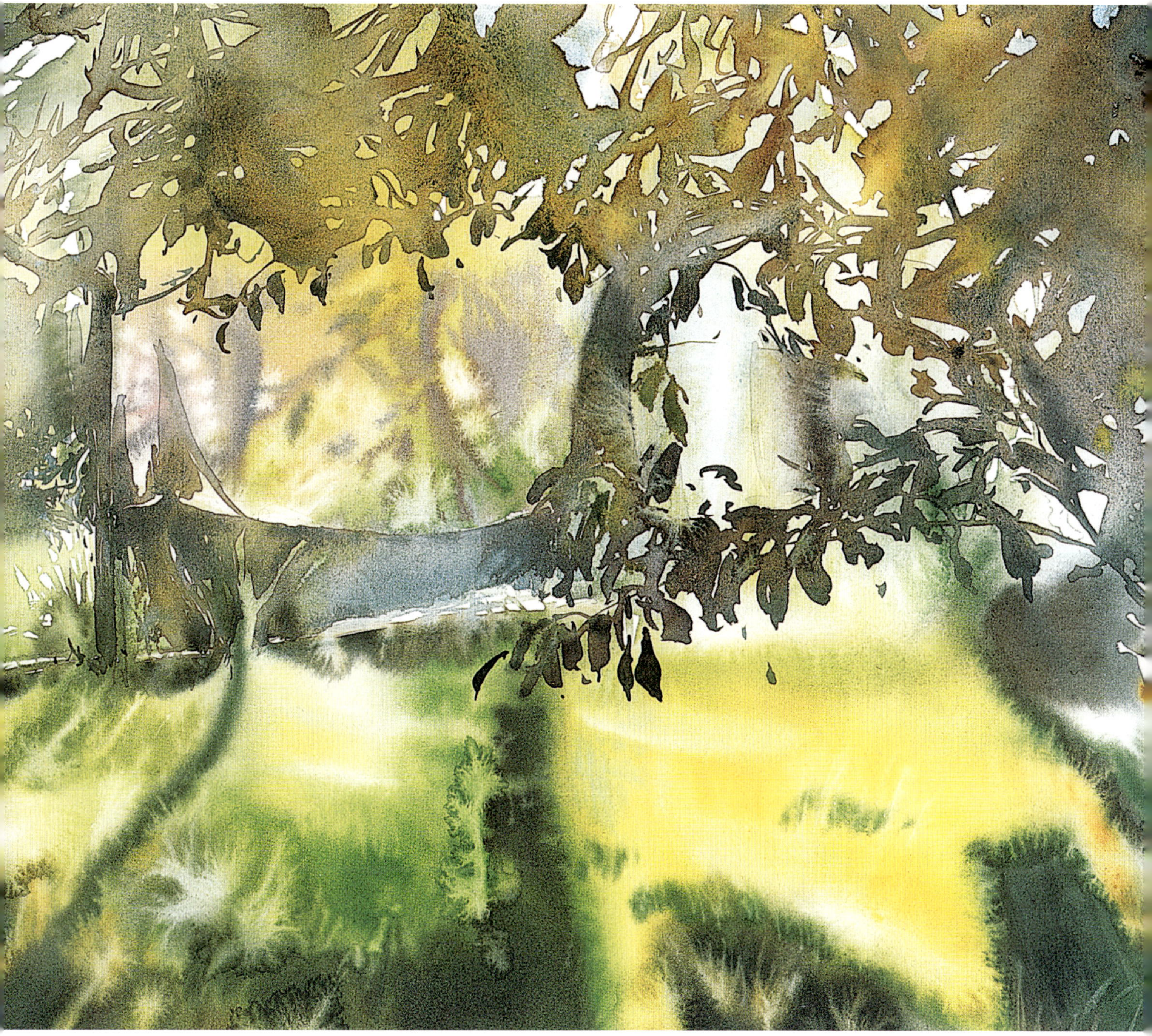

Cotons à broder

72 x 100 cm, papier Fontenay 300 g à grain fin

Une nappe en coton blanc, dont les ombres possèdent de délicats reflets nacrés, est négligemment jetée sur quelques sièges pliés. Observez le contraste qui apparaît entre la stricte régularité des montants des chaises et la souple géométrie des plis : il faut unifier la composition en travaillant chaque élément de la même façon. L'étoffe comme le bois seront traités par ravinement et par auréoles volontaires. D'autres contrastes se font jour, notamment entre les surfaces sereines aux lavis pastel (où éclate la beauté des pigments sédimentés, le travail de l'eau) et l'exubérance des fils enchevêtrés, où l'intervention du peintre est poussée à l'extrême.

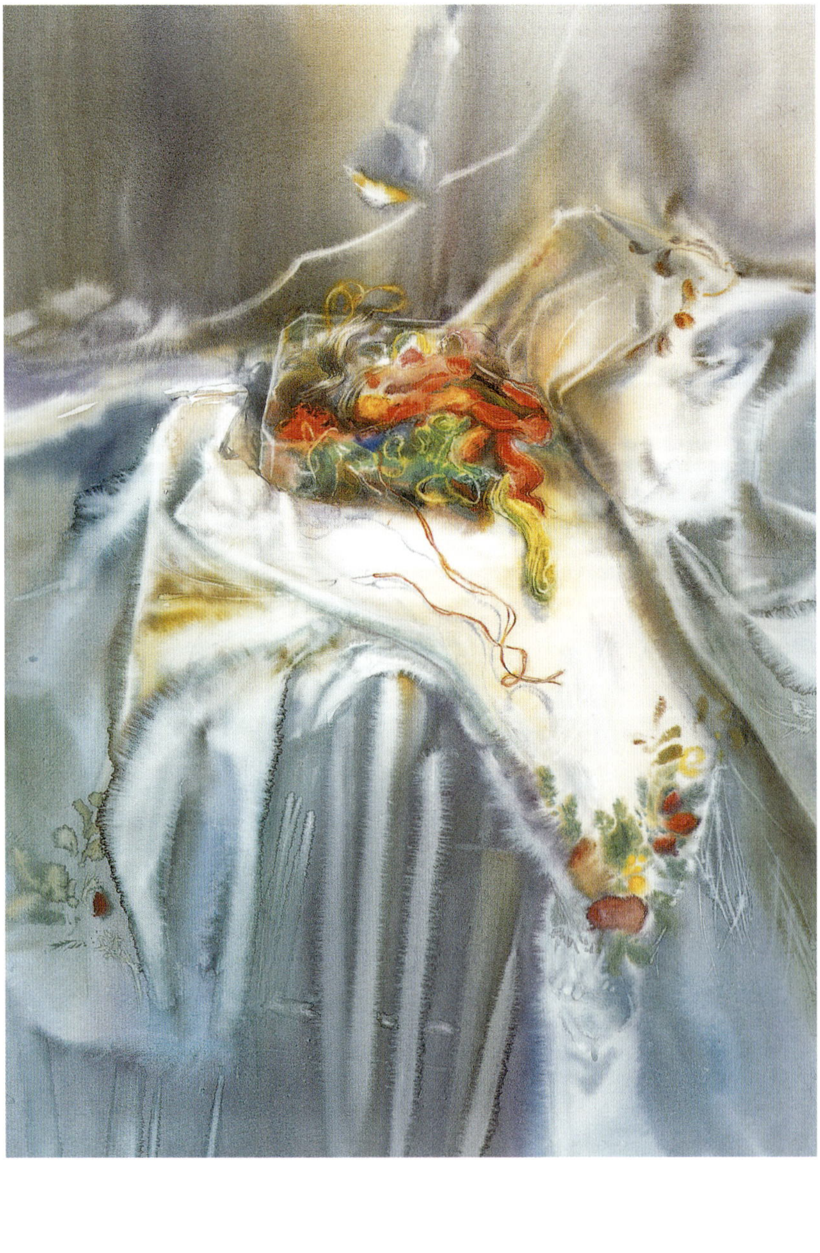

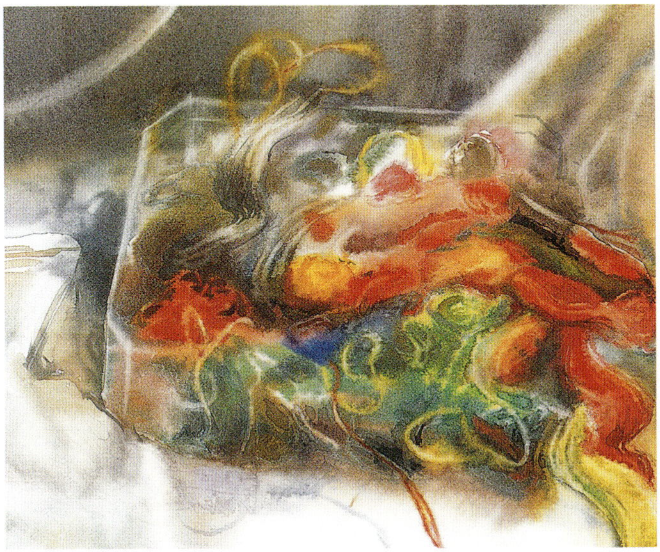

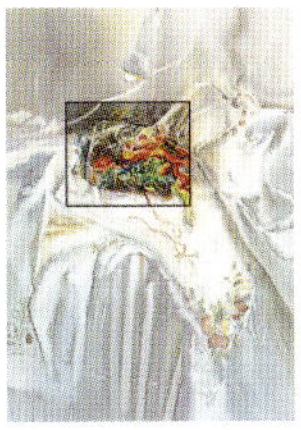

Les enchevêtrements de fils sont peints avec des couleurs crémeuses et pâteuses, sur une surface mi-mate. L'intervention se poursuit au stade mat frais avec de faibles doses des mêmes couleurs pour préciser les zones d'ombre. Les éclats de lumière sur les fils sont réalisés avec de fines auréoles volontaires de gomme-gutte. Il faut équilibrer les zones ainsi traitées par des surfaces de repos, où l'on voit la beauté des pigments dont la sédimentation n'a pas été perturbée.

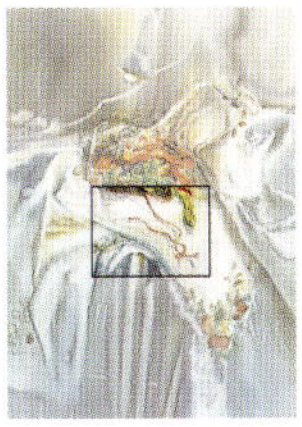

Pour suggérer les ombres aux éclats nacrés de la nappe en coton blanc, j'ai appliqué en premier lieu un léger lavis partiel de gomme-gutte rompu de magenta. J'ai précisé les ombres sur la surface mate fraîche avec un mélange très pâteux de magenta enrichi de jaune. J'ai ouvert presque aussitôt de fines auréoles pour indiquer les froissures du tissu.

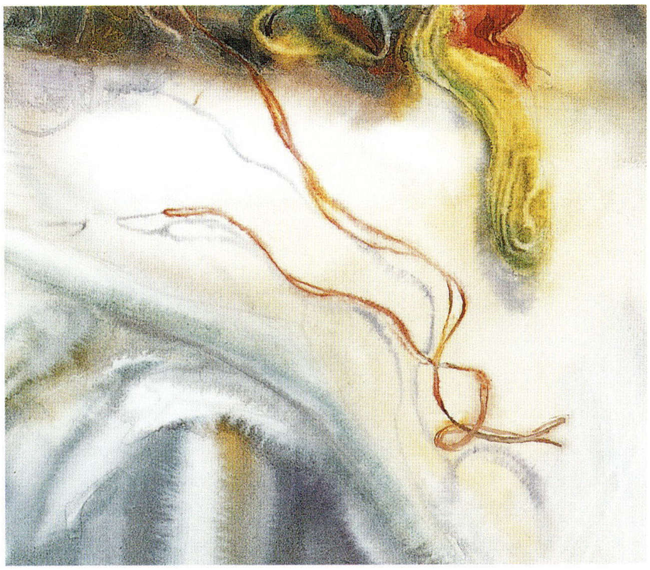

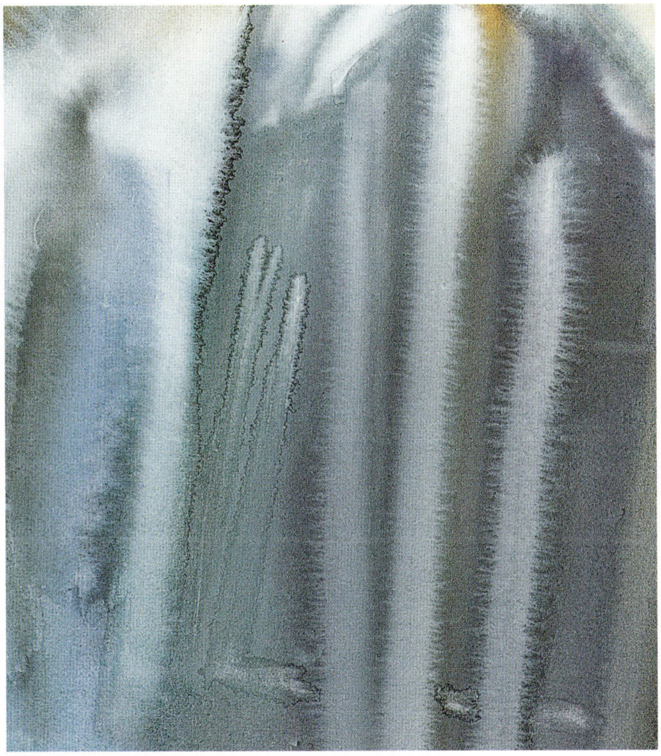

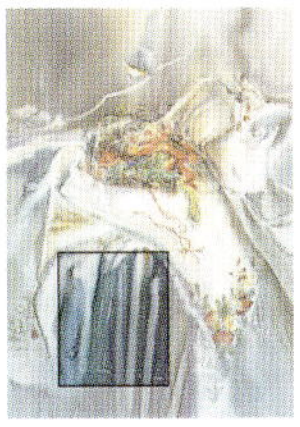

J'ai traité la zone restée dans la pénombre avec un lavis sombre à base de bleu de phtalocyanine, rehaussé de gomme-gutte et d'une pointe de magenta. J'ai exagéré son intensité lors de l'étape humide, ce mélange s'éclaircissant considérablement au séchage. Les plis ont été ouverts par ravinement, les montants des chaises par de grandes auréoles sur le papier mi-mat. J'ai dessiné les auréoles les plus fines sur la feuille mate fraîche.

Effet de soleil au jardin

72 x 100 cm, Papier Fontenay 300 g à grain fin

Les arbres baignés par les rayons du soleil couchant projettent des ombres longues sur le jardin ; apercevez-vous les fantômes des draps qui sèchent sur la corde ? Tout scintille, tout vibre : le moindre brin d'herbe se transforme en joyau.
Le travail s'est déroulé en deux parties : dans la première, j'ai posé un lavis sur toute la surface. Le jeu avec la matière des pigments apposés, repoussés, charriés, bousculés tente d'imiter celui du soleil avec les végétaux. Dans la seconde, je n'ai étalé qu'un lavis partiel, qui m'a permis de représenter les feuillages à contre-jour. Ce lavis superposé constitue un nouveau cycle de l'eau.

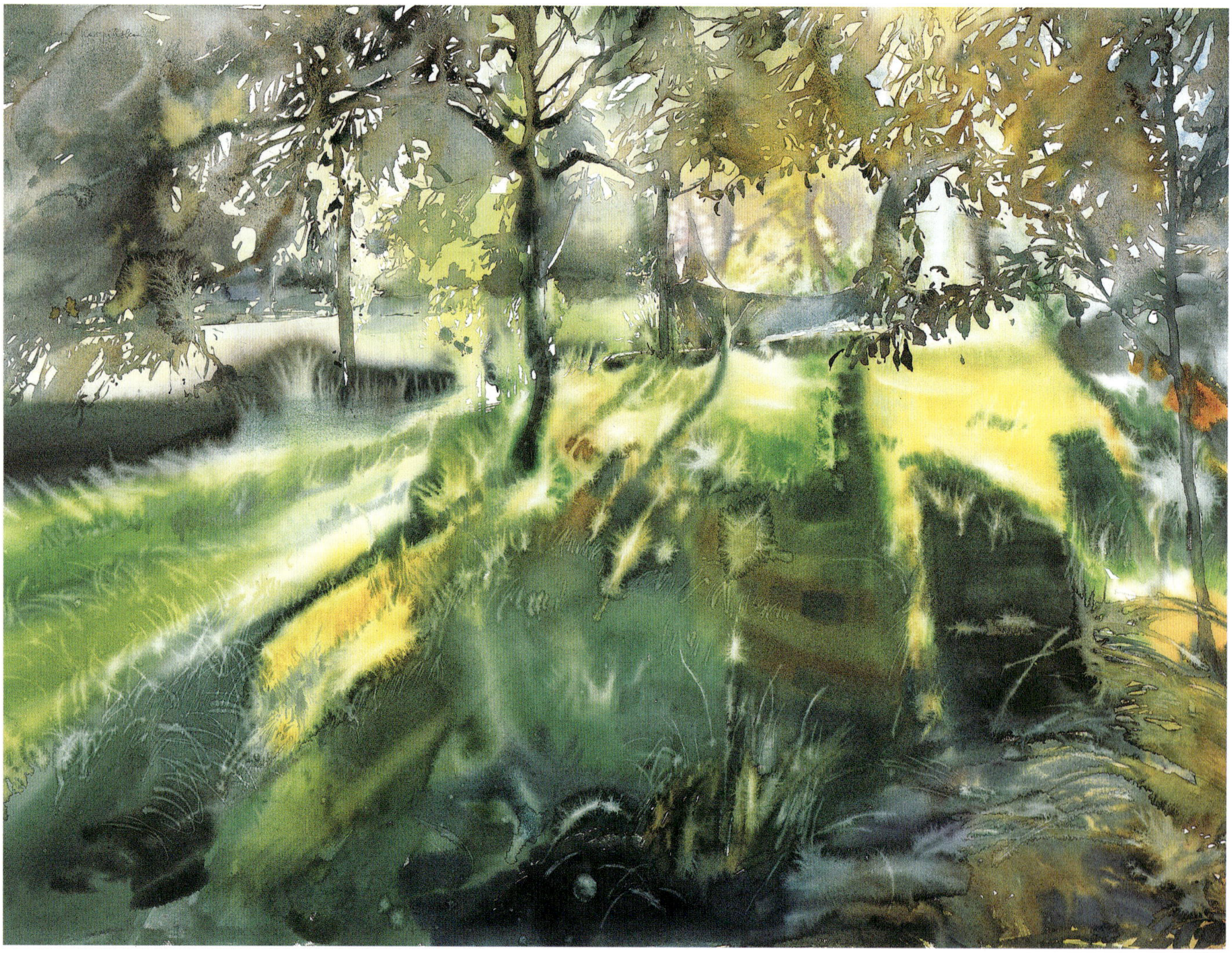

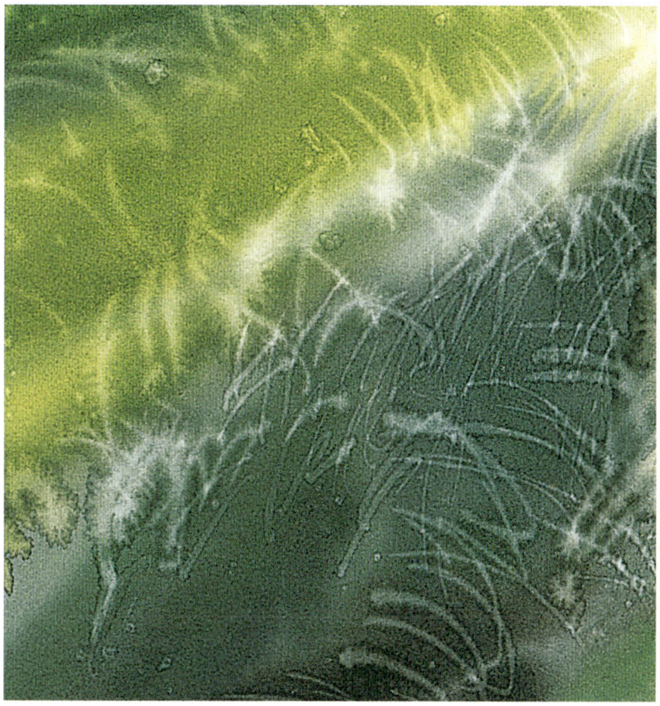

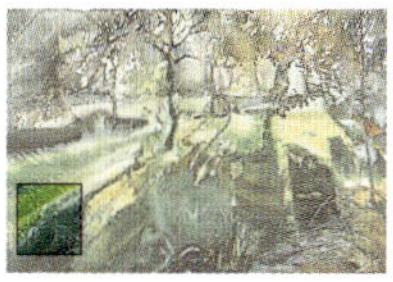

Quand j'arrive à ce moment magique, j'éprouve toujours autant d'émotion : lorsque j'agis ainsi, j'imagine la surface d'une eau calme sur laquelle, avec une brindille, je tracerais des signes… Il s'agit d'un effleurement – peut-être moins que ça encore. Après une fraction de seconde d'attente, se déploie le spectre du geste, imprimé par l'eau dans la couleur sédimentée. Rien de cette action ne reste secret : son commencement, son énergie, sa vitesse, la façon dont elle s'achève… Tout est visible, l'attente et les hésitations aussi. Les auréoles filiformes sont réalisées dans un lavis mat sec, avec d'infimes quantités d'eau. C'est cette dernière qui ouvre les auréoles, et non la pointe du pinceau !

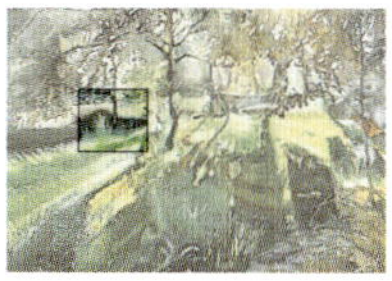

Il faut laisser le temps à l'eau de déployer ses auréoles. La moindre intervention, le moindre changement d'inclinaison du support peut détruire ces délicats filaments d'écoulement. Le travail de l'eau reste visible, à condition d'utiliser au préalable une quantité de pigments suffisante. Ici, les couleurs ont été posées en bandes horizontales, et ont gagné l'humidité mate fraîche. Une quantité moyenne d'eau, intercalée entre les deux teintes, s'est déployée en suivant la pente constante du papier (du bas vers le haut), charroyant la couleur.

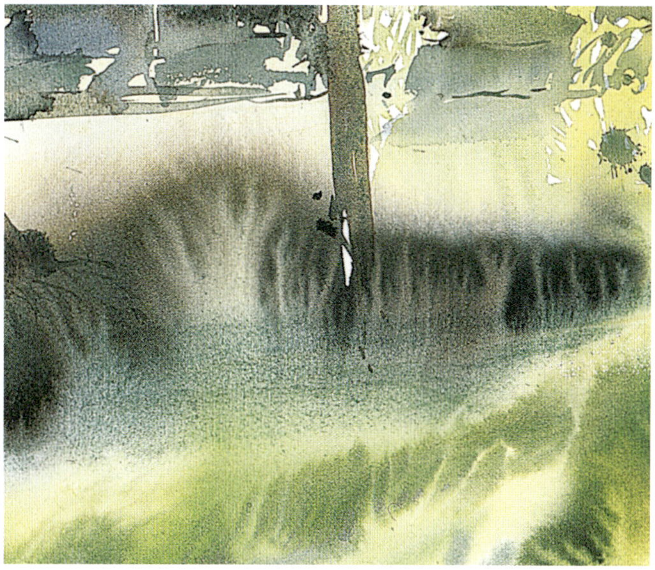

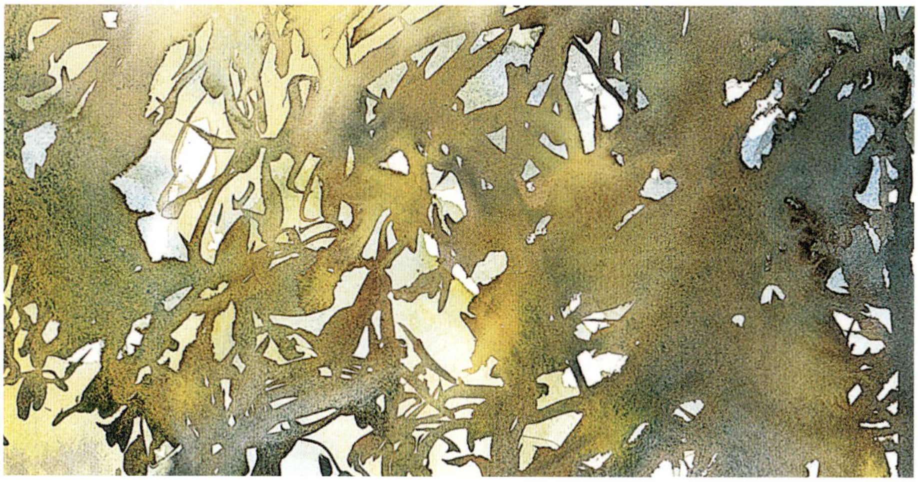

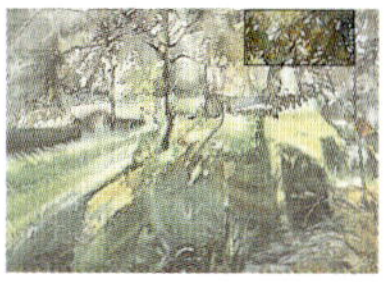

Le lavis superposé, réalisé après le séchage complet de toute la partie basse, met en place les frondaisons à contre-jour. La dépigmentation du lavis par des couleurs diluées, à humidité mi-mate, met en valeur la lumière qui filtre à travers les feuilles.

Fonte des neiges

61 x 50 cm, papier Bockingford 300 g

Un torrent dans les Alpes, une journée ensoleillée à la fin de l'hiver. Je suis installée au bord du ravin, dans la neige. Ce sont des conditions idéales, même si le travail dans l'humide en extérieur n'est pas chose évidente : le soleil rend le travail possible – et la température supportable ! –, la neige et le froid prolongent le cycle de l'eau, le bruissement de l'eau ruisselante de toutes parts incite à la méditation. La réverbération de la lumière sur le papier est presque aveuglante : il faut la déjouer !

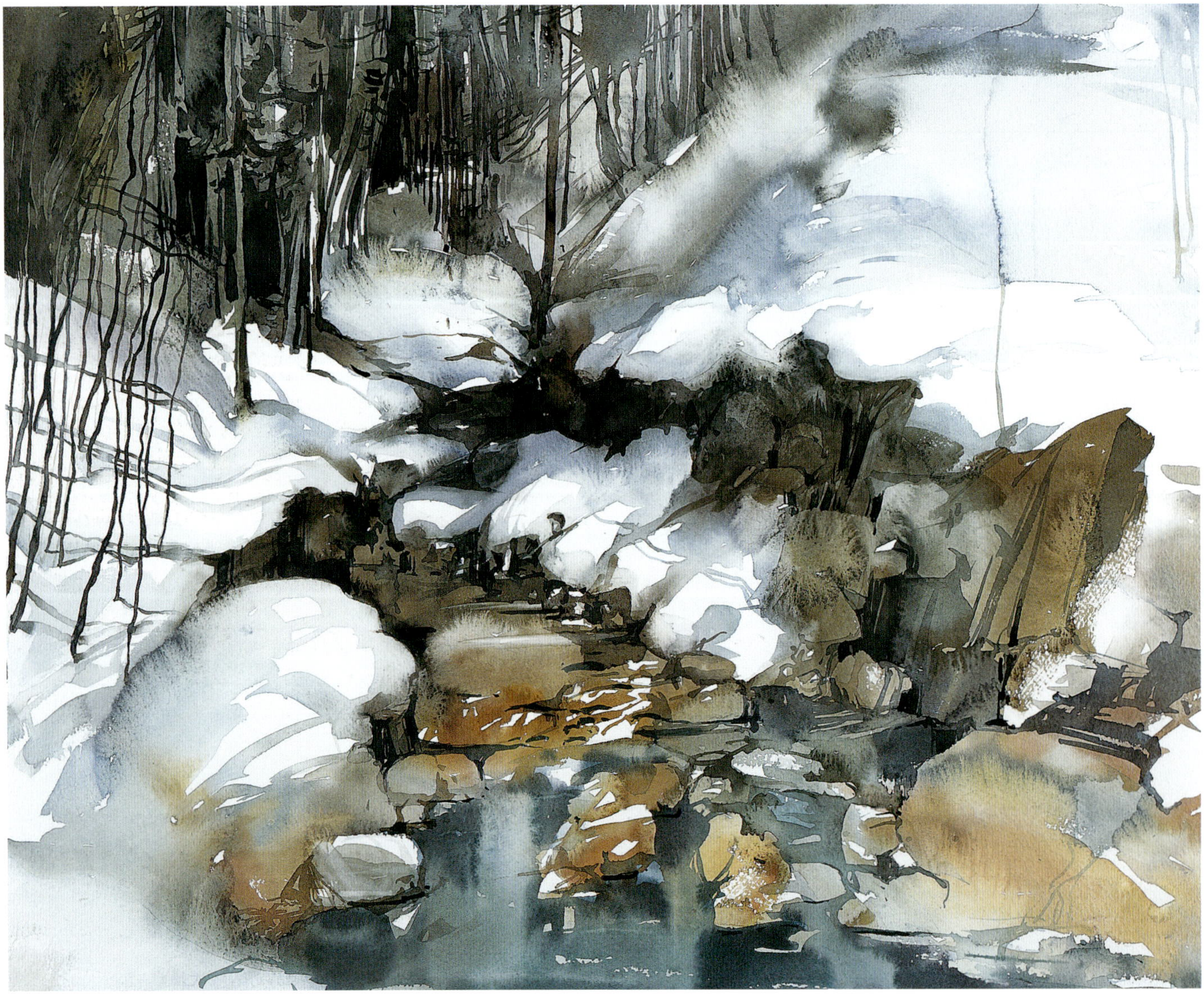

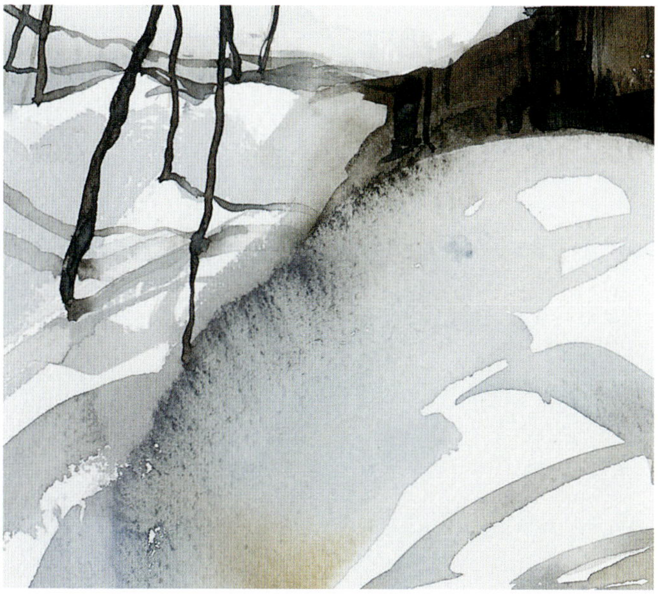

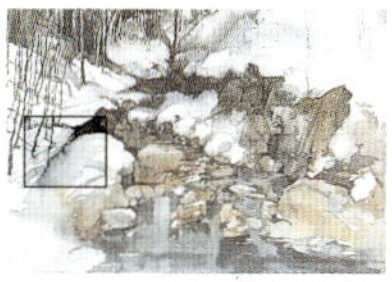

L'éclat de la neige sera sublimé lorsque le papier vierge se trouvera en opposition avec les couleurs denses et largement affirmées. Les ombres, au dessin arrêté, sont posées comme autant de graphismes communicants, en employant une couleur très diluée.

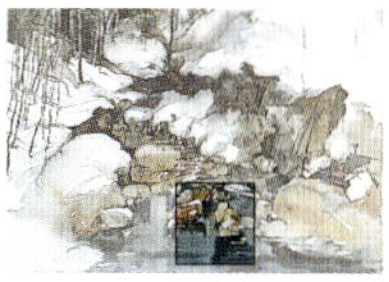

L'emplacement des plaques de neige, scintillantes dans la lumière, est prévu lors de la première inondation du papier. Dans ce lavis brun et ocre, je n'ai travaillé que la couleur de la pierraille qui compose le lit et transparaît à travers l'eau. Le glacis superposé, teinté de bleu, découpe en négatif la silhouette des pierres hors de l'eau. Lorsque ce second lavis entre dans une phase d'humidité mate fraîche, les reflets sont suggérés en employant des nuances de bleu crémeuses.

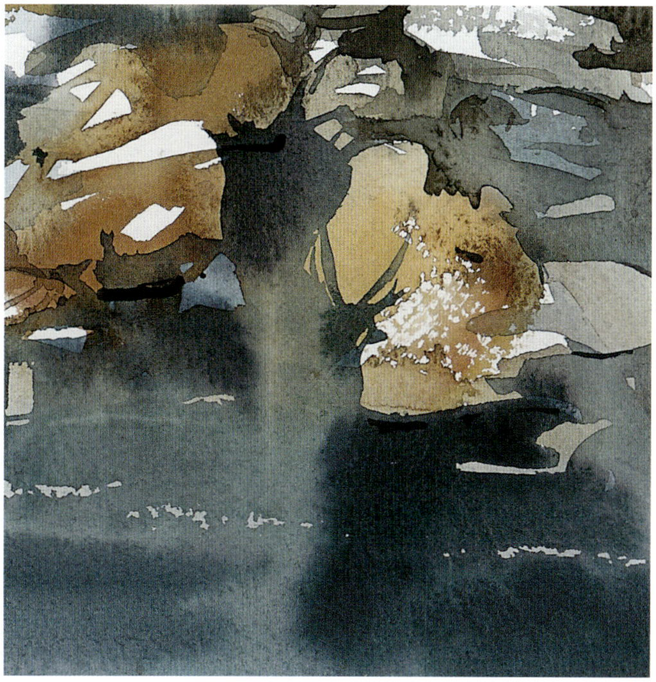

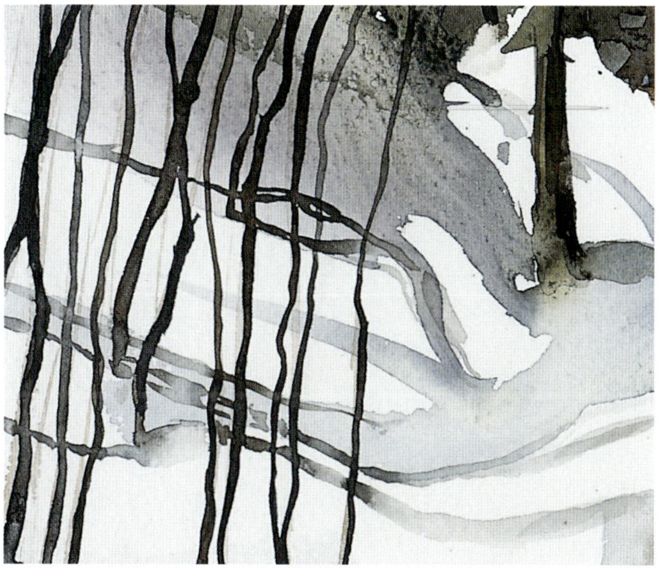

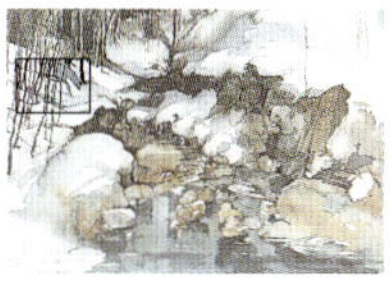

À la mollesse des chapes ovoïdes de neige s'oppose la géométrie presque rectiligne des bois et des ombres du taillis.

Hêtre pourpre à Vincennes

72 x 100 cm, papier Fontenay 300 g à grain fin

Ma rencontre avec cet arbre date du début du printemps. Plus tard dans la saison, il se pare d'un feuillage sombre et épais, à l'envergure impressionnante, qui camoufle jalousement son enveloppe, d'un gris métallique.
Les forces de pousse, telles de minuscules plaques tectoniques, ont plissé chaque parcelle de son écorce. La chair, comme une lave visqueuse, a englouti lentement les blessures, les moignons de branches mortes. Ce géant paraît assoupi, placide et bedonnant. Pourtant, pour qui sait le sentir, il resplendit de vie.
C'est cette formidable énergie que j'ai voulu exprimer, par des graphismes fondus qui deviennent de plus en plus précis à la base du tronc.

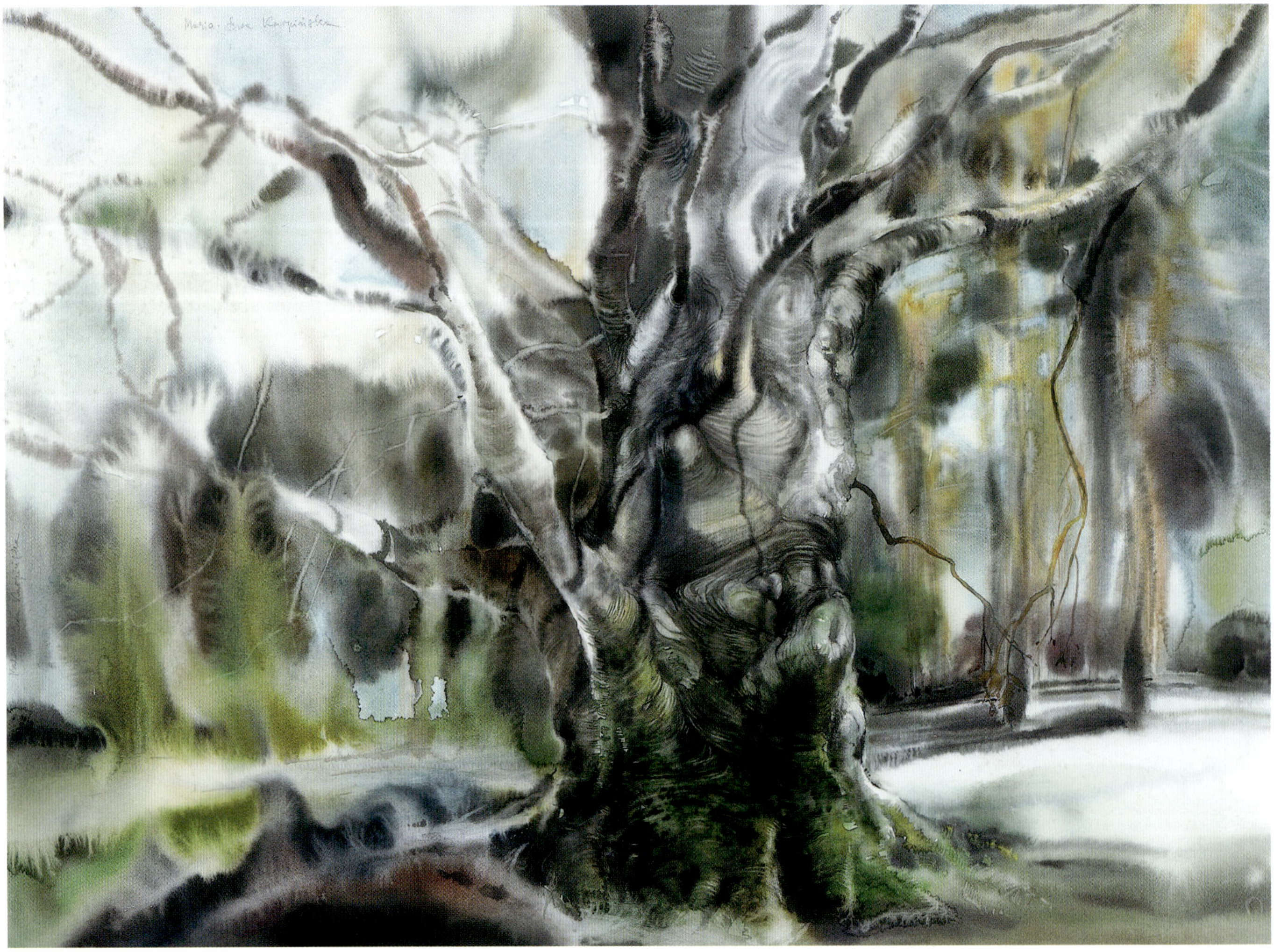

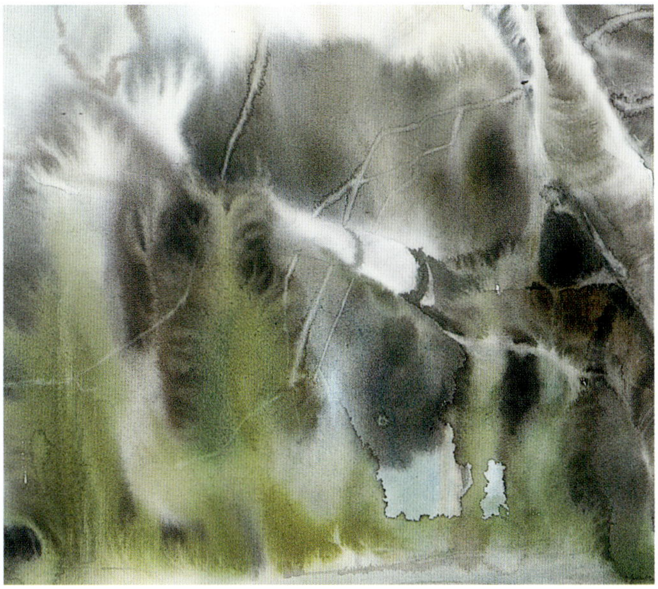

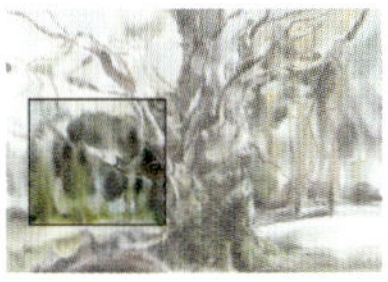

Quand un liquide vert orangé se fraye un chemin dans une couverture pigmentaire à humidité mate sèche... Les auréoles volontaires surgissent ! On devine aisément les directions prises par l'eau pigmentée. Les auréoles les plus fines sont réalisées quelques instants plus tard, à la fin du cycle d'eau.

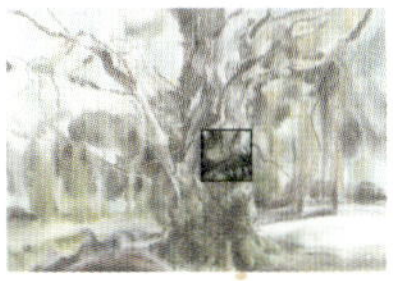

Le dessin des plis de l'écorce est réalisé au moment du premier lavis, sur une surface mate fraîche, avec des couleurs crémeuses. Lors du second lavis, une superposition de graphismes linéaires faiblement teintés souligne les plissements de l'arbre.

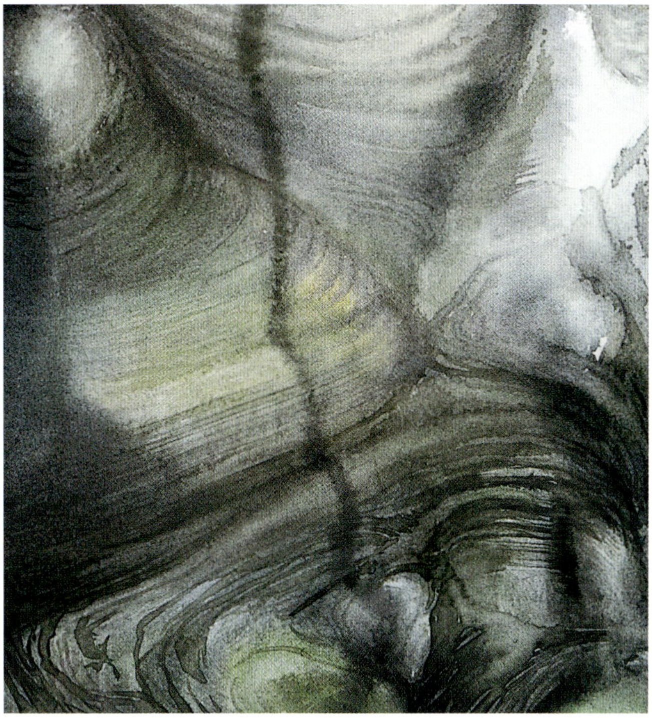

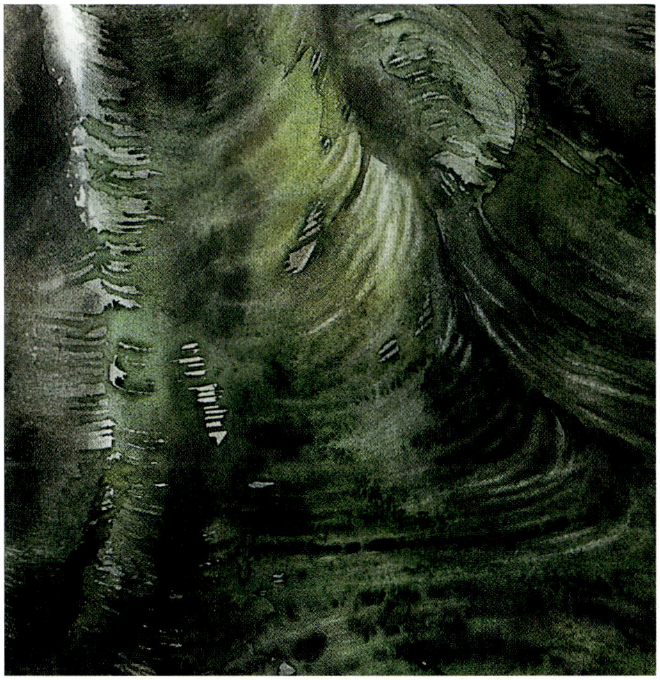

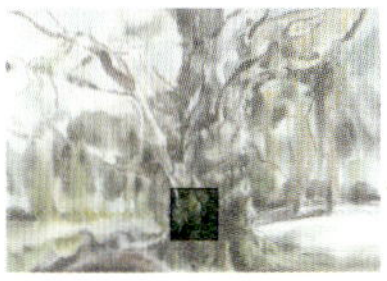

Sur la base du tronc, j'ai appliqué des couleurs pâteuses lors du second lavis entré dans l'humidité mi-mate. Les teintes se diluent et s'étalent très légèrement sur le papier, rendant presque aussitôt possible le travail des auréoles : de toutes petites gouttes d'eau viennent rompre la monotonie des dépôts de couleur.

La sentinelle

72 x 100 cm, papier Fontenay 300 g à grain fin

Je me trouve en face de l'arbre le plus majestueux que je n'ai jamais vu : c'est un chêne immense – un bonheur intense. Tout est vert. Il m'a fallu près d'une semaine pour commencer à distinguer les différentes nuances ! Le vert-jaune prédomine, obscurci çà et là par ce vert juteux du début de l'été. Les bleus sont à peine présents. Les violets, les mauves, les orangés du tronc m'émerveillent. Des éclats de lumière jaune dansent tout autour de moi. Je me laisse subjuguer par le dessin si caractéristique de l'écorce...

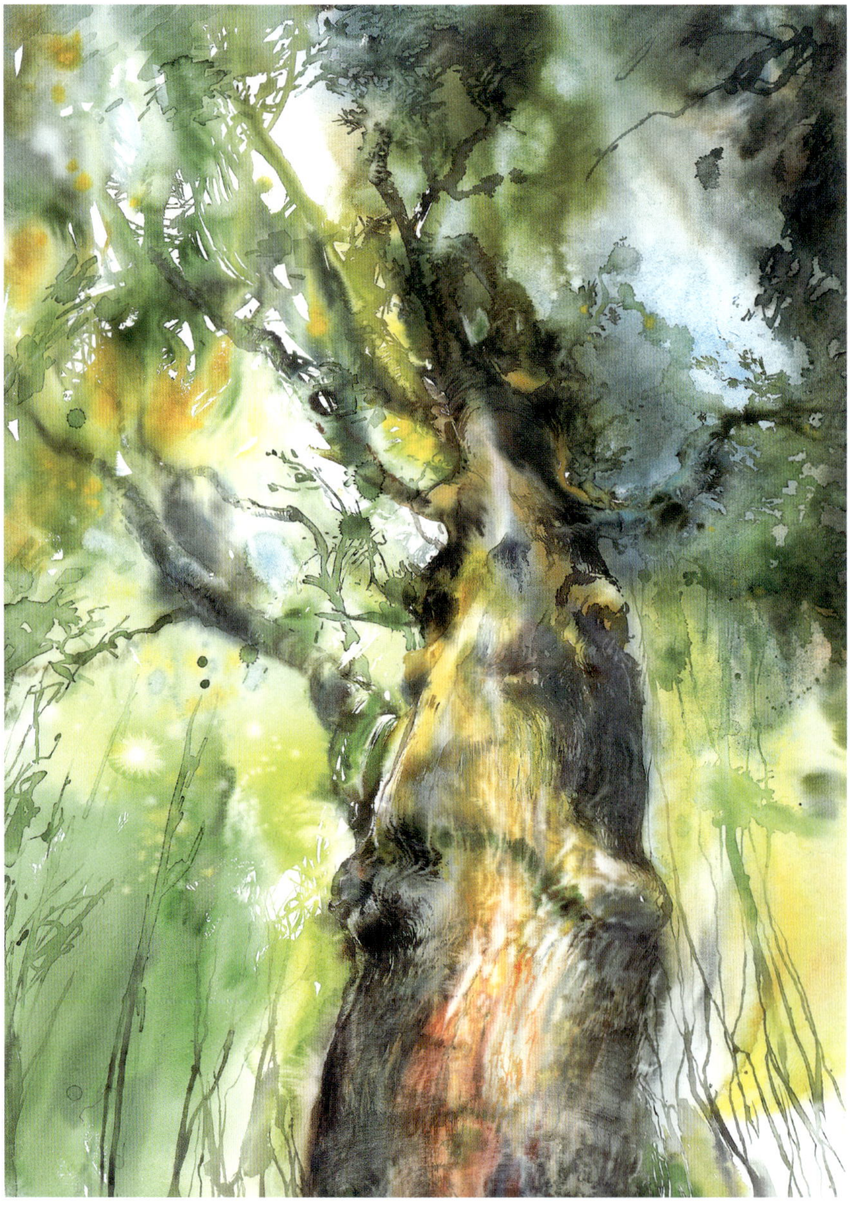

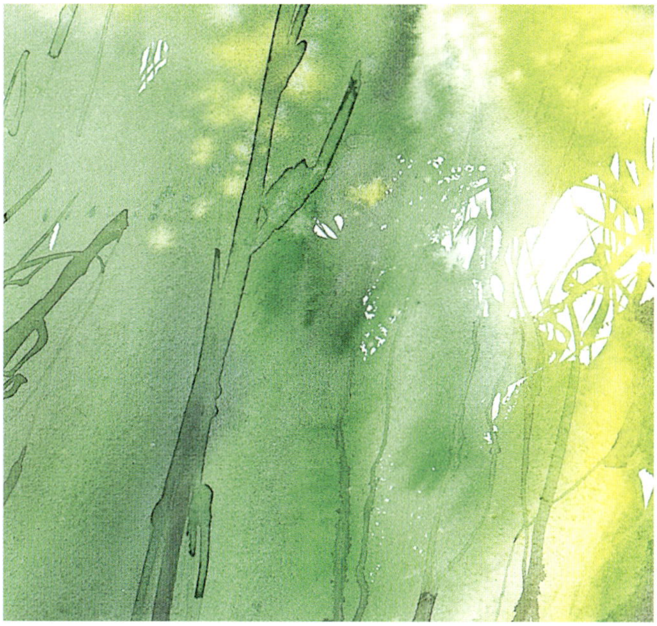

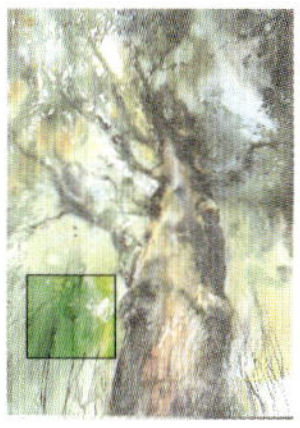

Le début du travail préserve les parcelles du papier sec et laisse filer les ombres du fond pour qu'elles forment un tourbillon vertigineux, où se mêlent les feuilles, les oiseaux et les étincelles de lumière. Le châssis étant incliné du bas vers le haut, on peut aisément reconnaître les chemins d'écoulement du lavis.

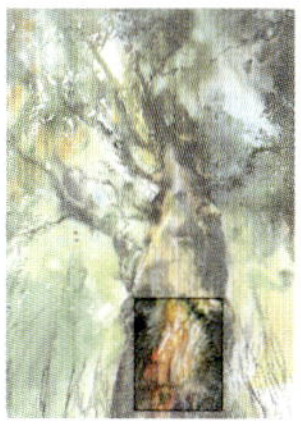

À présent, il faut patiemment révéler la structure et de la matière du tronc... Les auréoles volontaires viennent agacer la couleur au dernier moment. Le lavis superposé, étalé en stries fines et légèrement teinté, donne suffisamment de repères visuels pour mettre en place la perspective de l'arbre tout entier. Le travail de pigmentation se poursuit dans tous ces filaments, en accord constant avec le cycle de l'eau.

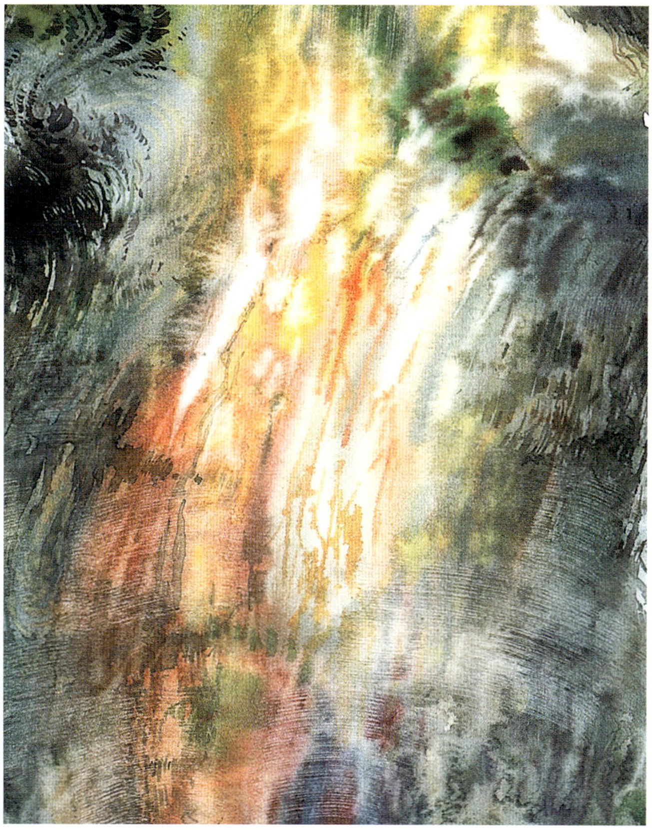

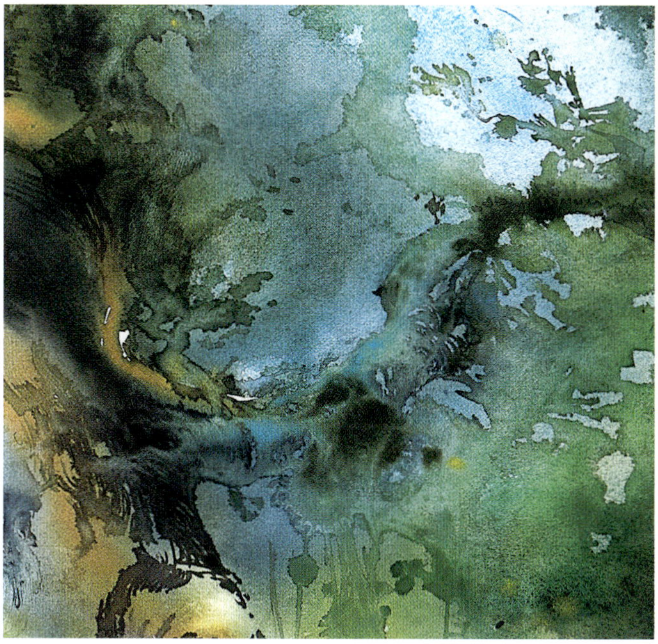

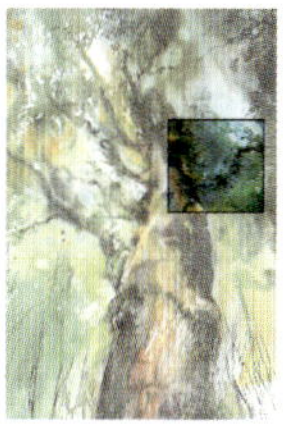

J'ai posé un second lavis qui, partiel, se superpose sur cette ambiance. Il me permet de préciser les frondaisons. Plus loin, il ira se greffer sur le tronc. Pour que la liaison demeure invisible, les bords de ces glacis sont estompés au « double pinceau ».

Le vase cylindrique

61 x 46 cm, papier Fabriano 5 300 g

Le monde vu dans une loupe a en soi quelque chose d'amusant et de mystérieux : les images se distordent, rapetissent, se mélangent... L'univers entier se laisse enfermer dans un espace restreint. Notre regard sur lui acquiert une distance étonnante : nous sommes placés devant une scène de théâtre, où les objets familiers jouent une farce. Les uns deviennent des taches de couleur longues et maigres, les autres se transforment en graphismes touffus, d'autres encore se renversent ! Tout un monde dans un verre d'eau...

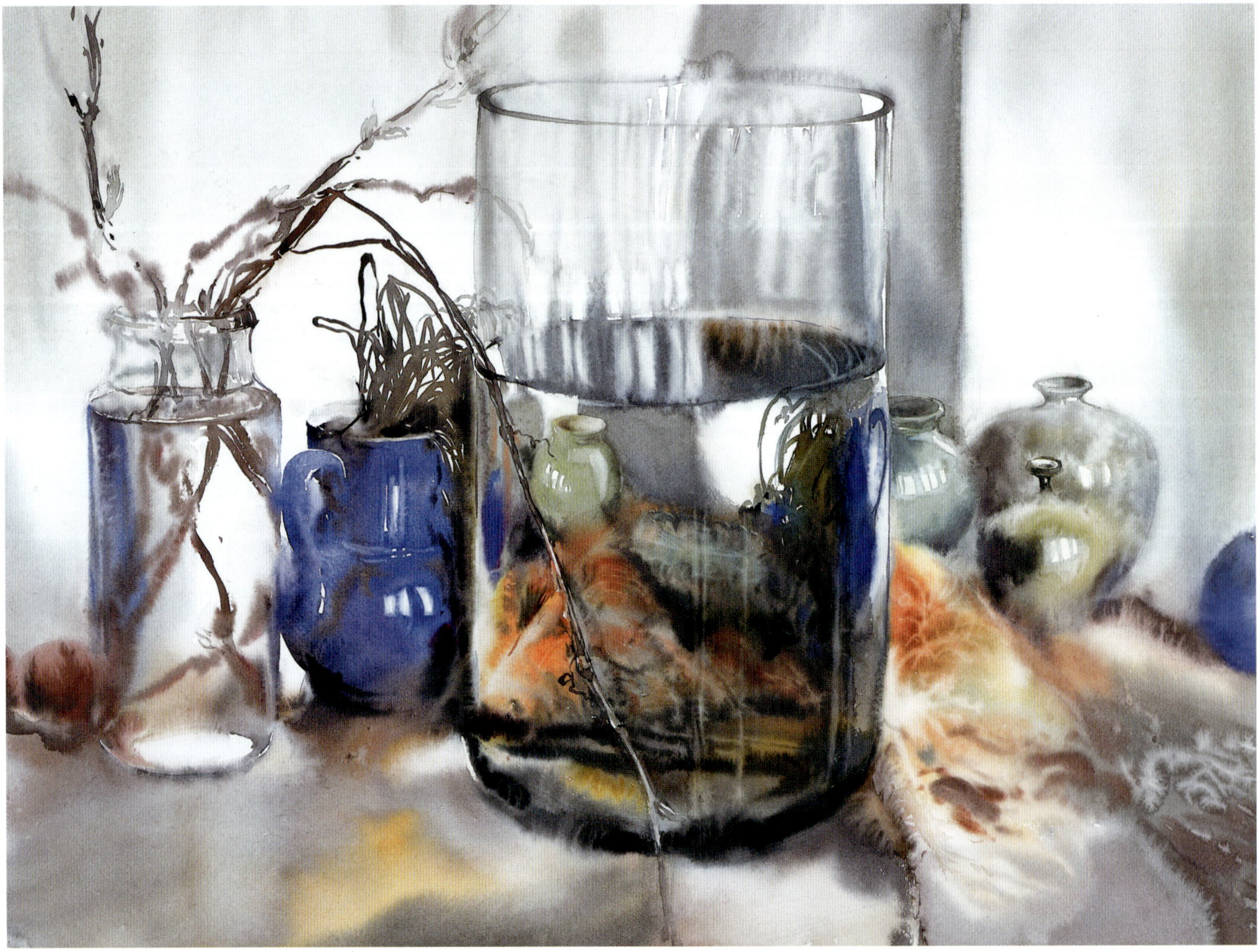

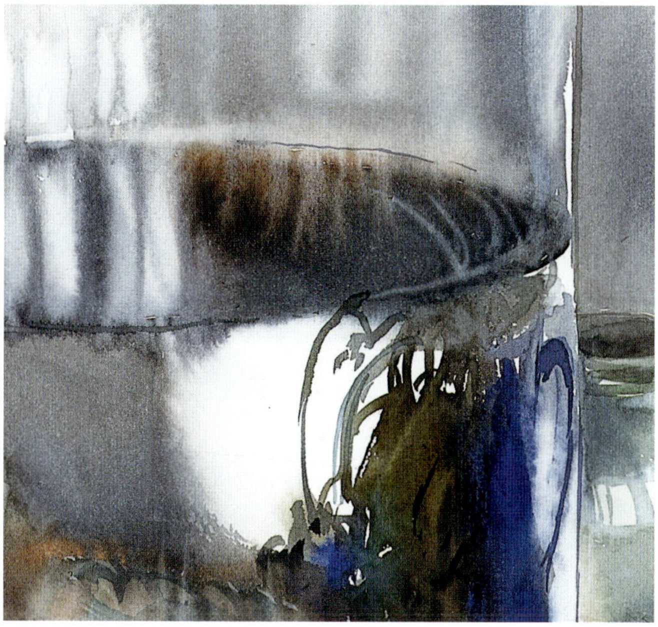

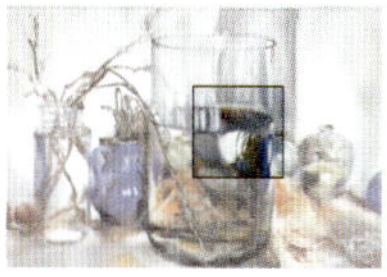

Pour restituer la clarté et les effets de l'eau, il est nécessaire de placer les justes quantités de couleur aux bons endroits, sans hésitation. Les objets en verre possèdent une couleur propre à peine discernable : ils se colorent en empruntant leurs teintes à leur environnement. Ce serait un contresens de délimiter durement leurs contours par des sertis : au contraire, le vase transparent sera reconnaissable et attrayant si son pourtour est exprimé par des moyens toujours changeants. Pour représenter les reflets, les auréoles posées sur la surface mi-mate puis mate fraîche sont idéales.

Il faut rester concentré et conserver une grande capacité d'observation pour saisir à la fois le sujet et la distension des teintes dans un lavis humide.

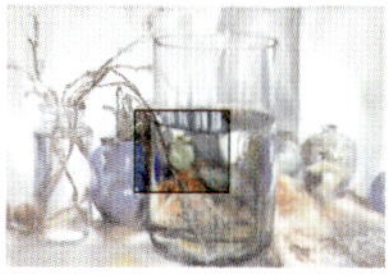

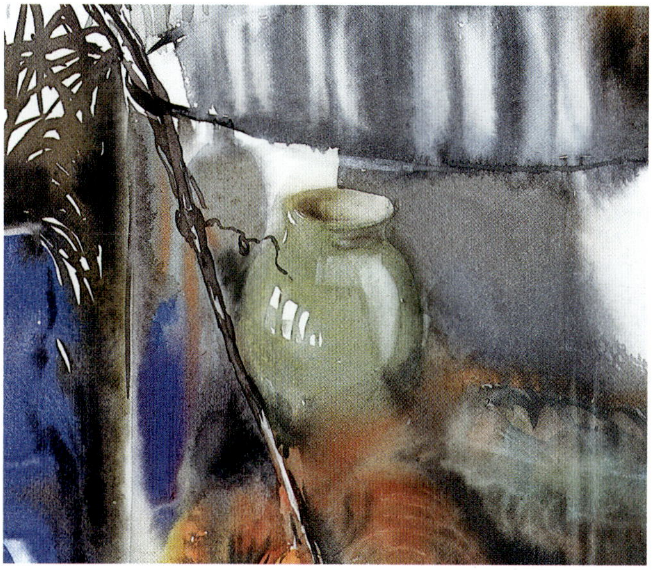

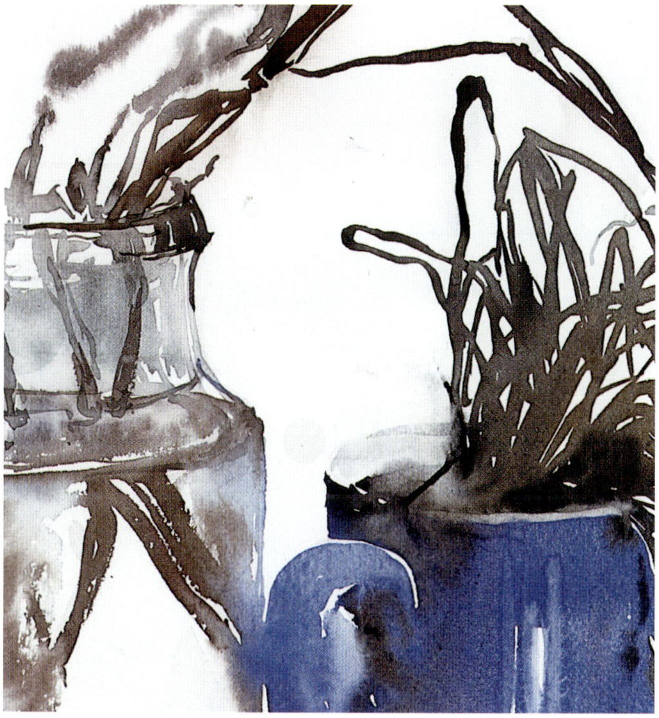

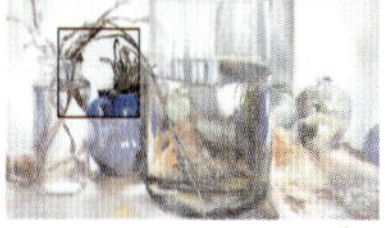

Cette opposition entre les surfaces traitées en flou et l'aspect très net des herbes séchées m'a semblé particulièrement intéressante. L'intervention est exécutée sur papier sec. Ce sont des graphismes spontanés, qui dessinent un réseau communicant.

L'olivier de Roquebrune

73 x 100 cm, papier Fontenay 300 g

Voici le plus vieil arbre que je connaisse ! Il aurait plus de 2 000 ans... Comment rester de marbre devant un tel phénomène ? Sa chair, comme si elle était imperceptiblement visqueuse, avance, se déplace et enserre la roche par sa matière vivante, l'engloutit lentement, depuis des siècles... Ce n'est plus la terre qui retient, c'est le tissu infiltré entre les roches qui soude, stabilise le monde minéral, l'empêche de s'éroder, de s'échapper. Cet olivier entretient une puissante union avec le sol.

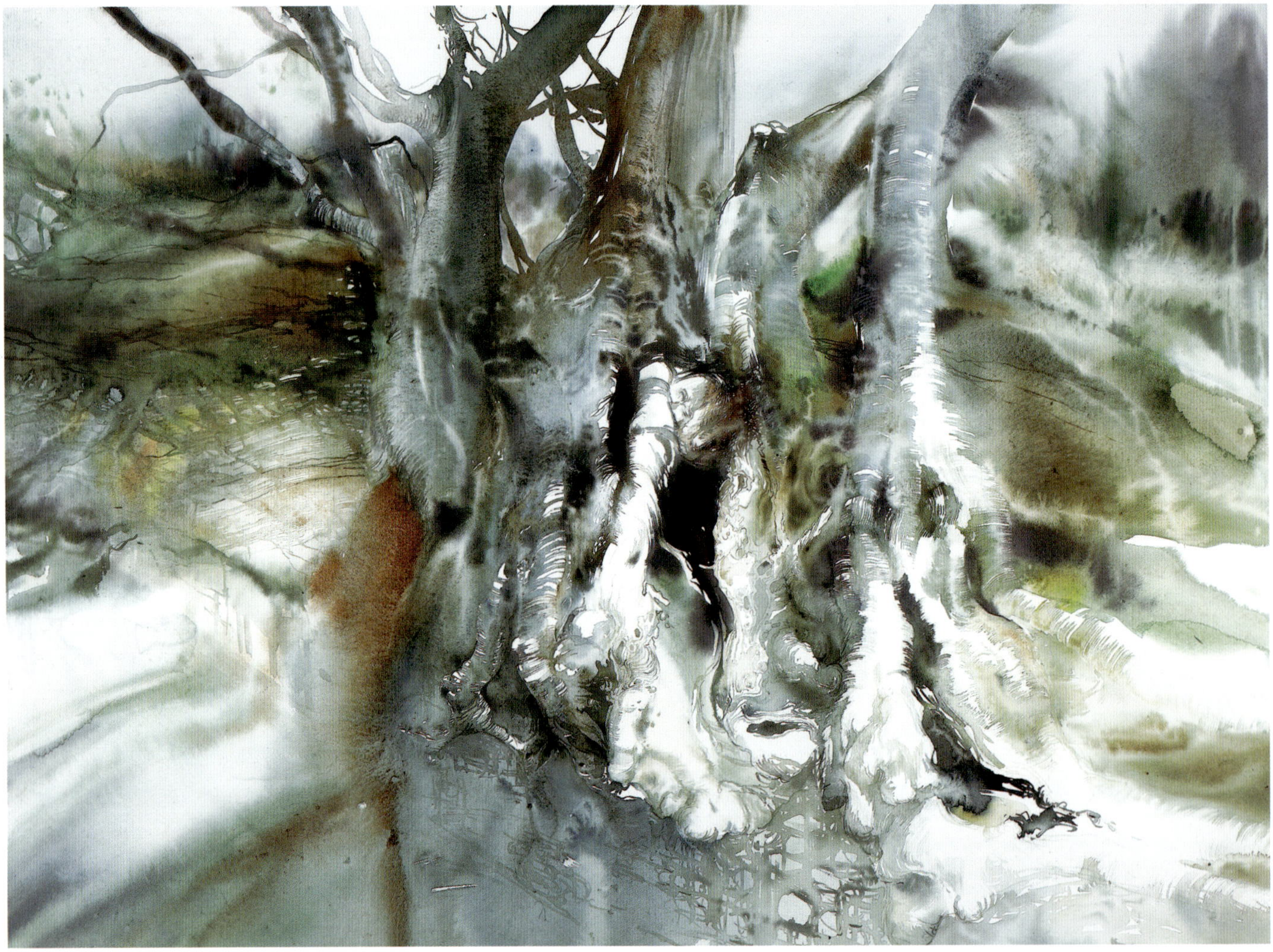

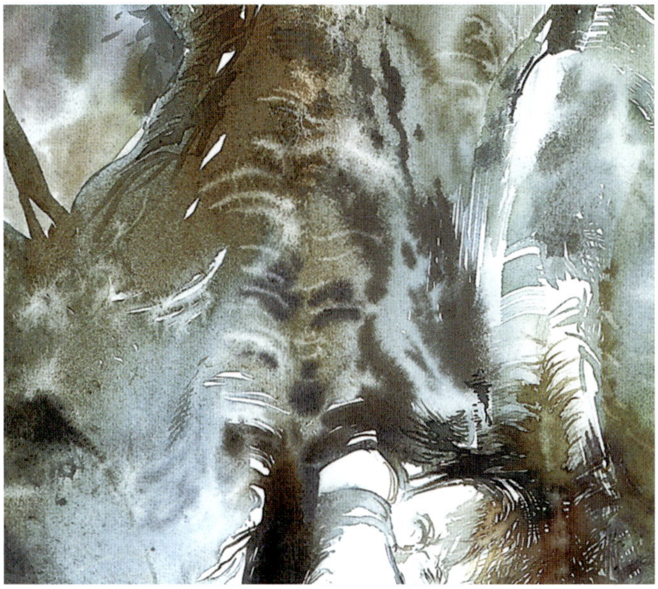

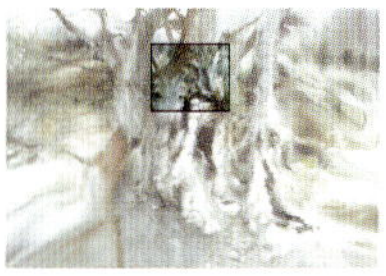

Pour mettre en évidence les différents volumes enchevêtrés, j'ai utilisé tous les types de graphismes : dessins fondus en couleurs crémeuses ou pâteuses sur la surface mi-mate et mate fraîche, auréoles volontaires, couleurs diluées sur le papier sec... Je me suis également servi, à certains endroits, d'un spalter synthétique.

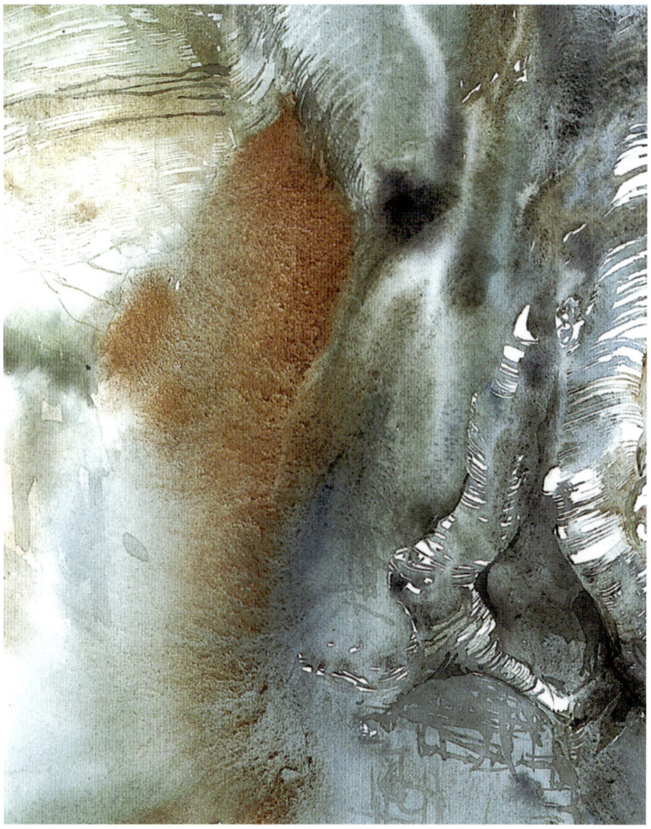

Tous ces graphismes ont besoin de s'appuyer sur les matières sédimentées avec une lenteur non perturbée. La surface brillante, après l'application des couleurs crémeuses, a évolué sans intervention.

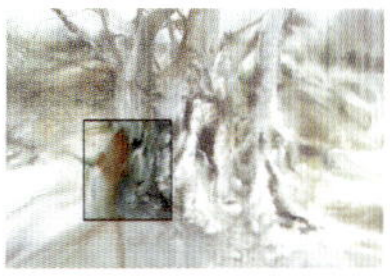

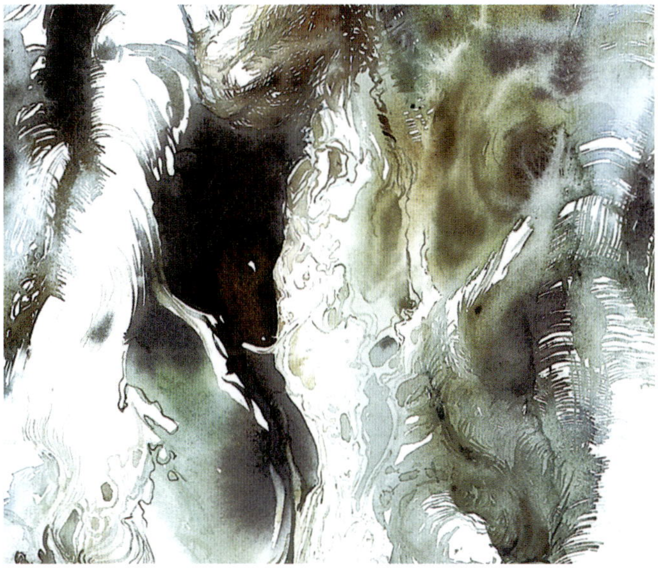

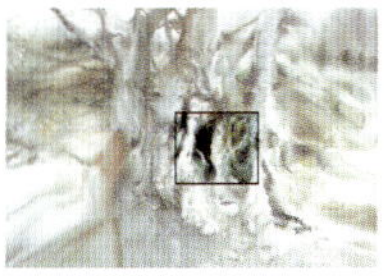

Le contraste entre les surfaces sombres et les espaces clairs ou réservés dramatise la composition et ajoute une aura mystérieuse à cet arbre. Comme d'habitude, plus une couleur est dense, plus il faut retenir son envie de la retoucher : la moindre intervention risquerait de la «boucher». Un autre impératif concerne les réserves de papier sec : les teintes très liquides et très pâles doivent être posées en abondance, ce qui n'exclut en aucun cas la finesse du dessin !

Les premières fleurs du pêcher

61 x 46 cm, papier Fabriano 5 300 g

L'éclat piquant les yeux d'une journée à la sortie de l'hiver : la clarté de la lumière, presque aveuglante, est propagée par de microscopiques gouttelettes d'eau qui scintillent comme autant de miroirs. Tout luit : la moindre petite branche, le dallage du jardin, les fleurs...

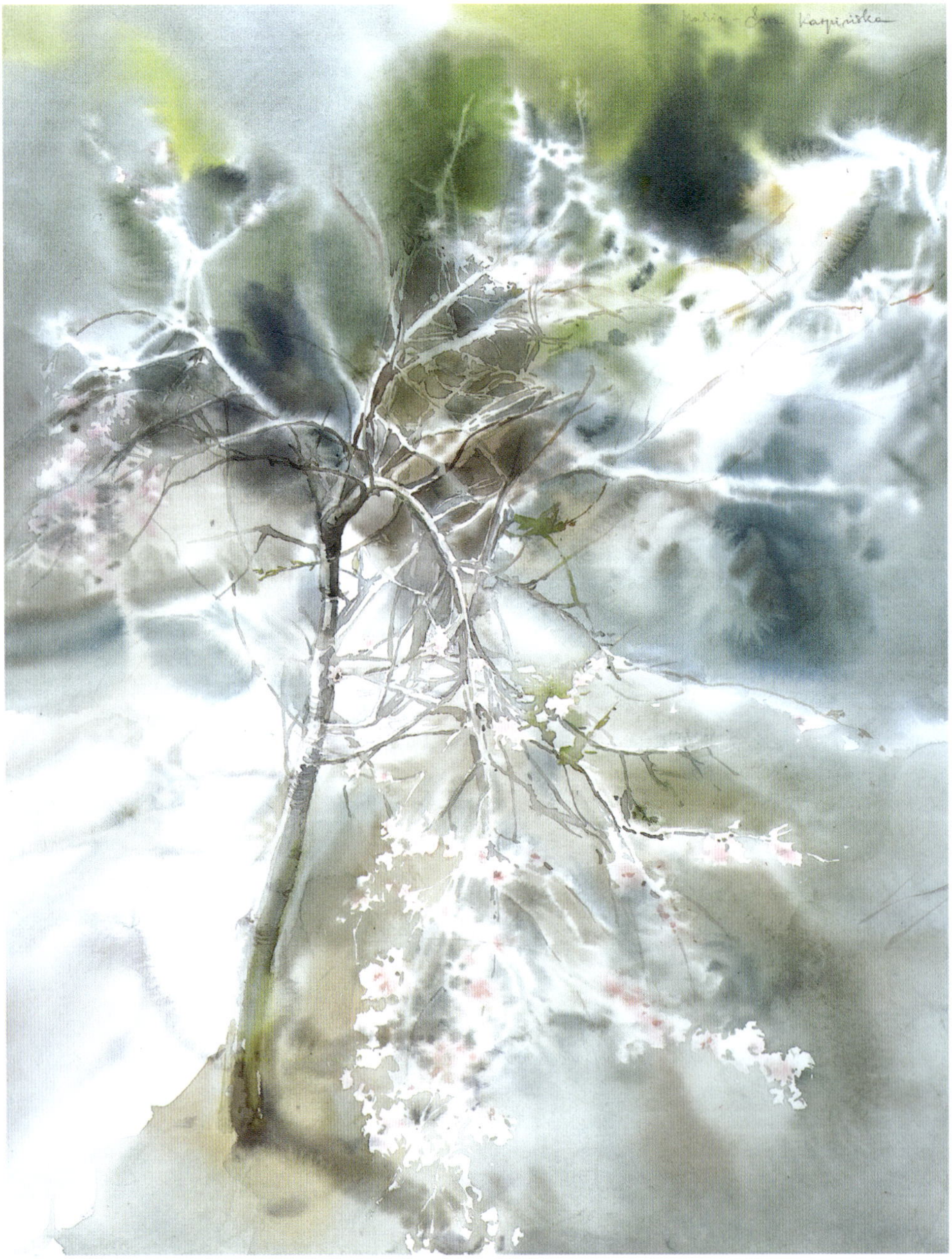

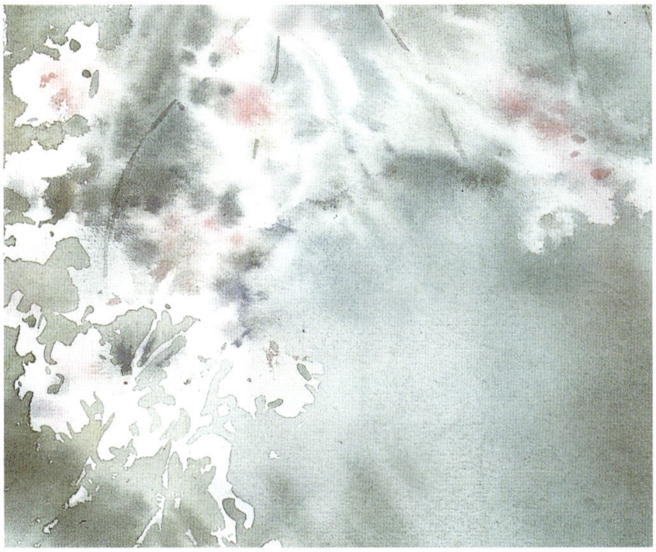

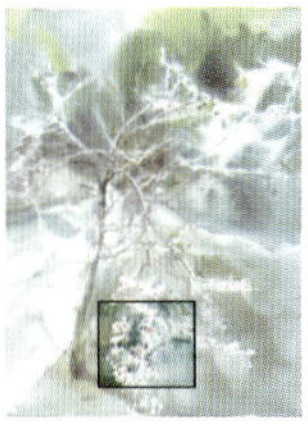

Les contours flous, me semble-t-il, restituent à merveille cette lumière qui étincelle de mille feux, qui rend chaque forme auréolée d'un halo : je me suis donc servi à la fois de couleurs crémeuses, posées en petites quantités sur la surface mate fraîche, et d'auréoles. Sur ce premier lavis sec, j'ai superposé un lavis brun pâle pour découper çà et là quelques détails. C'est un exemple de travail en négatif.

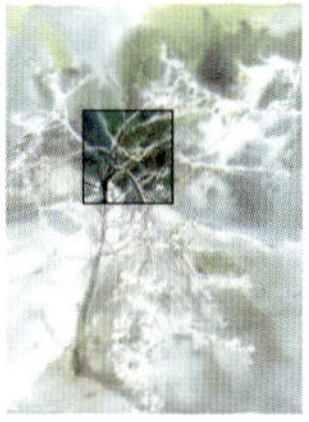

Voici un nouveau travail en négatif, sur une surface mi-mate. Pour apporter un léger contraste, je me suis servi de couleurs crémeuses, appliquées cette fois-ci en plus grande quantité : les brindilles du pêcher se détachent ainsi sur un environnement lointain. Après le séchage du lavis, j'ai continué mon travail en négatif pour décrire un lacis plus soutenu à droite. Quelques graphismes linéaires, en réseau, posés dans un troisième temps, mettent en place les branchettes ombrées.

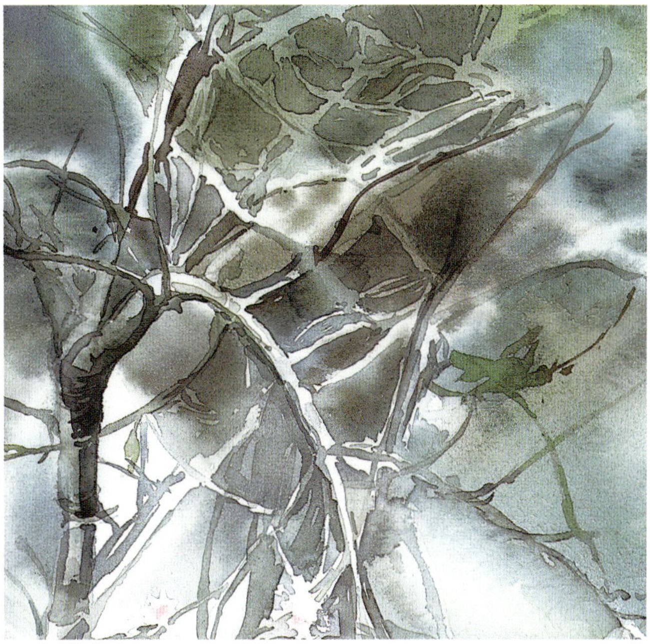

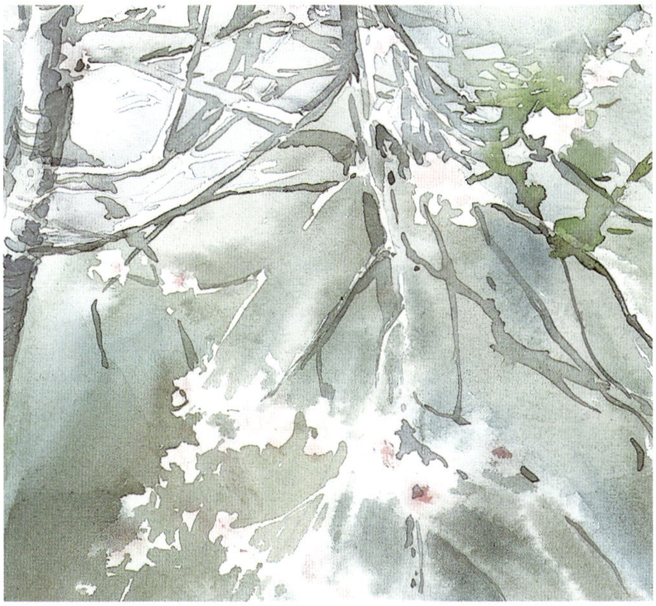

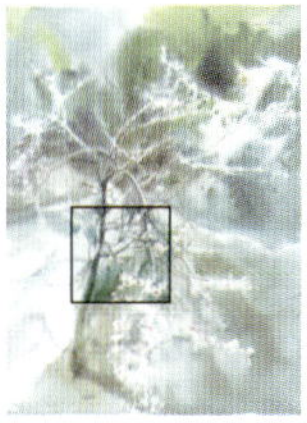

Le second lavis, toujours partiel, toujours en graphismes, forme un réseau. La flaque demeure «filamenteuse» par endroits, s'étale et rejoint celle qui découpe les fleurs en négatif à d'autres. La couleur utilisée est très diluée. Un glacis diaphane, presque invisible sur le papier vierge, acquiert toute sa force une fois superposé à un lavis déjà en place.

Les jumeaux

61 x 46 cm, papier Fabriano 5 300 g

Hautes futaies, taillis et buissons de la forêt du Tronçais tissent une étoffe serrée, bruissante, scintillante ajourée çà et là par des clairières où demeurent de précieux solitaires. Leur taille gigantesque, l'envergure de leurs branches, l'épaisseur de leurs fûts envoûtent le promeneur…

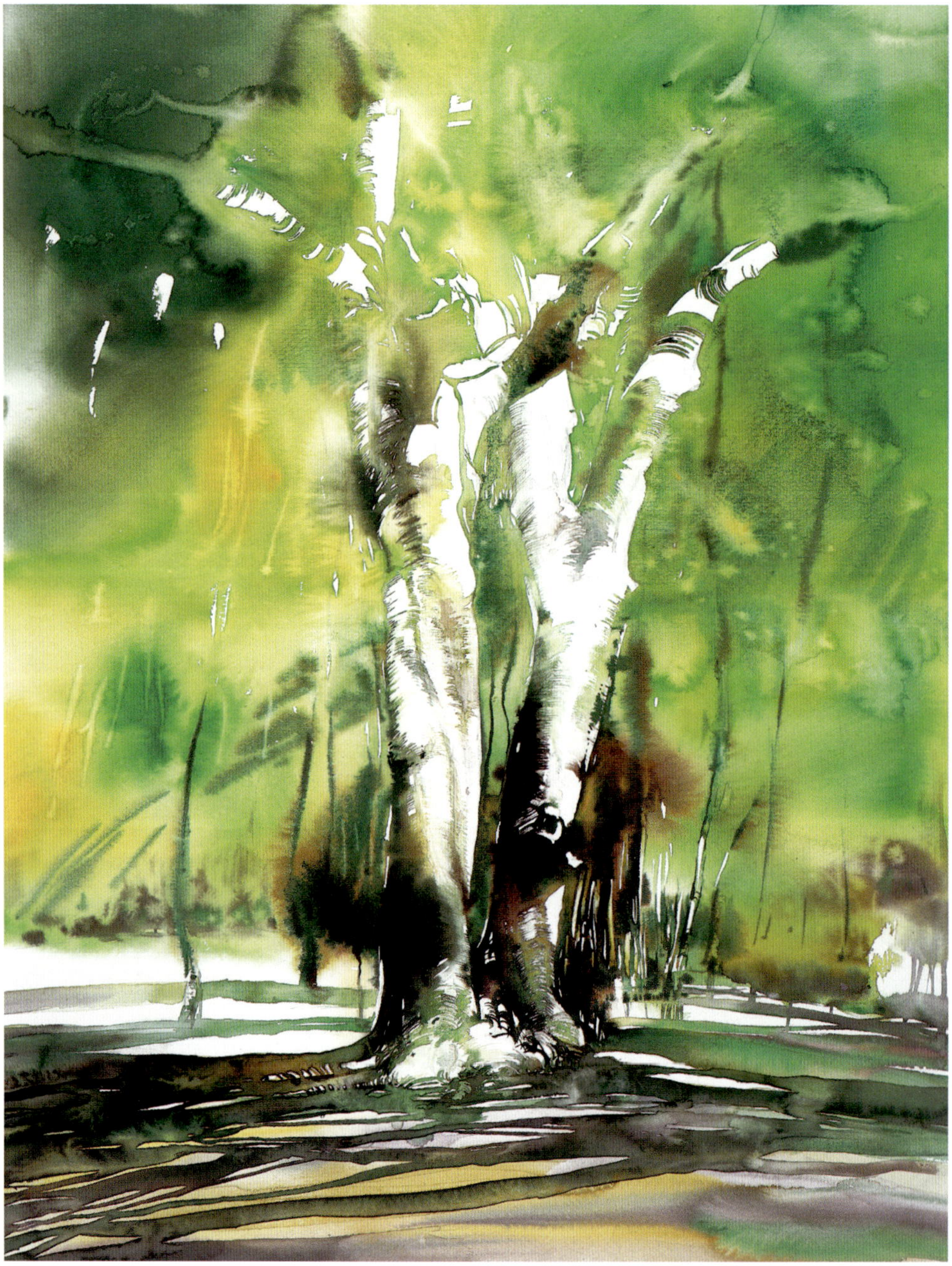

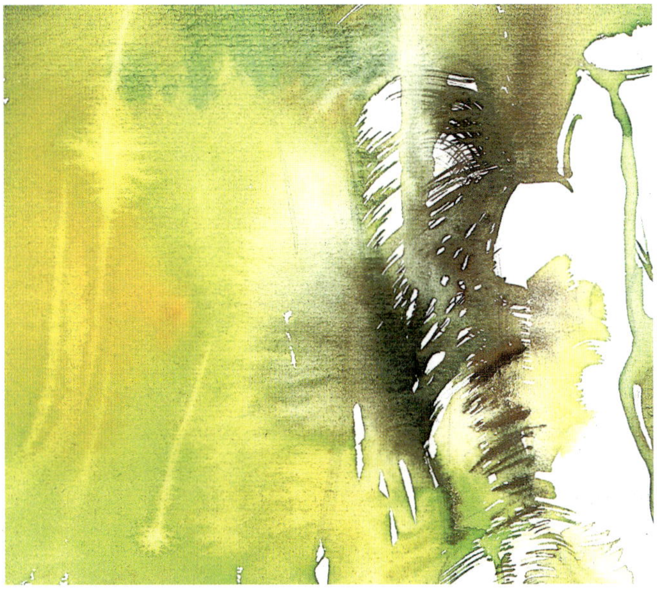

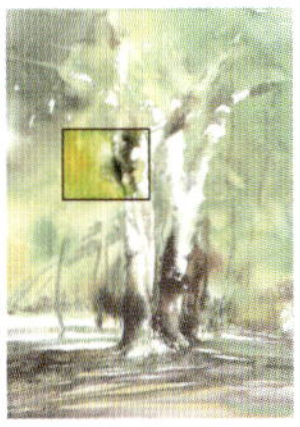

Pour souligner les taches de lumière très vive sur le tronc de ces chênes élancés, j'ai choisi de les travailler en négatif : les réserves ont d'abord été très incisives, leurs bords peu divisés. J'ai posé une couleur jaune crémeuse sur le lavis qui les entoure, sur le papier miroir. Au fur et à mesure du séchage, j'ai nuancé cette couleur de vert et d'orange. Une fois mon lavis stabilisé, donc mi-mat, j'ai cherché l'interdépendance des éléments de la composition en même temps que l'expression des volumes. Les petits traits courbes donnent suffisamment d'indications sur l'importance et l'inclinaison des branches.

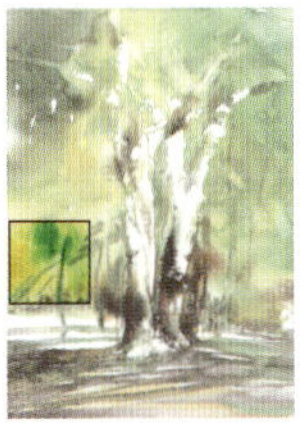

Pendant ce temps, mon lavis est arrivé au stade mat sec. Très peu d'éléments suffisent à évoquer l'atmosphère ensoleillée d'un sous-bois : quelques traits fondus, quelques auréoles filiformes qui traduisent les troncs du taillis. Les auréoles circulaires suggèrent le scintillement des rayons du soleil sur les feuilles.

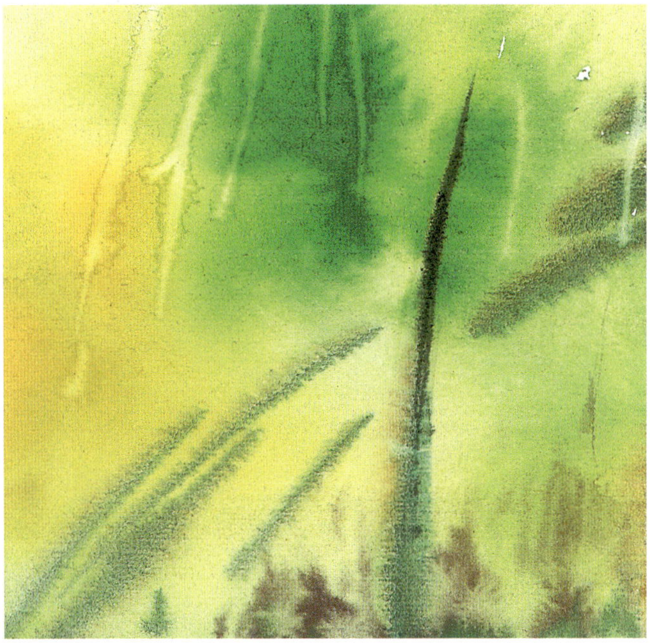

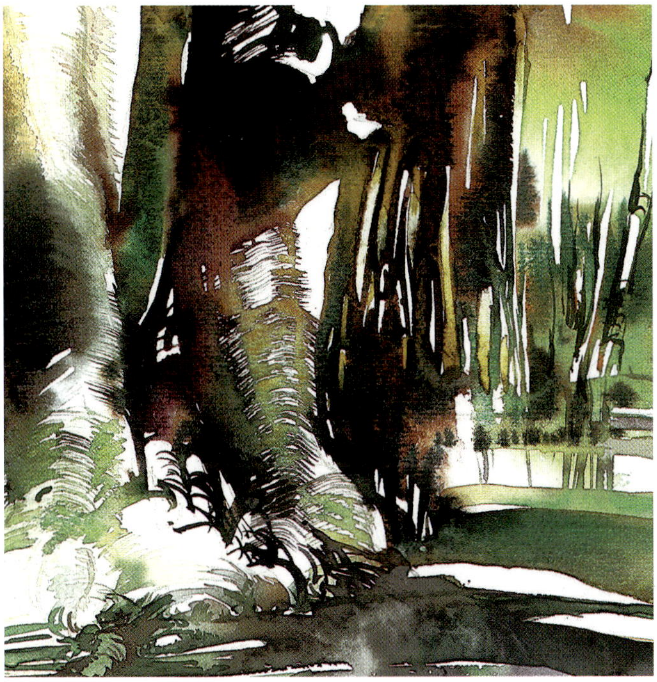

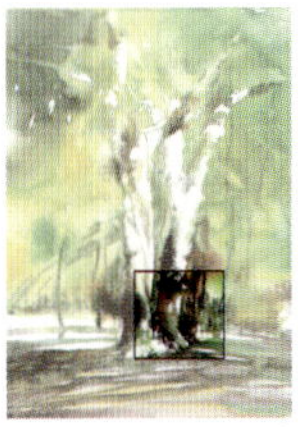

Toute cette douceur serait sans tempérament, un peu mièvre, sans ajouter quelques touches toniques et denses. Observez à nouveau le travail des réserves.

Les pois de senteur

54 x 73 cm, papier Langton 300 g

J'ai été immédiatement séduite par le contraste entre la raideur des tiges et la souplesse des fleurs, leur délicatesse enchevêtrée, pleine de courbes et de volutes. J'ai voulu mettre en avant cette même opposition dans le traitement du vase : la rigidité du cylindre en verre est adoucie par les arabesques colorées des reflets.

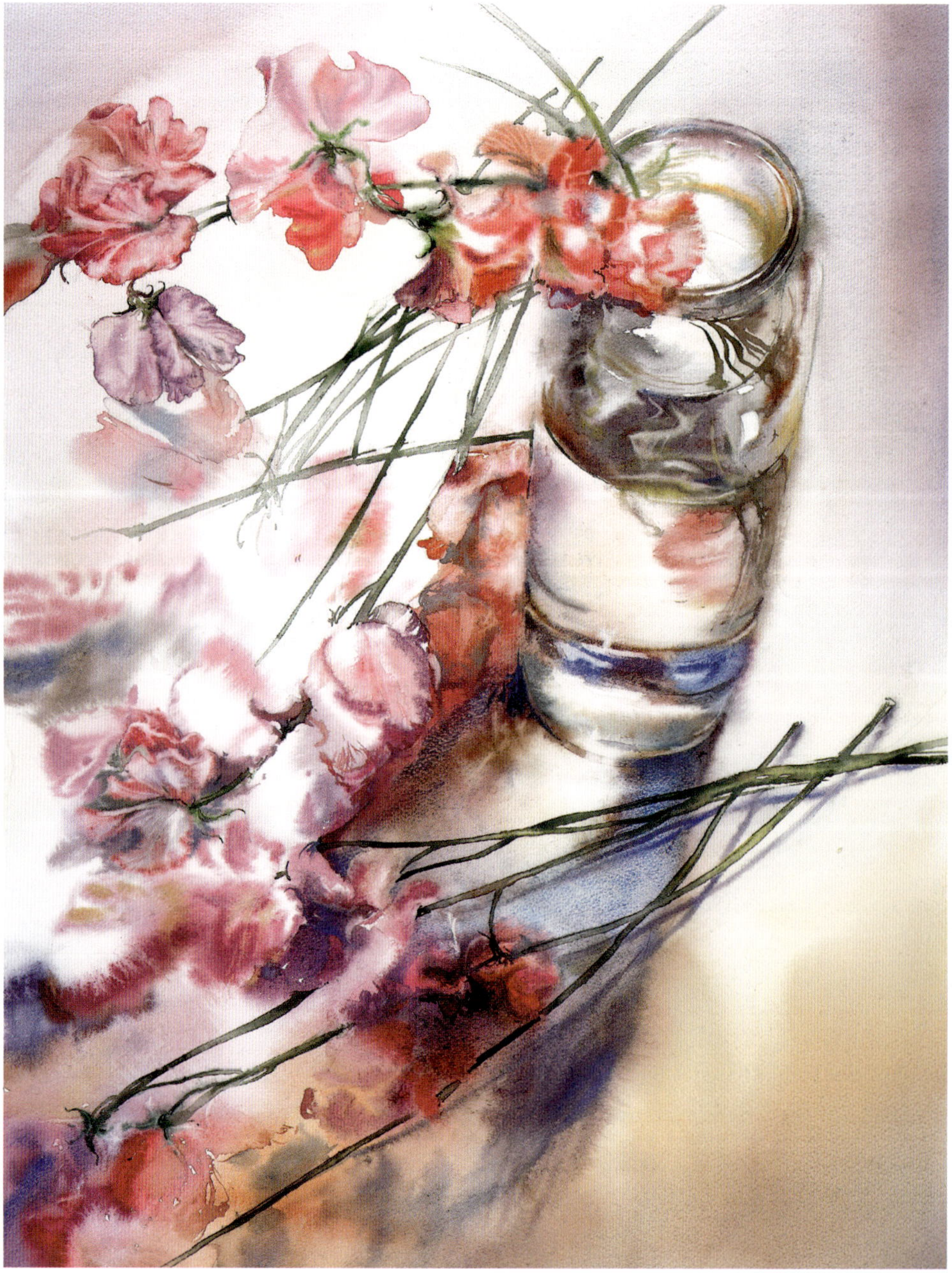

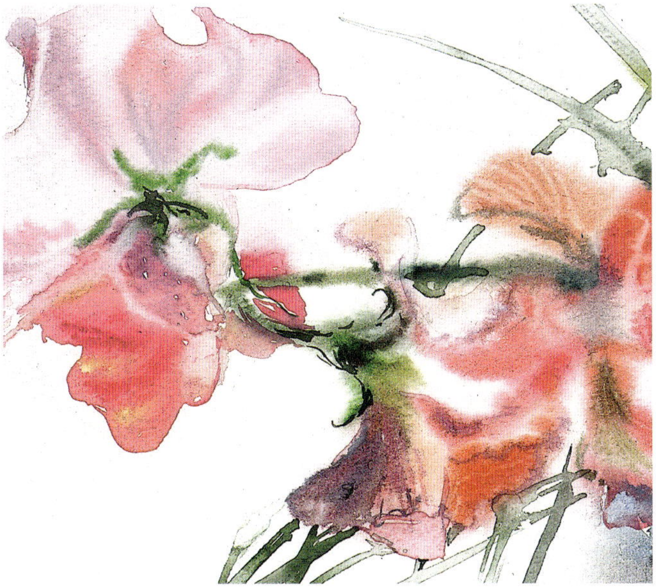

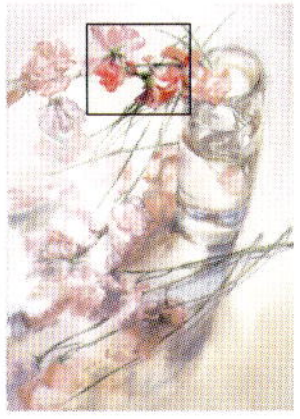

Ne vous laissez pas charmer jusqu'à l'aveuglement par le sujet : cherchez d'abord l'unité de la composition. Les pétales des pois de senteur forment des groupes, transparaissent à travers le verre. Les lavis, diffus et tranquilles, mettront en valeur les vibrations de la lumière. Les fleurs sont traitées ensuite : j'ai peint d'abord celles qui se fondent avec les ombres, dans l'humidité mate ; j'ai posé un second lavis pour figurer celles qui se détachent plus nettement. La flaque posée sur le papier sec décrit ici la forme d'une fleur en positif.

J'ai traité les reflets dans leur ensemble, en mouillé sur mouillé. Comme d'habitude, pour éviter des fusions trop importantes, j'ai posé les couleurs pâteuses sur le papier humide à point. J'ai rehaussé la composition de quelques graphismes foncés sur papier sec.

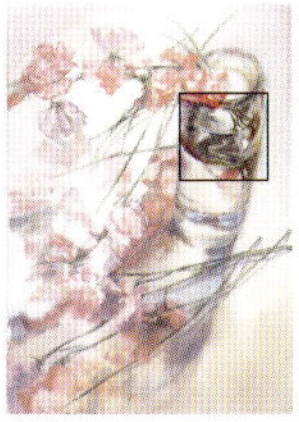

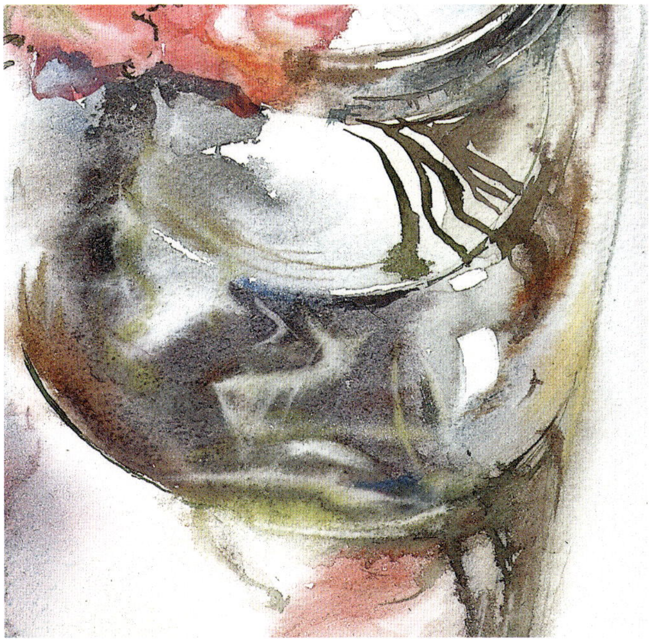

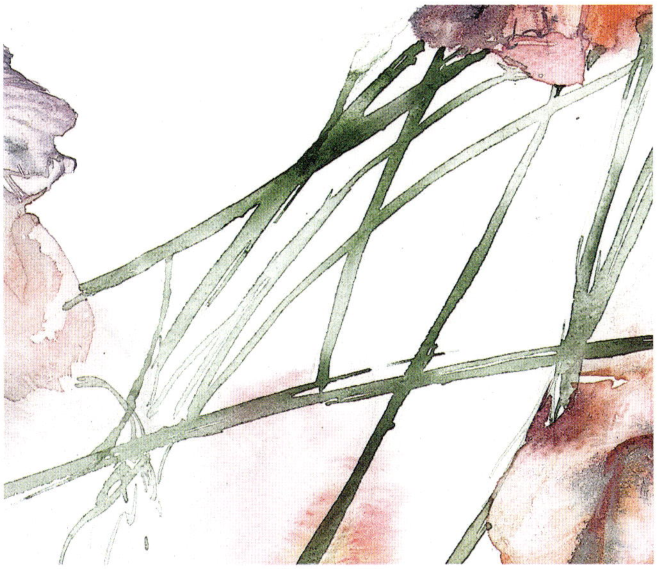

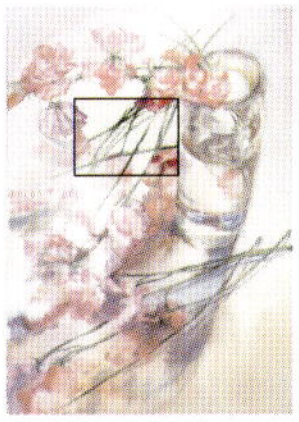

Pour peindre les tiges, j'ai tracé des « cordons d'eau » qui se croisent et chevauchent. La couleur, injectée à certains points, suggère efficacement les ombres. Le résultat est très léger : la fusion est contenue dans les limites du mouillé.

L'orée du bois de Vincennes

73 x 100 cm, papier Fontenay 300 g à grain fin

Ce rideau d'arbres aux environs du château n'existe plus que dans ma mémoire… La tempête a renversé tout le bosquet. Ce lieu m'était familier ; au printemps, il dessinait un mur sombre aux reflets bordeaux, sur lequel éclataient des étoiles de bourgeons laineux. Parfois, il formait un volume structuré par le clair-obscur ; à d'autres moments, on ne l'apercevait qu'en filigrane, perdu dans des lambeaux de brume ; il arrivait aussi qu'il se découpe en silhouette sur le soleil couchant…

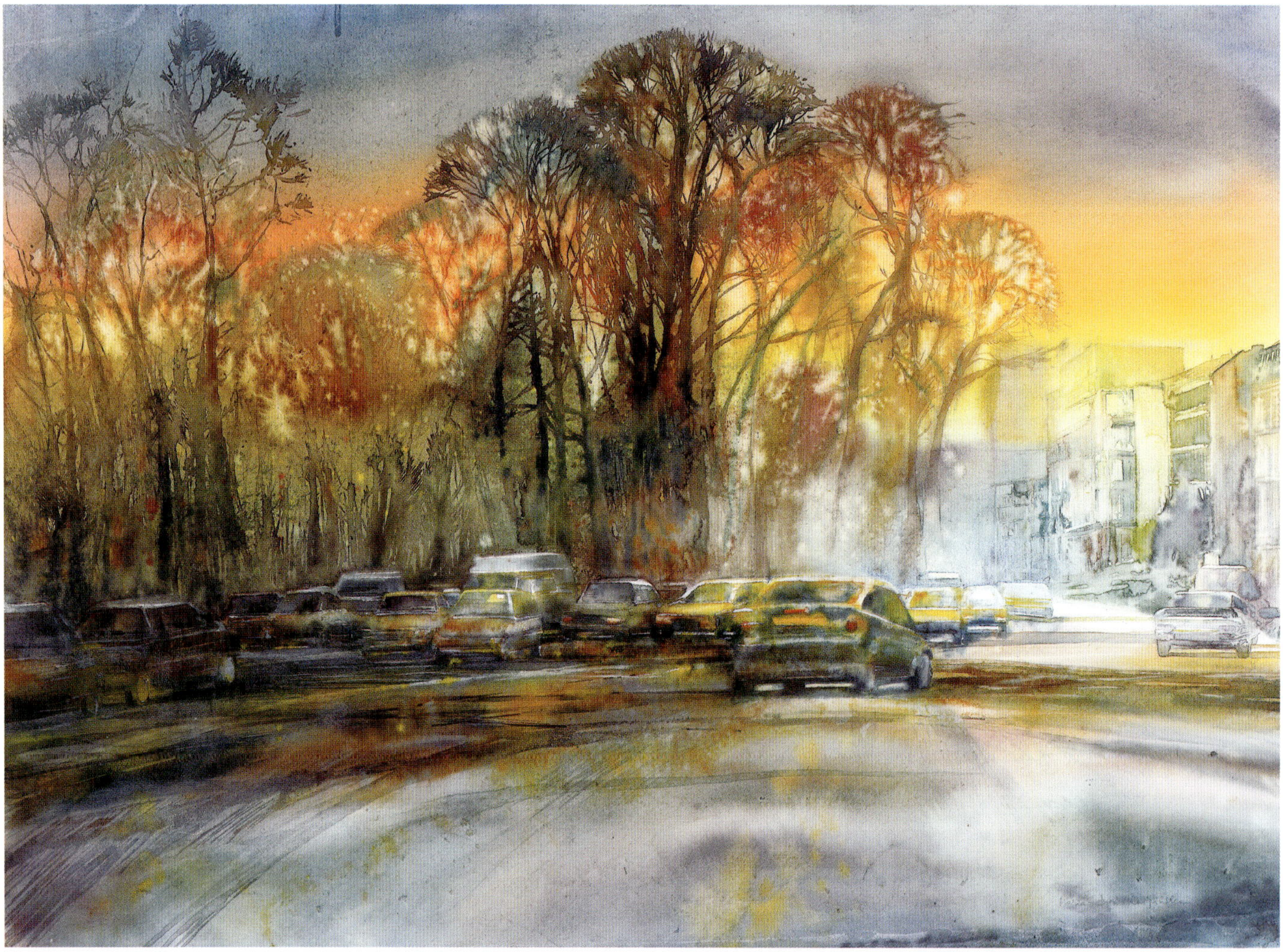

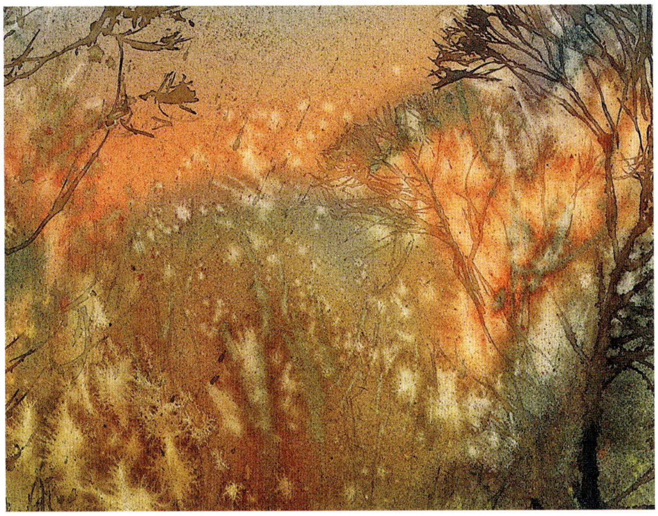

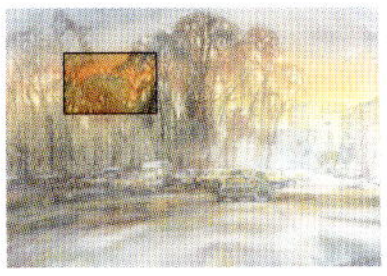

J'ai d'abord trempé l'intégralité de mon papier, en laissant de fines réserves de papier sec sur les parties horizontales des voitures. J'ai évacué l'eau en trop, puis j'ai posé des couleurs liquides ou crémeuses dans l'humidité brillante : les pigments se sont déposés sereinement, formant une couverture colorée qui, une fois le lavis entré en humidité mate, a permis l'ouverture d'auréoles volontaires.

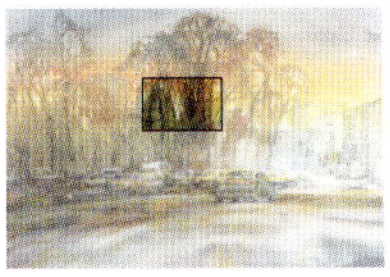

Il est important de varier les apports d'eau lors de l'ouverture d'auréoles volontaires : des quantités moyennes posées dans un lavis mi-mat créeront de larges clartés, de petites gouttes tombées dans un lavis mat frais (ou mat sec) produiront de minuscules étincelles. Attention : l'ouverture n'est pas instantanée, l'eau agit lentement. J'ai peint la cime des arbres et les troncs enchevêtrés dans un second lavis partiel.

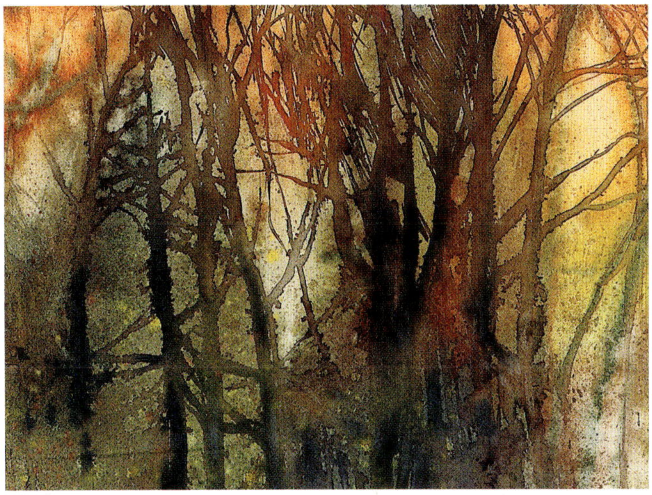

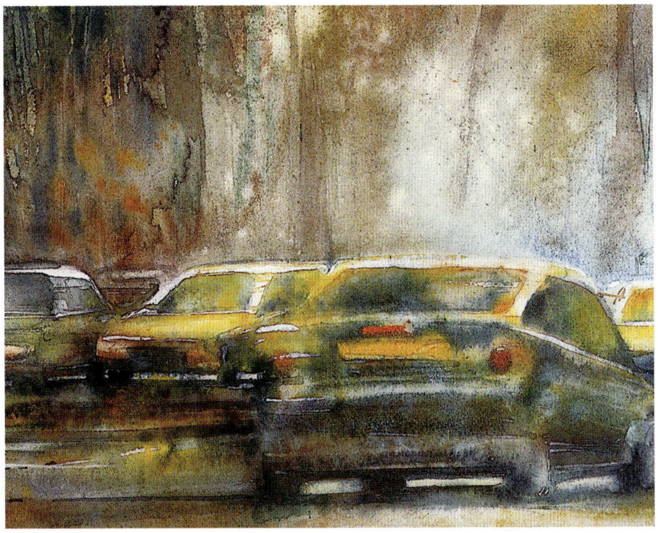

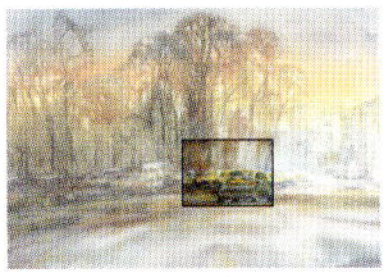

Sur cette surface partiellement mouillée, j'ai travaillé les nuances spontanément, en respectant le cycle de l'eau. Le châssis étant incliné, je me suis servi de l'accumulation de liquide pour placer les voitures.

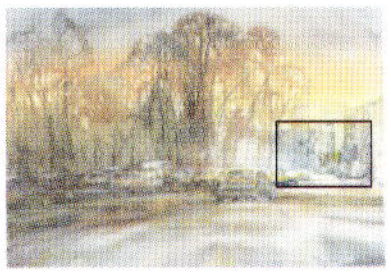

Une fois le second lavis sec, j'ai travaillé la droite de la composition. Sur la surface asséchée, j'ai posé des pigments très liquides pour suggérer les immeubles dans le lointain.

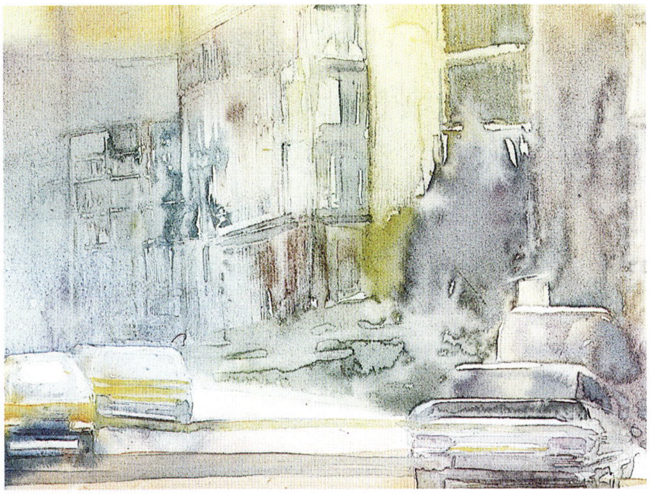

Le témoin

73 x 100 cm, papier Fontenay 300 g

Ce tilleul a plus de 400 ans : il a vécu là, inaltérable et pourtant toujours changeant. A-t-il gardé le souvenir du temps passé ? Sa chair, marquée par les cicatrices, pansée par les mousses, ensevelie sous l'humus, l'affirme. Sous une magnificence apparente et trompeuse, il dévoile une extrême fragilité. Tous les êtres vivants sont ainsi : présents semble-t-il pour une éternité, enracinés... Puis un jour cette présence devient diaphane : juste de brume et de lumière. Ce qui en reste est mémoire.

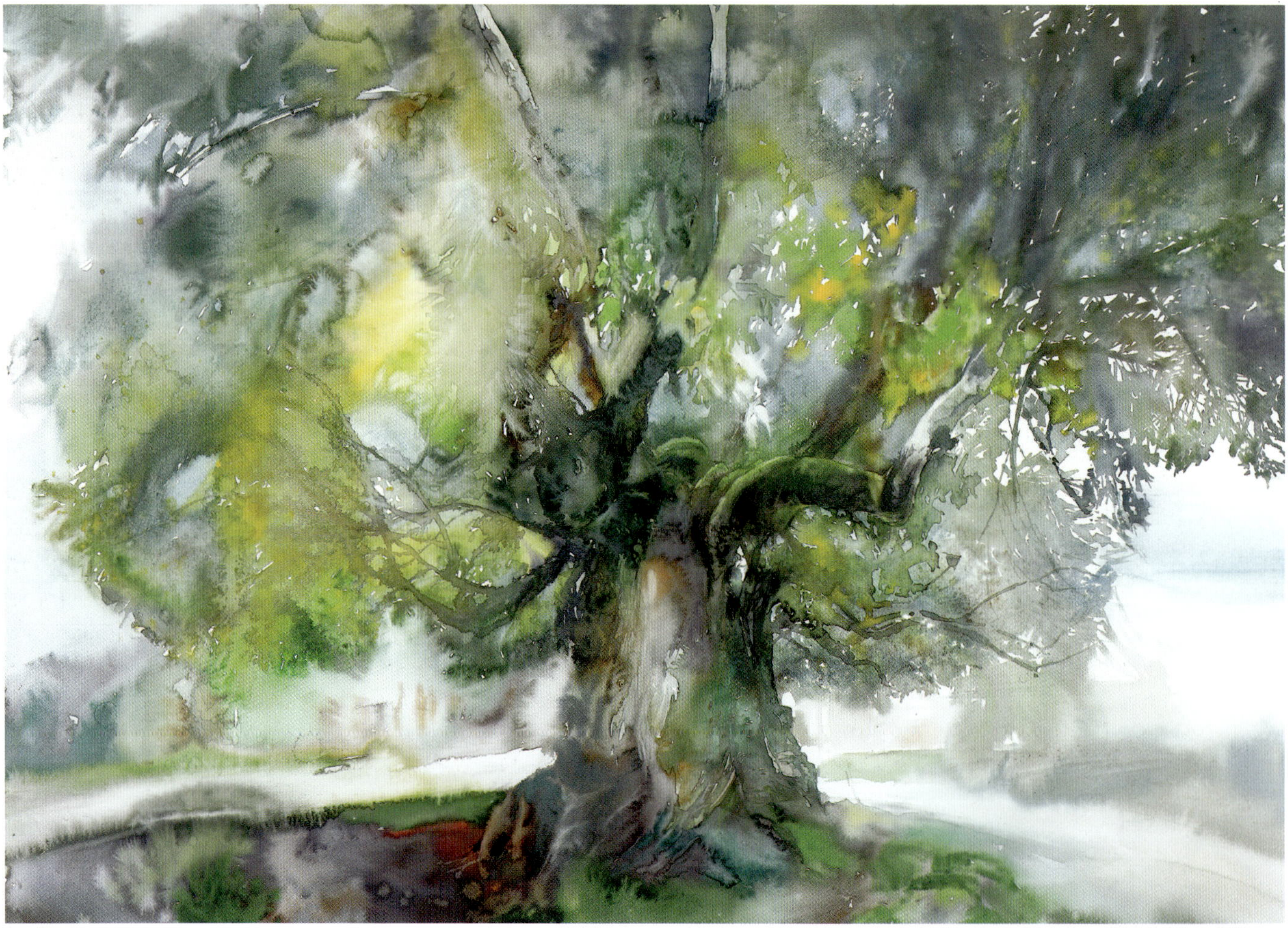

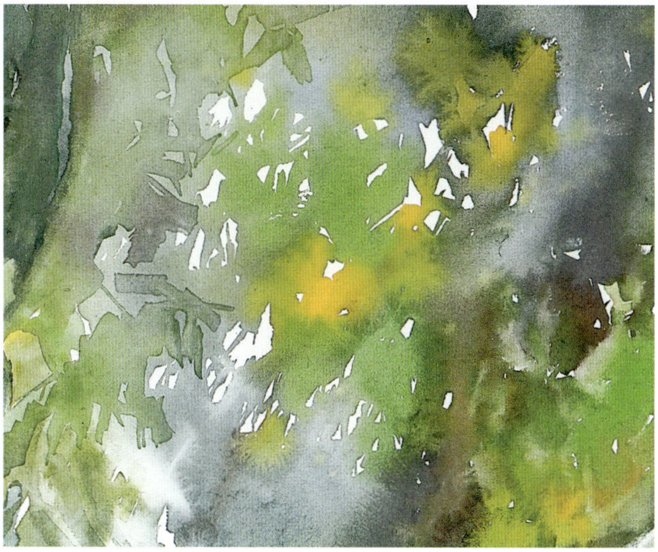

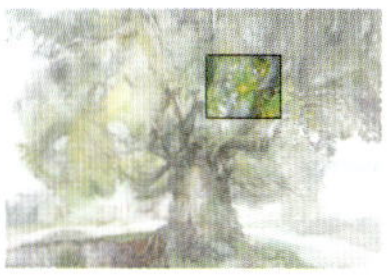

Pour représenter les éclats de lumière, il est indispensable de réserver lors de l'inondation de minuscules parcelles de papier sec. La zone humide ainsi constituée sera un réceptacle de couleurs qui, poussées, repoussées, enlevées, densifiées, recevront en dernier lieu de petites gouttes crémeuses de jaune de cadmium. Attention : il faut « lâcher prise », laisser s'accomplir la sédimentation avec encore plus d'abandon qu'en utilisant des couleurs transparentes.

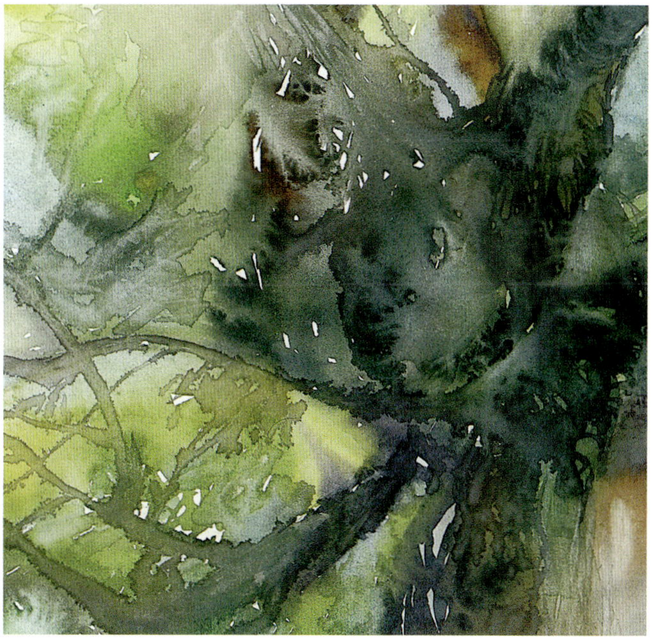

Voici un exemple de ravinement sur une surface restreinte. Ce type d'effet n'est envisageable que dans un lavis suffisamment coloré, entré dans l'humidité mi-mate.

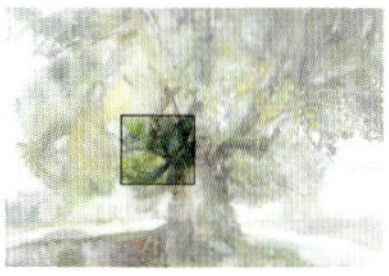

Impossible d'obtenir des ramifications établies à l'avance : il faut mettre en contact les matières, organiser l'apparition des événements et découvrir le travail de l'eau avec émerveillement et surprise.

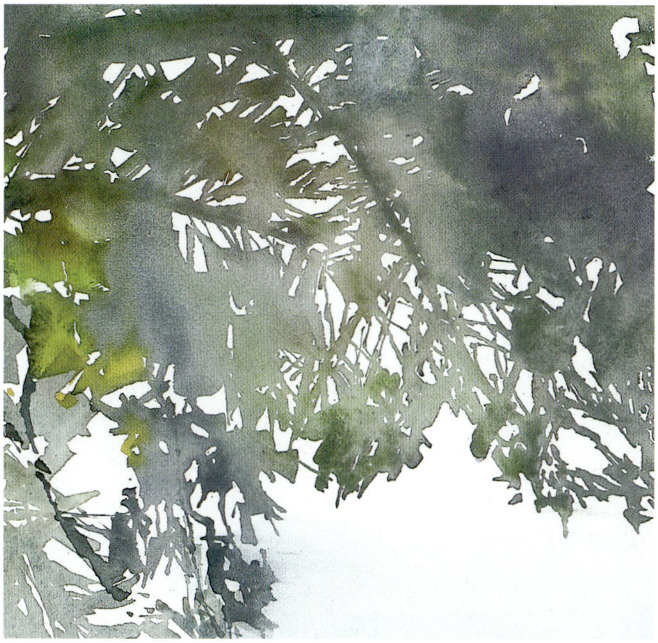

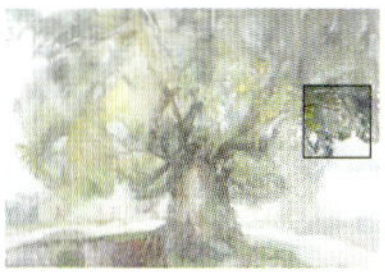

Voici la silhouette caractéristique des frondaisons vues à contre-jour : c'est un réseau de graphismes communicants, résultant d'une gestuelle libre qui saisit au mieux ses caractéristiques. Les motifs ajourés de feuilles et de branches ont été imprimés sur le papier sec avec une couleur diluée et une brosse plate à section carrée. Cette brosse, large de 2 cm, permet tous les types de tracés : linéaires, par le contact de la tranche, rectangulaires, triangulaires… Il est impératif de rythmer les gestes, de les varier et d'alimenter les graphismes obtenus en eau. Une fois le réseau en place, attendez le moment du cycle de l'eau qui permet de nuancer le travail.

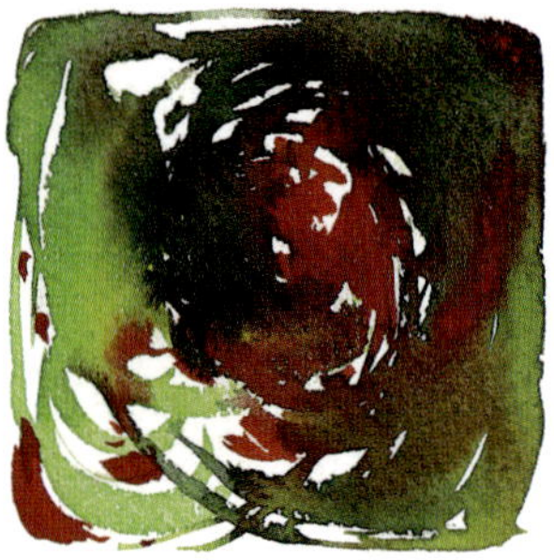

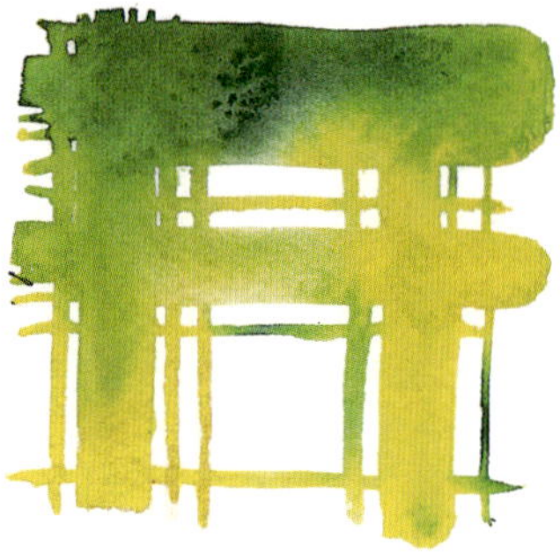

Glossaire

Alimenter
Déposer le liquide coloré ou non sur un point précis du support en laissant jouer la dynamique de l'eau.

Aplat
Large tache d'une même couleur, non nuancée.

Aspirer
« Pomper » l'eau présente à la surface du papier à l'aide d'un pinceau.

Auréole volontaire
Application, sur une surface peinte en cours du séchage, d'eau teintée ou non. Par cette action, la couleur du lavis initial est déplacée ou éclaircie. Le ravinement* est une variante de l'auréole volontaire.

Blanc
En aquarelle, il s'agit évidemment du blanc du papier !

Charge
Quantité de mélange eau-couleur transportée par le pinceau.

Cloisonner
Poser les couleurs en les cernant d'une sorte de « rempart » de papier sec.

Couleur opaque
Couleur qui, une fois appliquée, dissimule le support ou la couche en dessous.

Couleur transparente
Couleur qui, une fois appliquée, laisse voir par transparence le fond ou la couche en dessous.

Cordon d'eau
Graphisme d'eau posé sur le papier sec, d'une épaisseur comparable à celle de la lentille.

Cycle de l'eau
Phases successives du séchage de papier trempé.

Dépigmenter
Enlever partiellement ou totalement la couleur de la surface du papier soit par ravinement*, quand le lavis est encore humide (voir p. 56), soit « à sec » (voir p. 59).

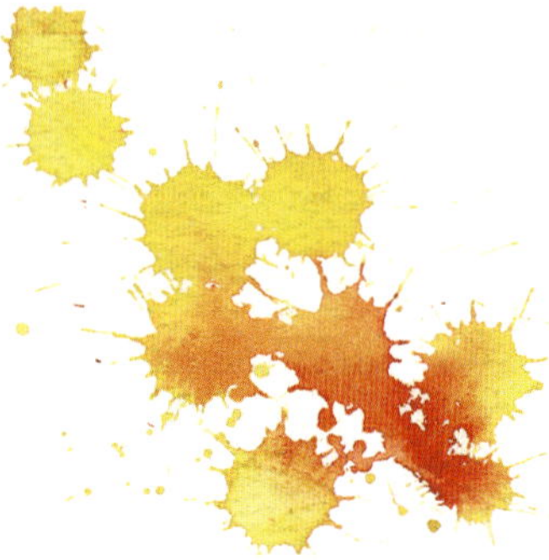

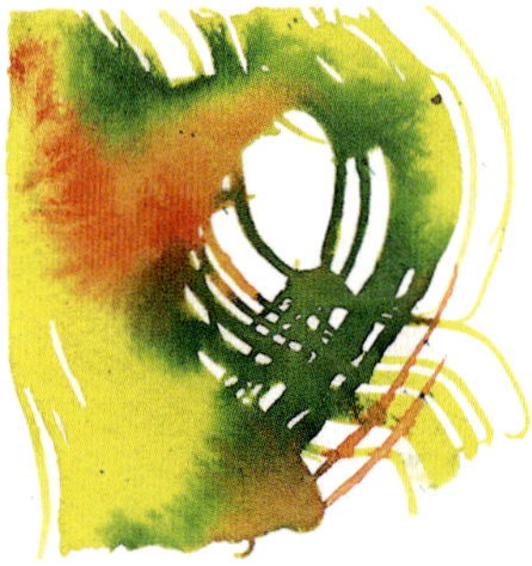

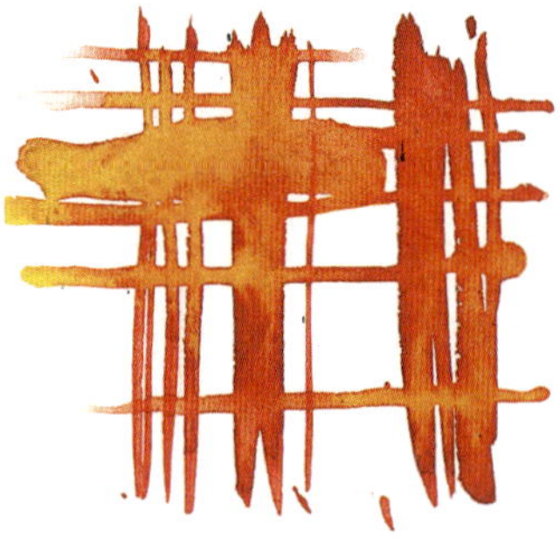

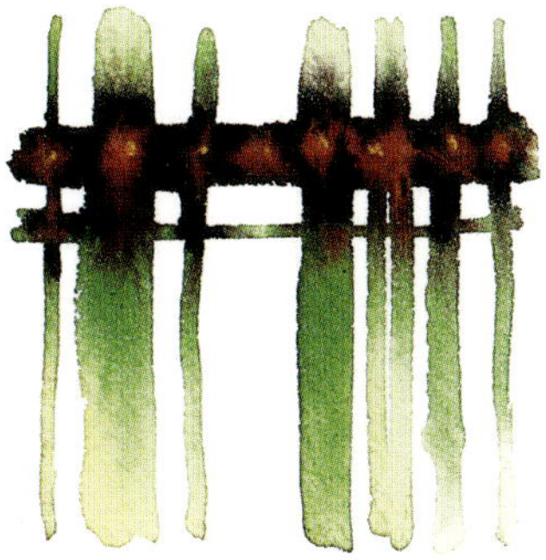

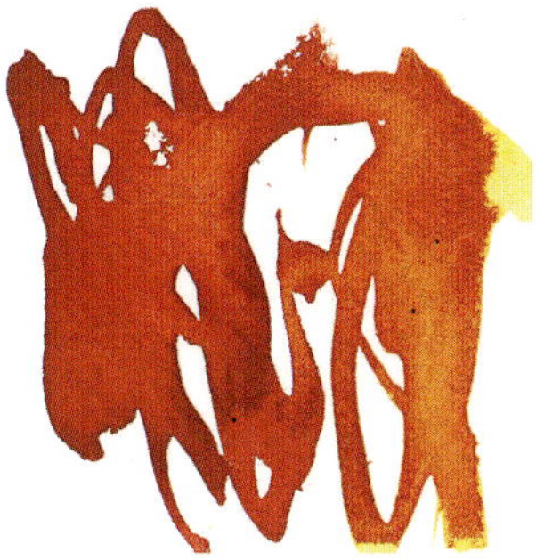

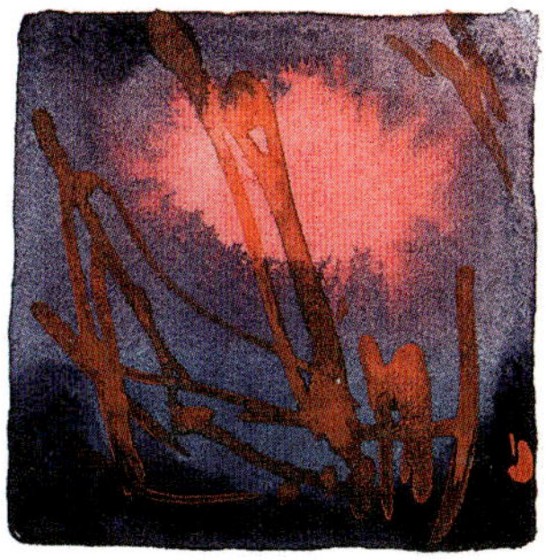

Déposer
Mettre en contact une goutte en formation sur la pointe du pinceau et la surface humide du papier.

Dilution de la couleur
Mélange d'eau et de pigment. Il y a quantité de stades intermédiaires entre la couleur solide et l'eau colorée. Il ne faut pas confondre la dilution et la charge du pinceau !

Double pinceau
Technique permettant de rendre flous les contours d'une flaque (voir p. 58).

Endroit
Côté supérieur du papier, en contact avec le feutre lors de sa fabrication. Le feutre imprime au papier son grain. Le travail s'effectue en principe sur l'endroit du papier.

Envers
Dessous de la pâte qui, s'égouttant sur la toile métallique (tamis), en conserve la trace. Ce côté se reconnaît à son aspect tramé régulier.

Épair
Aspect du papier, appréciable par transparence. Le papier peut être vergé, comme l'Ingres, fondu, lorsque les fibres sont répandues uniformément, ou nuageux, lorsque la répartition est irrégulière et floconneuse.

Étiquette
Il faut savoir lire les informations inscrites sur l'étiquette d'un tube de couleur :
- Le nom de la couleur
- Le nom du (ou des) pigment(s)
- Le numéro d'index

Filigrane
Marque, visible par transparence, imprimée dans l'épaisseur du papier, lors de sa fabrication, par une silhouette en relief disposée sur la toile d'égouttage. Le filigrane facilite l'indication de l'endroit* et de l'envers* du papier.

Fondu, flou
Tache ou graphisme dont le contour est imprécis, estompé, fusé.

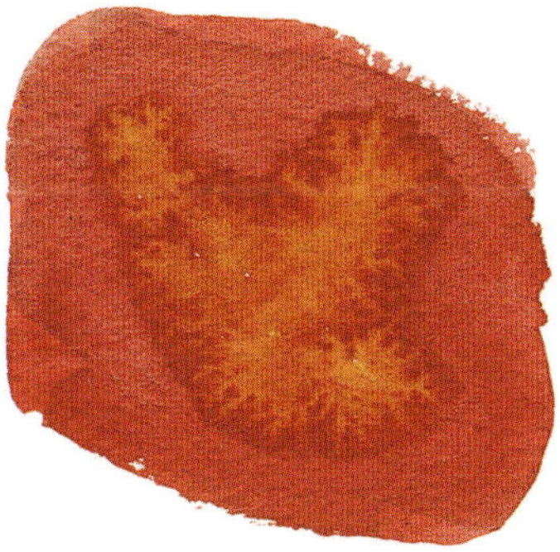

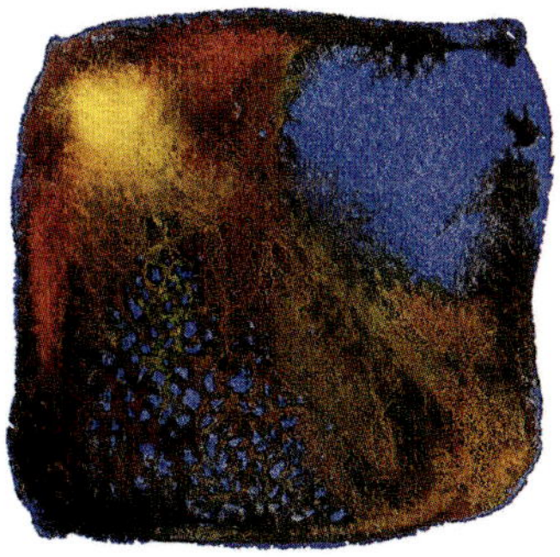

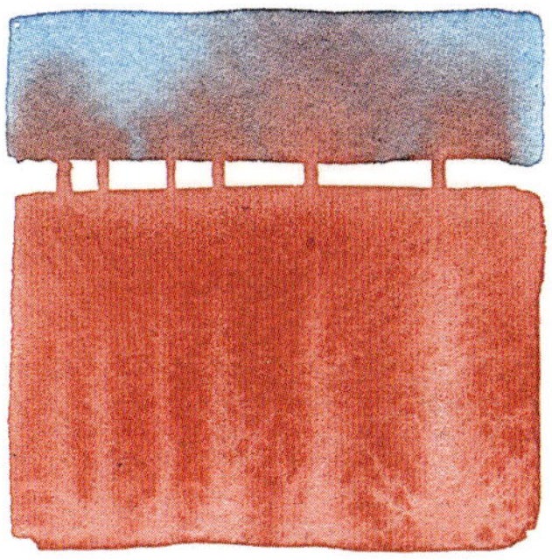

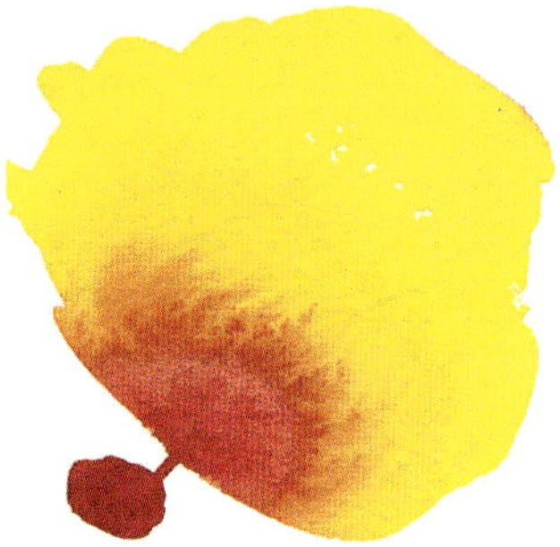

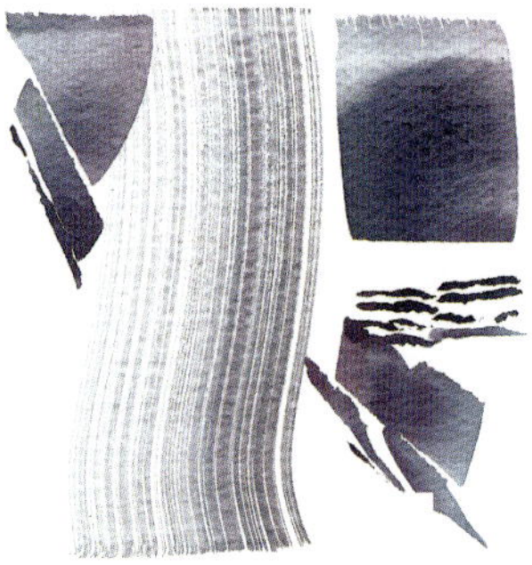

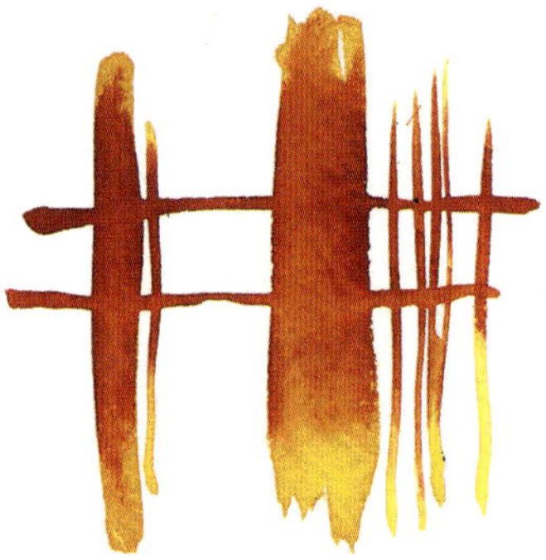

Glacis
Pellicule d'eau pigmentée qui investit complètement ou partiellement une surface sèche déjà peinte.

Goutte en laisse
Technique permettant de distribuer graduellement la couleur en faisant glisser de façon continue la pointe du pinceau sur la surface humide du papier (voir p. 41).

Grain
Ensemble des aspérités sensibles à la surface du papier. Le grain peut être satiné, fin, moyen ou torchon. Plus le grain d'un papier est prononcé, plus celui-ci retient d'eau.

Humide sur humide
Technique d'aquarelle qui repose sur les différences de degrés d'humidité. L'eau tend à avoir la même épaisseur partout : elle se déplace donc d'une zone abondamment humide vers une zone plus sèche, en entraînant les couleurs.

Lavis
Pellicule d'eau pigmentée déposée sur le papier vierge.

Ménisque
Incurvation de la surface de l'eau autour du pinceau.

Nappe d'eau
Épaisseur d'eau sur la surface du papier. C'est un élément très mobile !

Ouvrir un blanc
Dans un lavis humide, repousser la couleur pour retrouver le blanc du papier. On ouvre un blanc par une auréole volontaire*. Dans un lavis sec, voir p. 59.

Patiner
Diluer la couleur directement sur le papier humide, en dessinant des entrelacs. Ce geste permet de couvrir harmonieusement des surfaces, lorsque la quantité d'eau n'assure plus une fusion suffisamment large.

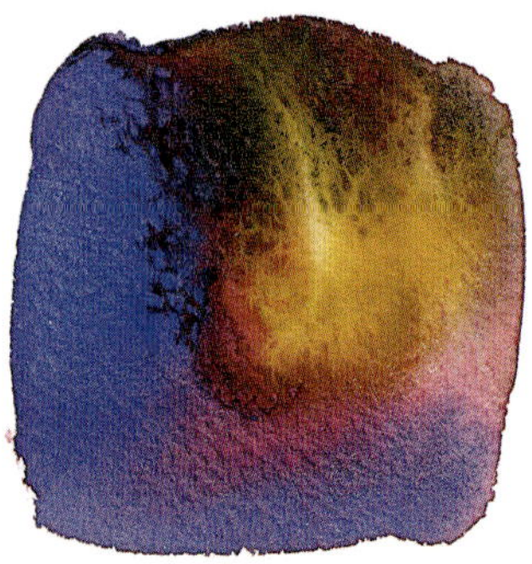

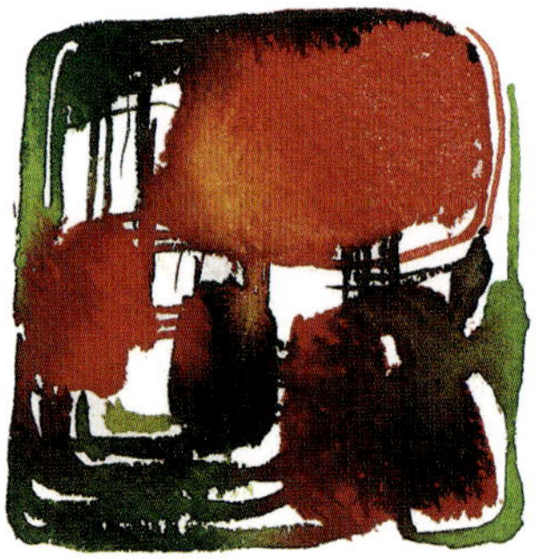

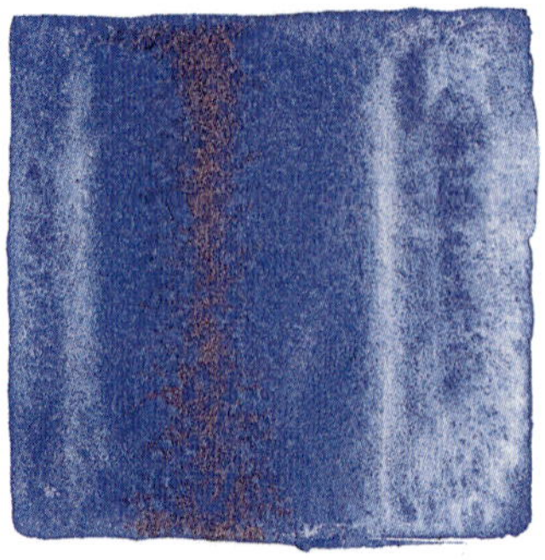

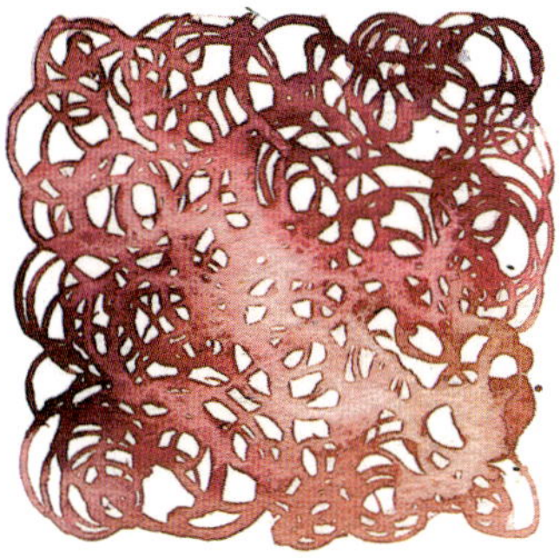

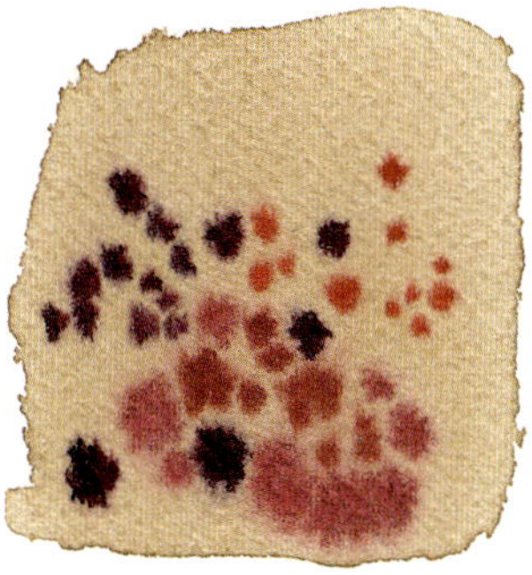

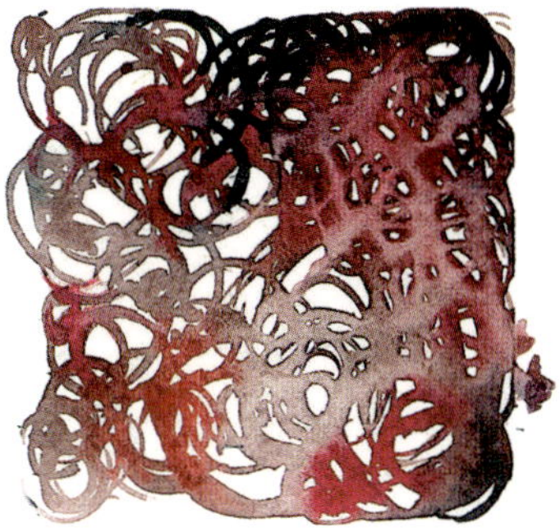

Raviner
Déplacer ou ôter la couleur posée sur le papier par un apport massif d'eau.

Réseau communicant
Réseau formé par des graphismes ou des flaques en contact.

Réserve du pinceau
Capacité de rétention d'eau du pinceau.

Réserver
Laisser vierge une partie du papier.

Serti
Accumulation linéaire de la couleur en bordure de la flaque. Le serti est particulièrement visible lorsque la couleur diluée, posée en quantité conséquente, a séché sans être aspirée, ou lorsqu'une flaque a été entièrement ravinée en cours de séchage. Élément graphique intéressant, le serti peut être rompu ou estompé, en utilisant le « double pinceau* ».

Stabiliser un lavis
Réduire les mouvements des couleurs en évacuant l'eau de la surface du papier. Pour stabiliser un lavis, il faut aspirer* l'eau en surplus.

Stagnation
Temps laissé à une flaque d'eau pour qu'elle imprègne le support.

Tempo
Ordonnance des gestes, rythme, déroulement des actions dans l'espace et sur la surface du papier.

Trace humide
Pellicule d'eau déposée sur le papier qui donne directement une surface mi-mate. Elle sèche vite, car la réserve dans la profondeur du papier n'est pas constituée.

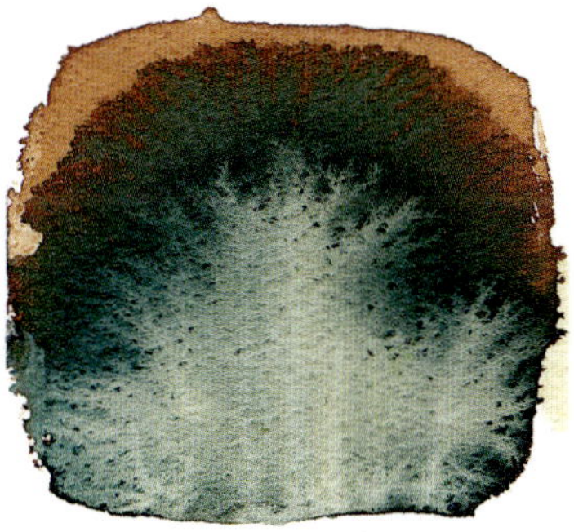

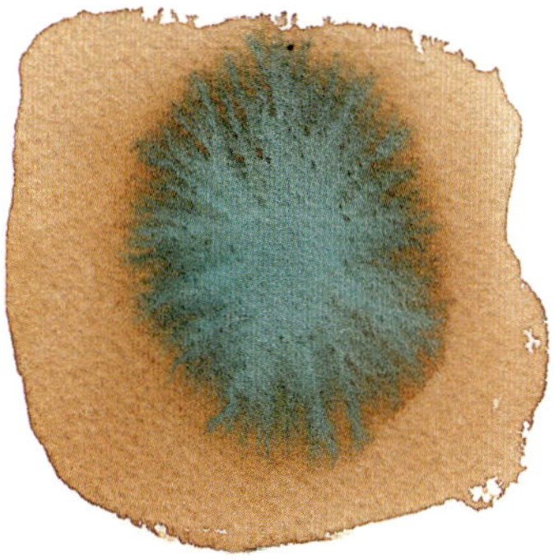

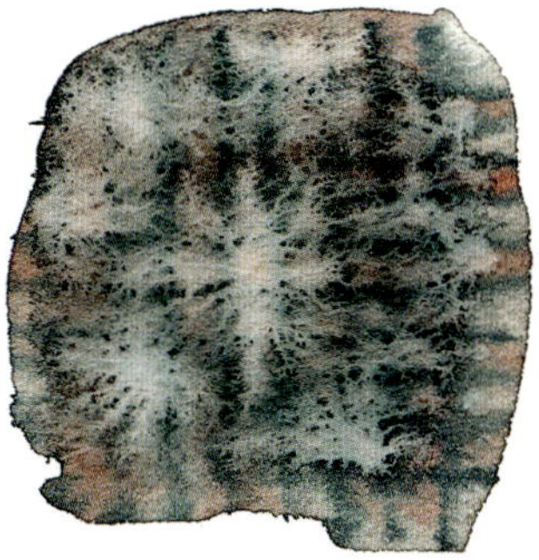

Autour de l'aquarelle aux éditions Fleurus

Leçons d'atelier
L'aquarelle : initiation en 10 leçons

Prêt à peindre
Arbres à l'aquarelle
Fleurs à l'aquarelle
Fleurs éclatantes à l'aquarelle
Paris à l'aquarelle
Paysages à l'aquarelle
Roses à l'aquarelle

Alla prima
Aquarelle : une initiation pas à pas

Pratique des arts
L'aquarelle

Les cahiers du peintre
Aquarelle
Aquarelle 2

Les techniques du peintre
Initiation à l'aquarelle

Hors collection
Le nuancier de l'aquarelliste

Les secrets de l'artiste
Aquarelle : la voie de l'eau
Aquarelle : l'eau créatrice
Arbres à l'aquarelle de A à Z
Fleurs à l'aquarelle de A à Z
Fleurs à l'aquarelle : la tradition chinoise
L'aquarelle au fil des saisons

Direction éditoriale : Guillaume Pô
Suivi éditorial de la nouvelle édition : Juliette Magro
Direction artistique : Laurent Quellet
Mise en page : Bénédicte Chantalou / Yuruga
Photographies : Olivier d'Huissier (sauf mention contraire)
Fabrication : Gwendoline da Rocha

15/27, rue Moussorgski
75895 Paris Cedex 18
Dépôt légal : mars 2014 pour la nouvelle édition
ISBN : 978-2-215-14800-5
MDS : 292604n1
N° d'édition : P14042
Imprimé en Slovénie par DZS Grafik en janvier 2014